EDUCAÇÃO AMBIENTAL
E A "*COM*VIVÊNCIA PEDAGÓGICA":
EMERGÊNCIAS E TRANSFORMAÇÕES NO SÉCULO XXI

MAURO GUIMARÃES (ORG.)

EDUCAÇÃO AMBIENTAL
E A "*COM*VIVÊNCIA PEDAGÓGICA":
EMERGÊNCIAS E TRANSFORMAÇÕES NO SÉCULO XXI

PAPIRUS EDITORA

Capa | Fernando Cornacchia
Coordenação | Ana Carolina Freitas
Copidesque | Isabel Petronilha Costa
Diagramação | DPG Editora
Revisão | Anna Carolina G. de Souza

Dados Internacionais de Catalogação na Publicação (CIP)
(Câmara Brasileira do Livro, SP, Brasil)

Educação ambiental e a "comvivência pedagógica": Emergências e transformações no século XXI / Mauro Guimarães (org.). – Campinas, SP: Papirus Editora, 2021.

Vários autores.
Bibliografia.
ISBN 978-65-5650-097-3

1. Educação ambiental – Brasil 2. Educação ambiental – Brasil – História 3. Educação ambiental – Estudo e ensino (Superior) 4. Prática de ensino 5. Prática pedagógica 6. Professores – Formação I. Guimarães, Mauro.

21-85041 CDD-372.357

Índices para catálogo sistemático:

1. Educação ambiental: Estudo e ensino: Educação 372.357

Eliete Marques da Silva – Bibliotecária – CRB-8/9380

1ª Edição – 2021

Exceto no caso de citações, a grafia deste livro está atualizada segundo o Acordo Ortográfico da Língua Portuguesa adotado no Brasil a partir de 2009.

R. Barata Ribeiro, 79, sala 316 – CEP 13023-030 – Vila Itapura
Fone: (19) 3790-1300 – Campinas – São Paulo – Brasil
E-mail: editora@papirus.com.br – www.papirus.com.br

Ser livre não é fazermos aquilo que queremos,
mas querer aquilo que se pode.
Jean-Paul Sartre

SUMÁRIO

PARTE III
SEMEANDO A TERRA

PREFÁCIO

Prefaciar este livro de Mauro Guimarães é um convite para partilhar deste momento de sua caminhada. Mauro é geógrafo, professor universitário (UFRRJ) e é, sobretudo, um educador ambiental. Nós nos conhecemos nos anos 1990. Vivíamos, no Rio de Janeiro, a década do meio ambiente, marcada pelo evento que, desde a perspectiva não governamental, chamamos de "Rio-92". Mauro, ainda bastante jovem, já despontava como uma liderança promissora na educação. Ao longo dos anos, fomos partilhando vários espaços acadêmicos de formação, pesquisa e articulações de ação ambiental e construindo uma amizade nessa convivência profissional.

É justamente em torno do conceito de convivência que Mauro organizou seus escritos recentes, nesta coletânea. A escolha do título é significativa. Convivência pedagógica. Ou ainda, pode-se grafar, como Mauro o fez, com o neologismo *com*vivência pedagógica. Em ambos os casos, o que me parece estar em jogo é um convite para a compreensão da educação como experiência. Experiência no sentido forte, ontológico, como a fenomenologia e a hermenêutica entendem o conceito.

Nos textos aqui reunidos, o leitor pode percorrer os caminhos de uma pedagogia baseada no convite à convivência, portanto, no desejo e na liberdade de caminhar junto. Isso nos leva ao pressuposto da presença de um Outro que importa. A convivência e a alteridade, nesse caso, incluem a intersubjetividade e vão além dela, estendendo-se para as relações com o planeta, com todas as formas de vida com as quais coabitamos, coevoluimos e, nas palavras de Mauro, convivemos.

Mauro nos conta que, ao escolher o título, quis enfatizar a relação "forma-conteúdo-teoria-prática". Esse desejo é uma espécie de mantra, uma utopia dos educadores que querem romper com as dicotomias. Contudo, os hífens não nos deixam ilusões: esse clamor, em sua própria formulação, revela que ainda estamos sob o domínio desses compartimentos. Mas estamos na luta, isto é, buscando alternativas mais integradoras, modos holísticos de fazer e pensar a educação.

A leitura deste livro é um convite para seguir com Mauro essa e outras utopias. Uma trilha de ações refletidas, pensadas, convividas e bem vividas. Para os que conhecem Mauro, sabemos que, tudo o que faz, faz por inteiro, orientado por uma profunda busca existencial por uma vida em consonância com suas escolhas éticas, estéticas, políticas e ambientais. É assim que eu li a tríade que organiza o trabalho: 1- início do caminho; 2- cruzando o campo; 3- semeando a terra.

Essa caminhada, Mauro não faz sozinho e deixa isso sempre muito claro. Talvez por isso tenha decidido se situar como "organizador" do livro, embora seja autor ou coautor de todos os trabalhos aqui reunidos. Na convivência pedagógica, Mauro traz para sua caminhada todos os colegas, orientandos e orientandas, amigos de jornada. É, sem dúvida, um percurso eclético e generoso. Ele foi juntando, ao longo de um caminho que percorreu, tendências, autores, lideranças, grupos de trabalho, eventos. Sua jornada nasce no "início do caminho", passa pela travessia do campo aberto, instável e cheio de desafios da educação ambiental e alcança o momento presente, semeando a terra. Mas isso não quer dizer que se trata de uma alusão à conclusão de uma carreira, pois, afinal, o livro termina com a semeadura e com "um caminho que segue". Eu diria que Mauro buscou aqui organizar suas experiências, com bastante liberdade, sem amarras nem filiações excludentes, em um momento em que já tem uma bela jornada a ser narrada.

*Isabel Cristina de Moura Carvalho**

1. Psicóloga (PUC-SP) com mestrado (FGV-RJ) e doutorado (UFRGS) em Educação e pós-doutorado em Antropologia (UCSD, San Diego, EUA), atualmente é professora visitante do Programa de Pós-graduação em Educação da Unifesp, pesquisadora produtividade do CNPq, pesquisadora do Laboratório de Antropologia da Religião (LAR) da Unicamp e do Laboratório de Estudos Avançados Multidisciplinares (Leam) da UERGS. Desde os anos 1980 trabalha com temas relacionados a ambiente e sociedade, educação ambiental, epistemologias ecológicas. Mais recentemente, tem se dedicado às relações entre ambiente, saúde e religião. Desde 2013, atua também no debate sobre a ética em pesquisa no Brasil.

APRESENTAÇÃO

Dei início a este livro no contexto da emergência climática, mas também da pandemia que nos assola no momento exato em que o escrevo; graves crises socioambientais deste início de século que se interconectam em suas causas. É, portanto, um ensaio reflexivo, que realiza o esforço de explicitar a compreensão que viemos construindo ao longo de mais de trinta anos e que me leva a nomeá-lo como: *Educação ambiental e a "comvivência pedagógica": Emergências e transformações no século XXI.* Arriscaria dizer que a ideia principal se complementa com uma abordagem integrada, que junta "forma-conteúdo-teoria-prática"; ou, como costumo dizer, "tudo junto ao mesmo tempo agora na relação". É a busca da sistematização da minha própria vivência entrecruzada com a de tantos outros para alimentar caminhos a seguir; uma práxis perpassada pela pesquisa, pelo ensino e pela extensão na área de formação em educação ambiental (EA). Isso se deu ao longo de uma trajetória nesse campo que começou em meados da década de 1980; campo este que veio adquirindo contorno e se consolidando ao longo dessa caminhada, que certamente é coletiva em uma "*com*vivência pedagógica".

Estruturo o livro em três partes. A Parte I, Início do Caminho, contextualiza meu ponto de partida e as referências construídas ao longo da trajetória. Na Parte II, Cruzando o Campo, sistematizo, em interlocução com tantos outros, o que acompanhei na construção do campo da educação ambiental, procurando demarcar e referenciar sua perspectiva crítica. E na Parte III, Semeando a Terra, apresento a proposta teórico metodológica da "*com*vivência pedagógica", que atualmente venho produzindo com parceiros e orientandos, pensando na radicalidade da formação do educador ambiental em tempo de grave crise. Assim, apesar da simplificação e a linearidade do real estarem sendo aqui questionadas, a limitação da bidimensionalidade do papel, assim como do tempo e do espaço, nos fez optar pela seguinte sequência. Na Parte I, Capítulo 1, situo minha trajetória e opções ao longo da constituição do campo da educação ambiental. No Capítulo 2, sem se pretender um momento de aprofundamento teórico, demonstro em quais referências venho me apoiando para refletir sobre a realidade que encontro/construo pelo caminho. No primeiro capítulo da Parte II, procuro, em diálogo com uma colega educadora, refletir sobre alguns direcionamentos que foram se delineando nessa trajetória de práxis no processo formativo do educador ambiental. No Capítulo 2 dessa segunda parte, debato sobre situações formativas do processo educativo que vieram se consolidando no campo e que considero potentes para a realização de uma educação ambiental dentro de uma perspectiva crítica. Na Parte III, apresento, com parceiros e orientandos, a proposta em construção da "*com*vivência pedagógica". O texto segue até o Capítulo 8. Então, para darmos um ponto-final, sem ser de fato uma conclusão, há uma proposição de modelos, ou comprovações de hipóteses, em meio a tantas incertezas que temos de enfrentar, deixamos a provisoriedade de palavras e reflexões como sementes em campos férteis em que tantos podem cultivar. Portanto, foi nessa trajetória que se construíram os saberes e fazeres que aqui apontaremos, para se constituírem como ponto de partida, ou melhor, uma referência possível (entre outras) de novos questionamentos e reflexões acerca da educação ambiental; da radicalidade, diante de tão grave crise, de uma dimensão crítica para cuja consolidação se pretende contribuir. É na convivência nesses caminhos que vamos, com esperança e amorosidade, construindo as nossas identidades como educadores ambientais.

> Não quero dizer, porém, que, porque esperançoso, atribuo à minha esperança o poder de transformar a realidade e, assim convencido, parto para o embate sem levar em consideração os dados concretos, materiais, afirmando que minha esperança basta. Minha esperança é necessária, mas não é suficiente. Ela, só, não ganha a luta, mas sem ela a luta fraqueja e titubeia. Precisamos da herança crítica, como o peixe necessita da água despoluída. (Freire 1992, p. 10)

Em meio à revisão final deste livro, fomos atropelados pela grande pandemia do coronavírus. Uma situação grave, com potencial de grandes transformações da realidade vivida, aponta para a crise que procuramos aqui denunciar de um modelo civilizatório da modernidade, que se desestrutura e requer educadores ambientais transformados e transformadores, capazes de contribuir para a construção de um mundo novo. Em isolamento social, fomos provocados a refletir sobre o mundo vivido em crise, e deixo aqui deixo registrada uma pequena reflexão que se insere no contexto do momento histórico aqui denunciado.

> Em isolamento, 1º/4/2020.
> O futuro não é a tecnologia. E a ciência com isso?
> Somos a geração tecnológica, o progresso nos condiciona; crescer mais e sempre é a meta de tudo e de todos. Para nós, desenvolvimento é o resultado da evolução tecnológica, é a modernidade que nos fascina. Com isso, se tem a profunda convicção de que a tecnologia é o sentido da vida e o desenvolvimento tecnológico, motor da economia, é o nosso futuro certo e próspero e que temos como sinônimo de qualidade de vida. Se há um problema, a tecnologia resolve. Uma crença que nos faz esperar passivamente o futuro tecnológico para nos salvar.
> Mas a vida, o biológico, deu o ar de sua graça, e um microrganismo parou tudo e todos no presente. Colocou à prova o futuro próspero da crença tecnológica. Diante da ameaça do coronavírus, hoje, para proteger-se, a geração tecnológica tem algumas soluções: usar máscaras de tecido, lavar as mãos com água e sabão e parar de

circular. Cai por terra o mito da modernidade tecnológica que tudo controla, domina e nos protege.

A tecnologia, de muitas contribuições, sim, mas submissa às necessidades da economia, afastou-se da preservação da vida como prioridade das necessidades humanas. Economia tecnológica que domina e explora os recursos naturais à exaustão. A biologia, ciência da vida, demonstra, porém, por meio da ecologia, a nossa dependência de relações que nos integra do micro a algo bem maior. Temos a expansão de um microrganismo letal à vida humana que a tecnologia não domina, não controla, mas que fez tudo parar: a economia, o cotidiano frenético, a modernidade prometida.

A pandemia que vivemos em isolamento social nos dá a rara oportunidade de parar e perceber a vida que levamos: a modernidade em expansão global, o pretenso desenvolvimento das forças produtivas em direção ao mítico crescimento econômico infinito, que segue a lógica da economia que não pode parar. Nessa insensata corrida, a interdependente saúde humana e planetária não é o foco do desenvolvimento. Criamos e vivemos uma sociedade em que o progresso humano é secundário em relação ao econômico e a tecnologia é colocada como refém. Parados e isolados, sem a caudalosa correnteza que nos empurra e afoga nesse modo de vida alucinante, sufocados e inconscientes para um progresso humanamente não desejado, mas economicamente criado, temos hoje a oportunidade única em nossa história de vivenciar e participar da construção de novos rumos para a humanidade. Mas que sejamos humanamente criativos em busca da consonância sustentável com a vida planetária. Como estão sabiamente dizendo, não podemos voltar à normalidade, pois a normalidade é o problema.

A opção é a ruptura com o velho e a construção do novo a ser conquistado agora. Novas práticas comprometidas com a sustentabilidade socioambiental e com o futuro do desenvolvimento humano das novas gerações, nossos filhos e netos, é a grande meta. Negacionismo da ciência agora é a barbárie. Colocar a ciência a favor do desenvolvimento humano ambientalmente responsável é romper com a prioridade ao econômico para o desenvolvimento futuro. É estabelecer como política pública que o conhecimento esteja comprometido em primeiro lugar com as necessidades humanas e ambientais, que tenha na ciência e em um dos seus produtos, a tecnologia, o apoio para levar o desenvolvimento humano a novos patamares. Essa é uma opção política de profunda ruptura com o mundo em colapso e de nos reorganizarmos como uma outra sociedade. Uma opção marcada pela grande necessidade de superarmos graves crises. A pandemia é apenas um ensaio de um desafio muito maior que nos circunda: a emergência climática. As ciências, humanas e sociais, da natureza e exatas, desde que não submetidas ao poder do econômico, podem ser um importante instrumento para esse desenvolvimento da humanidade na superação de seus grandes desafios. No Brasil, mais de 90% da produção científica ocorre nas instituições de pesquisas e universidades públicas. A importância de serem públicas é que, por seu caráter público, podem estar voltadas ao desenvolvimento do conhecimento, desatreladas da prioridade aos interesses econômicos, sobretudo quando são interesses meramente privados de mercado. A pandemia desvelou a grave crise que vivemos na saúde, com a perspectiva de colapso do sistema hospitalar, causado por políticas neoliberais de abandono dos serviços públicos e redução da presença do Estado. Esse é um claro exemplo da importância de termos a ciência voltada para o público, mobilizada prioritariamente pelos interesses humanitários. Pois são esses compromissos que colocam universidades e institutos de pesquisas, ao lado do Sistema Único de Saúde (SUS), na linha de frente do combate ao coronavírus no Brasil.

Tenho a esperança de que essa pandemia, que tantos sofrimentos e transtornos causou em nosso modo de vida, no cotidiano frenético da modernidade, possa ser uma oportunidade profunda de despertar para a essencial mudança de rumos e a construção social de novas relações humanamente colaborativas e solidárias. Transformações fundamentais para enfrentarmos um desafio muito maior que aí está. Como professor e pesquisador de universidade pública, acredito – e milito para isso – que a ciência deve se comprometer com a priorização do desenvolvimento humano. Uma ciência forte e valorizada pela sociedade pode contribuir com a conquista de um futuro em que a realização das necessidades humanas equilibradas em relações sustentáveis com a natureza seja prioritária na organização econômica de uma nova sociedade que teremos de reinventar. O futuro será o que fizermos com base neste grave presente: ele não está dado nem predeterminado, a oportunidade está colocada.

Diante das emergências e transformações em curso no século XXI, para uma profunda ruptura com o mundo em colapso e a possibilidade de nos reorganizarmos como outra sociedade, acreditamos na importante contribuição da formação de educadores ambientais transformados e transformadores. Esperamos que, com as reflexões e experiências aqui desenvolvidas, esse movimento seja potencializado. Que seja esse um bom encontro com o leitor.

PARTE I

INÍCIO DO CAMINHO

Gosto de iniciar meus escritos dizendo de onde venho e o contexto que me forja, pois acredito que somos a síntese da nossa autonomia em relação às múltiplas determinações do meio. Portanto, para o leitor, principalmente o novo, que não me conhece, as minhas relações com o mundo em minha caminhada me explicam e explicam as minhas concepções. Ao mesmo tempo, julgo que minhas exposições estabelecem um diálogo com o leitor e suas relações e sínteses próprias; parece que é o que me cabe como educador.

1
PASSOS INICIADOS: O CONTEXTO DO CAMINHO

Mauro Guimarães

Na teoria dialógica da ação, os sujeitos se encontram para a transformação do mundo em co-laboração.
Freire (1987, p. 165)

O contexto que subscreve este capítulo, e que constitui a minha identidade como educador ambiental, situa-se no breve relato dos caminhos que trilhei ao longo do período de percurso pela educação ambiental. Começo assim este livro, pois, como disse, acredito que, de certa forma, os caminhos percorridos e as paisagens vividas e experimentadas na travessia desse campo justificam as opções teórico-metodológicas que fiz e os rumos seguidos ao longo de minha jornada. Da mesma forma, subsidiam as propostas que aqui apresento e configuraram coletivamente uma vertente crítica desse campo do conhecimento em construção. Acredito que essas propostas foram se constituindo ao reconhecer as boas opções feitas, entre tantas outras não tão boas, nessa caminhada e que me levam hoje a visualizar indicativos para os passos que dou em uma educação ambiental que acredito se comprometer com o processo de transformação da realidade para a construção de um mundo melhor, mais justo e equilibrado socioambientalmente.

Conforme nos diz Loureiro (2009a), companheiro de longo tempo por essas trilhas, a educação ambiental (EA) no Brasil é caudatária de alguns movimentos presentes na sociedade, mesmo que embrionários, nos anos 1960, e que décadas depois, no início dos anos 1990, com um lapso de mais de vinte anos de regime autoritário, chegam às escolas e à sociedade de forma mais institucionalizada. Um desses movimentos, ligado ao movimento conservacionista da natureza e que se iniciou com um viés mais biologizado, constituiu-se em uma EA conservacionista. Na aproximação dessa discussão com os movimentos sociais, porém, constituiu-se uma tendência que foi, em parte, se socioambientalizando. Outra tendência constituinte desse movimento teve influência da educação popular, herdando concepções principalmente de Paulo Freire e propostas progressistas de educação. Esses movimentos, entre outros que são estruturantes do atual campo em formação da educação ambiental, como também analisa Lima (2011), ao longo dessas décadas, foram percorridos por muitos dos nossos pioneiros (Carvalho 2004), que se aproximaram da EA via ambientalismo conservacionista, movimentos sociais e/ou pela educação. Certamente, em meu caso, se deu pela via da educação com toda uma afinidade que senti desde cedo, como estudante e professor, com a educação popular da pedagogia freiriana.

Sinto nas andanças que faço hoje pelo Brasil – neste momento em que a educação ambiental tanto se difundiu por todos os cantões e setores da sociedade brasileira e mundial – que cada vez mais novos educadores se colocam motivados a incorporar a dimensão ambiental em suas práticas educativas, o que considero muito promissor. Isso me faz reviver os primeiros passos de minha própria trajetória, no início da década de 1980, cursando a graduação em geografia. Naquela conjuntura histórica de saída de um regime político totalitário e início do processo de redemocratização da sociedade brasileira, a chegada de muitos exilados políticos – entre eles muitos professores universitários – trouxe novas discussões do cenário internacional; entre elas, o ambientalismo. Foi nesse contexto que me formei, com a contribuição de muitos desses professores, e, envolvido com a questão ambiental, fui morar no interior do estado do Rio de Janeiro, em Nova Friburgo. Trabalhei em uma escola rural (Lumiar) de educação básica, segmento em que atuei por mais de dez anos, com o intuito de militância ambientalista, como professor interessado em inserir a educação ambiental em minha prática pedagógica da geografia em sala de aula, como bem prefaciou o amigo Marcos Reigota em publicação minha anterior (Guimarães 2000).

Naquela época, porém, quase nada tínhamos de acúmulo na área, pois havia muito pouco de estudos, bibliografia e mesmo experiências em andamento. Sendo assim, eu estava interessado em fazer algo novo e diferente, mas com dificuldade de ter o suporte de uma reflexão teórica anterior com a qual dialogar, que me desse segurança nesse novo campo que se configurava. Desse contexto, resultaram duas características que marcam a minha trajetória pelas trilhas da educação ambiental brasileira. A primeira é a necessidade de produzir conhecimento em EA por uma reflexão crítica a partir de uma prática que eu procurava implementar em meu cotidiano de militância como professor-ambientalista; ou seja, vivenciar minha função de educador em uma práxis pedagógica de autoformação e formadora. Isso me levou a valorizar, no processo educativo, aspectos da perspectiva socioconstrutivista, na qual o conhecimento não é algo dado, pronto e acabado, mas precisa ser construído na interação com uma coletividade para dar conta da compreensão de uma "nova" problemática – a complexidade da crise socioambiental que se apresenta. A outra característica que me acompanha é o desejo de contribuir para suprir essa carência formativa nos que se iniciam na EA. Isso logo me levou a trabalhar na formação de educadores ambientais, já no início da década de 1990, com professores da rede pública do estado do Rio de Janeiro, na Secretaria Estadual de Educação. Essas duas características espelham essa trajetória e manifestam minha tentativa, como educador-pesquisador, de contribuir para a superação das fragilidades que senti em mim mesmo nessa caminhada.

Hoje me esforço para atuar na mediação entre o mundo acadêmico e os que estão lá na ponta, no chão da escola e da comunidade: os educadores,[1] em suas ações de EA. Procuro, por intermédio de palestras, oficinas, cursos e produções bibliográficas como esta, contribuir na interlocução da produção acadêmica com os que estão na linha de frente; portanto, necessariamente atuando como educador, porém também como pesquisador, para alimentar essa intermediação. Sendo assim, fruto da minha formação posterior de pós-graduação e atuação em áreas ditas não formais (como pesquisador no Museu de Astronomia no Rio de Janeiro, por exemplo), mas também como professor do ensino privado e público dos níveis fundamental, médio e superior, e estando hoje vinculado como professor-pesquisador à Universidade Federal Rural do Rio de Janeiro, o que venho produzindo até aqui são consequências de uma práxis educativa que se quer comprometida com a formação do educador ambiental em seu sentido mais amplo. Por tudo isso, o conceito de práxis[2] é um referencial que se incorpora em minha concepção dos processos formativos para a EA, assim como outros que evidenciarei ao longo deste livro.

Nessa práxis de formação de educadores, incluo-me continuamente. Encontrei muitos companheiros e companheiras que comigo interagiram e certamente com eles fiz muitas trocas e aprendi, tanto no aspecto teórico quanto nas práticas em conjunto. A situação na qual me encontro hoje é, portanto, resultado de uma práxis coletiva, e muitos contribuíram, inclusive os educandos, com o meu saber, sentir e agir em minha convivência pedagógica, em minha vida. São trajetórias de educadores ambientais que se entrecruzam e se enriquecem mutuamente

---

1. Na maior parte das vezes, uso a expressão educadores, em vez de professores, para dar o caráter mais amplo para além da educação formal, já que, no viés crítico que defendemos, a própria dicotomia entre educação formal e não formal perde sentido pelo movimento permanente de interseção em uma realidade que não é partida, disjunta, dicotomizada entre escola e comunidade.
2. Práxis como "ação e reflexão dos homens sobre o mundo para transformá-lo" (Freire 1992, p. 67). Freire diz que é necessário não só conhecer o mundo, é preciso transformá-lo (Freire 1979). A ruptura com a dicotomia reflexão-ação, teoria-prática é fundamental para a transformação deste mundo disjuntivo em crise. É nessa prática criativa que o novo germina.

por propiciar trocas e compartilhamentos de experiências. Vivenciar a riqueza e a potencialidade do trabalho coletivo em seu sentido dialógico em minha autoformação me faz considerar também esse trabalho outro aspecto fundamental na formação em educação ambiental e do educador ambiental.

Por isso, por perceber a riqueza da trajetória de cada um em seu processo de formação-autoformação e suas possíveis interlocuções, é que opto aqui por um relato dessa minha experiência; ou seja, como venho percebendo (mente e coração) e fazendo educação ambiental em uma práxis de educador-pesquisador. Apesar de ser essa uma discussão epistêmico-metodológica, não se pretende que seja lida como um modelo, uma regra a ser seguida, mas como uma experiência com a qual dialogar durante o processo de cada um em seus acertos e erros, inserida em situações próprias que constroem o saber mais próximo e pertinente às realidades nas quais se pretende intervir no processo educativo. Portanto, foi-se evidenciando no caminho outra opção para o processo formativo: a de vivenciar a dialogicidade com o outro (humano, não humano, o ambiente) em um processo educativo de intervenção na realidade cotidiana, vivenciando-a em conjunto.

Vejo o que sou hoje como resultado de um sujeito coletivo imerso em (e emerso de) diversos coletivos, como: Programa de Pós-graduação em Educação e nos cursos de pedagogia e geografia da Universidade Federal Rural do Rio de Janeiro (UFRRJ); Grupo de Estudos e Pesquisa em Educação Ambiental, Diversidade e Sustentabilidade (Gepeads/UFRRJ); Grupo Pesquisador em Educação Ambiental, Comunicação e Arte (GPEA/UFMT) e, mais recentemente, Grupo de Investigación en Pedagoxía Social e Educación Ambiental (Sepa/USC-ES); redes como Rede Brasileira de Educação Ambiental (Rebea) e Rede de Educação Ambiental do Rio de Janeiro (Rearj), Rede Universitária de Programas de Educação Ambiental (Rupea), Observatório da Educação Ambiental (Observare EA), Rede Moinho de ambientalistas da região onde moro; GT 22 de Educação Ambiental da Associação Nacional de Pós-graduação e Pesquisa em Educação (Anped) e Encontros de Pesquisa em Educação Ambiental (Epea), entre outros pelos quais já passei.

Da perspectiva de sujeito coletivo, iniciei meu processo formativo acadêmico na graduação em geografia influenciado pelo referencial teórico-crítico dessa disciplina, capitaneado por Milton Santos, um de seus ícones, e ao mesmo tempo encantado pela concepção educativa de Paulo Freire. Paralelamente aos tempos de graduação, busquei, numa dimensão ético-filosófico-religiosa, conhecer a diversidade de concepções de mundo, em que a visão holística das culturas orientais me ajudou a construir um olhar diferenciado e em contraste com a compreensão de mundo moderno ocidental em que estava imerso. Mesmo não sendo um estudioso do marxismo, bebo desse referencial como método de análise. Fui colhendo, porém, ideias outras que marcaram momentos de minha trajetória. Essas marcas (referenciais teóricos) foram balizamentos e delimitações que me ajudaram a caminhar e simultaneamente formar a minha visão desse caminho no mundo. Portanto, falo situado nesse percurso. As ideias que me marcaram e mais me dão sentido se localizam no campo teórico-crítico, mas regado e inspirado em diversas nuances que acredito, na perspectiva utópica, convergem para um mesmo direcionamento. Mas até mesmo pelo conjunto formado por essas referências que se anulam, me postam a tentar visões relacionais, conciliatórias quando possível. Creio em uma tentativa de síntese, pois, mesmo no reconhecimento das diferenças e contradições dessas nuances no campo teórico-crítico, tendo a me satisfazer pela relação que une sem homogeneizar, buscar ir além de fronteiras estanques, superando diferenças e antagonismos sem negá-los em seu sentido absoluto, como no materialismo histórico dialético, no pensamento complexo, na hermenêutica e na fenomenologia, mesmo quando em suas perspectivas idealistas.

Essas experiências me levam a acreditar na importância da postura problematizadora, dialógica e aberta ao diverso pelo educador. Creio que essa postura se constrói no processo formativo pelo exercício da reflexão crítica, que subsidia a possibilidade da realização de práticas diferenciadas, substanciada nos sentidos construídos e nas sensações vivenciadas na interação com as múltiplas determinações historicamente constituintes do real. São aspectos de uma postura questionadora, dialógica e aberta ao diverso que se incorporam à práxis educativa, também como um referencial do processo formativo.

Portanto, trazendo comigo tantos outros, o que pretendo é participar do campo da reflexão-ação dos que estão procurando fazer educação ambiental. Mas um fazer que tenha a consequência de uma prática refletida, que valorize o pensar e o fazer, a ação e a reflexão, a razão e a emoção, a forma e o conteúdo, a teoria e a prática, como dualidades não separadas, contrapondo a perspectiva educativa tradicional que dicotomiza e compreende, portanto, as práticas de forma cerebral pela razão, isolando o sentir do coração. Perspectiva essa tradicional que não junta o conhecer com o desejar, o amar. A vida nos dá provas de que a emoção da afetividade é o que, na essência, nos une ao outro, ela move e motiva junto com a razão, como partes interconexas que interagem reciprocamente na unidade da práxis pedagógica repleta de amorosidade, como diria Freire, de construção de novos saberes e fazeres de forma coletiva de um com o outro, de um com o mundo. Buscar uma práxis, que é pedagógica, pois busca intencionalmente romper com a "armadilha paradigmática",[3] que descrevi em trabalhos anteriores e que pretendo aqui ainda desenvolver e que tenha na perspectiva da crítica e da complexidade um contraponto para se pensar e fazer EA, esse é outro aspecto que acredito importante de ser considerado no processo formativo. Acredito ainda ser fundamental a valorização desses diferentes

3. "Um passo importante, a meu ver, passa por romper com uma armadilha a que todos estamos sujeitos. O que chamo (...) de 'armadilha paradigmática'. Para Morin (...), paradigmas são 'estruturas de pensamento que de modo inconsciente comandam nosso discurso'. Disso ressalta a força que os paradigmas têm nas nossas ações individuais e em nossas práticas sociais, a ponto de muitas vezes falarmos ou fazermos alguma coisa sem sabermos bem a razão , mas 'porque sempre foi assim por aqui', é o 'normal' em nossa sociedade. Isso nos faz perceber que os paradigmas tendem a nos levar a pensar e agir de acordo com algo pré-estabelecido, consolidado por uma visão de mundo que nos leva a confirmar (inconscientemente) uma lógica, uma racionalidade dominante. Essa é uma tendência conservadora, inclusive na educação, que informa práticas individuais e coletivas que reproduzem os paradigmas" (Guimarães 2007, p. 88).

aspectos para a efetiva e afetiva eficácia de uma educação ambiental que pretenda contribuir com a transformação da realidade socioambiental e, reciprocamente, de cada um de nós como sujeitos individuais e coletivos que somos.

Gostaria de chamar também a atenção para mais este aspecto, pois, como estou desde 1996 no ambiente acadêmico como professor-pesquisador universitário, depois de ter vivido mais de dez anos no "chão da escola" pública e privada, do ensino médio e fundamental, atuar até hoje com professores que vivem essa realidade, percebo "pairando no ar" uma aura de estranhamento e distanciamento recíproco entre os que estão na "ponta fazendo educação", os educadores nas escolas e/ou em outros espaços, e os que "pensam" a educação nas universidades.

Apesar de saber que, hegemonicamente, em nossa sociedade essa cisão entre teoria (associada à universidade) e prática (associada à escola) tradicionalmente se realiza, acredito que muitos da minha geração – conforme sinaliza Carvalho (2004), a primeira que se reconhece desde o início de nossa trajetória (há mais de trinta anos) como educadores ambientais –, vêm de uma militância, de uma atuação na "ponta". Portanto, alguns de nós que ocupam hoje o espaço acadêmico, estamos, de modo geral, sensibilizados em juntar quem pensa, sente e faz em um único sujeito que seja ecológico (Carvalho 2004) – o educador ambiental no exercício de "ser mais ambiental" (Granier 2017), seja na universidade, e/ou na escola, e/ou na comunidade.

Isso é realizar uma ruptura, por exemplo, com a racionalidade que consolida a escola como espaço de reprodução e o professor como repetidor de conhecimentos produzidos por outros (os que estão nas universidades, os teóricos). Essa ruptura é assumirmos que os professores são profissionais que produzem conhecimento e têm toda a real condição de refletir criticamente sobre esse conhecimento, assim como o pesquisador em sua prática acadêmica tem, concomitantemente, um fazer pedagógico de aprender e ensinar com outros (os que estão na "ponta") na sua prática de pesquisa, construtora de conhecimentos comprometida com a realidade. Somos todos educadores-pesquisadores, portanto aprendentes; educandos e educadores, reciprocamente. Isso é romper com a armadilha da educação bancária denunciada por Paulo Freire, em que um detém o saber e transmite ao outro, que passivamente o absorve. Essa é uma das características que gostaria de demarcar neste livro. Na perspectiva crítica de educação ambiental,[4] constrói-se o processo formativo permanentemente que é de ambos, educando e educador. O educador, como participante na construção de novos saberes, com base no diálogo na "ecologia de saberes", como nos fala Boaventura Santos (2007, pp. 22-23),[5] é um aprendente; portanto, também educando. Por sua vez, nesse ambiente educativo, a formação se dá na relação de um com o outro e de um com o mundo. Numa visão relacional dialógica de horizontalidade, a aprendizagem se dá na troca; portanto, o educando também é educador do outro em suas relações dialógicas no mundo. Essa é uma educação de formação mútua, em que há um sentido de completude, criação e realização, portanto uma educação libertadora e emancipatória das relações não dialógicas e alienantes. A cada formação que realizo (como educador), sou formado, mesmo que tratando de um mesmo assunto, na relação de troca e interação com os outros (educandos), e sinto-me sempre ao final ampliado, enriquecido em minha compreensão dos fatos discutidos.

Todos nós permanentemente somos, em processos formativos e de formação, educadores ambientais, e devemos nos colocar como

---

4. Um dos pressupostos da educação ambiental crítica que venho considerando é sua abordagem integrativa interdisciplinar, referenciada na perspectiva da complexidade e subsidiada pela interpretação dialética histórico-crítica da realidade. Esse pressuposto afirma o caráter contraditório e conflitivo constituinte da realidade socioambiental, que historicamente se realiza em relações desiguais de poder e que, portanto, para o enfrentamento numa perspectiva crítica, transformadora e emancipatória, o viés participativo, permanente e político deve ser buscado no processo educativo para o desvelamento, a intervenção e a transformação da realidade pela práxis.
5. "É uma ecologia, porque se baseia no reconhecimento da pluralidade de conhecimentos heterogêneos (sendo um deles a ciência moderna) e em interações sustentáveis e dinâmicas entre eles sem comprometer a sua autonomia. A ecologia de saberes baseia-se na ideia de que o conhecimento é interconhecimento."

militantes-pesquisadores coletivos, rompendo os muros que separam universidades, escolas e outros espaços educativos que se encontram no cotidiano de nossas comunidades e que são fragmentados pela visão-ação hegemônica disjuntiva. Essa é uma das utopias, ideais de construção do novo, que podem nos mover e que nos mobilizam em uma trajetória. O esforço que se segue é o de apresentar, fruto dessa trajetória, formando e sendo formado, uma sistematização que demarque alguns referenciais em processos formativos de educação ambiental, na perspectiva, em que acredito, crítica.

Atualmente, meu lócus de ações-reflexões tem sido o Grupo de Estudos e Pesquisa em Educação Ambiental, Diversidade e Sustentabilidade (Gepeads) que coordeno no *campus* Nova Iguaçu, da Universidade Federal Rural do Rio de Janeiro (UFRRJ). Essa sistematização é substanciada em pesquisas de acompanhamento de processos formativos iniciais e continuados em educação ambiental;[6] nas relações interculturais com comunidades indígenas; no desenvolvimento de projetos de extensão universitária para a formação de educadores ambientais de caráter formal e não formal, como: na formação de dinamizadores na educação ambiental de trabalhadores e em projetos de intervenção comunitária, assim como na realização de cursos e eventos, participando na construção de políticas públicas de educação ambiental. Ações que subsidiam a linha de pesquisa "Processos Formativos de Educação Ambiental", que venho desenvolvendo com o Programa de Pós-graduação em Educação da UFRRJ.

---

6. Entre esses, gostaria de agradecer à amiga e supervisora do pós-doutorado (2015), Michèle Sato (PPGE/UFMT) e seu Grupo Pesquisador em Educação Ambiental, Comunicação e Arte (GPEA), assim como à Coordenação de Aperfeiçoamento de Pessoal de Nível Superior (Capes), por me acolher no Programa Nacional de Pós-doutorado (PNPD) e ao Conselho Nacional de Desenvolvimento Científico e Tecnológico (CNPq), por dar suporte para o desenvolvimento de parte do projeto de pesquisa "Outras epistemologias no processo formativo da educação ambiental" (2013-2014), que tem nestes escritos um dos seus frutos.

2
PEDRAS QUE SUSTENTAM O CAMINHAR

Mauro Guimarães

Desde a década de 1980, quando iniciei minha trajetória, já despontava o que hoje se tornou evidente: que caminhávamos para uma situação de insolvência civilizatória e degradação socioambiental jamais vivenciada na história planetária, em que as mudanças climáticas são os riscos mais evidenciados na atualidade.

Essa racionalidade que se hegemonizou de estar no mundo, creditada ao nosso antropocentrismo,[1] coloca a natureza (a nossa volta e separada de nós) como recurso para atender aos interesses humanos, não de todos, mas da parte poderosa detentora do capital, e/ou a que o capital detém – é difícil distinguir. E que por essa visão hierárquica de

1. Visão social de mundo em que a sociedade humana é percebida na centralidade da vida e, de forma superior, a mais importante; subjuga, assim, as demais formas de vida e os elementos abióticos que compõem a natureza, como algo menor. Portanto, estabelece uma percepção de mundo que normaliza e referencia, inconscientemente, a dominação e a exploração de tudo que está em seu entorno, sendo uma justificativa ideológica para a dominação e a exploração.

que um é mais e outro é menos, se justifica uma relação de dominação e exploração crescente e ilimitada dos "recursos" naturais/humanos, em um mundo, porém, que é finito materialmente e certamente com limites éticos e morais para tamanha degradação humana e da natureza. Essa forma de ser e estar no mundo só poderia gerar essa grave crise socioambiental que ameaça hoje a vida (não só humana) em todo o planeta.

> O capitalismo contemporâneo operou (...) o aprofundamento da separação entre, de um lado, a produção voltada genuinamente para o atendimento das necessidades e, de outro, as necessidades de sua auto-reprodução. E, quanto mais aumentam a competitividade e a concorrência intercapitais, mais nefastas são suas conseqüências, das quais duas são particularmente graves: a destruição e/ou precarização, sem paralelos em toda a era moderna, da força humana que trabalha e a degradação crescente do meio ambiente, na relação metabólica entre homem, tecnologia e natureza, conduzida pela lógica societal subordinada aos parâmetros do capital e do sistema produtor de mercadorias. (Mészáros 2006, p. 18)

É um mundo que em sua organização social de um modo de produção e consumo, alicerçada na acumulação crescente de capital, se manifesta pela extrema concentração de riqueza e desenvolvimento, em que uma pequena parcela da humanidade usufrui dos seus benefícios, enquanto uma outra parcela crescente vive em meio a uma grande degradação socioambiental. Estudos demonstram (Organização das Nações Unidas, Worldwatch Institute, Oxfam, entre outros) que, ao longo dos anos, a diferença entre a pobreza e a riqueza no mundo vem crescendo. Essa forma de a sociedade organizar sua produção e seu consumo numa progressão ilimitada em um espaço finito está falida, é insustentável socioambientalmente, não é compatível com as condições ecológicas de manutenção da vida. Ou seja, vivemos uma crise que é civilizacional, pois essa civilização está destruindo suas condições materiais de reprodução, seus valores éticos e espirituais que viabilizam um conviver de forma equilibrada, cuidadosa e de respeito e reverência à vida.

Parte-se, então, do pressuposto de que a grave crise socioambiental da atualidade é consequência das forças produtivas de um modo de produção e seu modelo de desenvolvimento historicamente constituído e constituinte do vir a ser. Esse modelo é pautado pela "racionalidade instrumental" (Leff 2001) como "formas eficazes de controle e racionalização do comportamento social para alcançar certos fins (econômicos, políticos)", racionalidade referendada e entranhada pelos "paradigmas da disjunção" da modernidade (Morin 1997). Ratificado pelo cartesianismo, que, ao produzir conhecimento sobre a realidade focando a parte como sendo no método científico a delimitação do objeto de estudo (parte da realidade a ser estudada), resulta em conhecimento cada vez mais aprofundado e particularizado (disciplinarização do conhecimento). Isso faz com que se veja o todo separado em fragmentos cada vez mais especializados, particularizados e distanciados da compreensão da totalidade complexa da realidade. Essa abordagem do real produz fragmentação do conhecimento e um padrão de constituição do real que o simplifica: ao fracioná-lo; ao privilegiar algumas partes sobre outras e sobre o todo, secundarizando as relações; ao estabelecer relações unidirecionais hierárquicas de uma parte sobre a outra, que favorece relações não dialógicas e o caráter expropriatório de dominação e exploração. No entanto, o real é complexo em sua multidimensionalidade dada por suas interações das partes com outras partes, das partes com o todo e do todo com as partes. Relações entre parte e todo que se retrointeragem se constituindo mutuamente.

Nós, indivíduos humanos, somos água, minerais, carbono, elementos químicos vivificados pela relação de interação com outros seres animados e inanimados, ou seja, somos natureza. Somos dualidade como parte da natureza e, ao mesmo tempo, somos a unicidade dessa natureza como totalidade. Na compreensão disjuntiva que se consolidou na sociedade moderna, rompemos com a simultaneidade dessa compreensão – que somos parte e todo ao mesmo tempo, pela exacerbação do foco, do compreender e agir no mundo, centrado na visão particularizada da parte, do indivíduo.

Essa ruptura da simultaneidade pela visão disjuntiva centra numa parte do dualismo, isolando-se. Ao romper a simultaneidade e isolar-se na parte, separa-se do todo e da percepção de nossa unicidade. Essa dicotomia é acirrada na afirmação dessa parte pela diferenciação ao outro. Ao me diferenciar como parte dicotomicamente, nego o outro como um igual a mim. Com isso, nego que pertenço à unicidade do todo, centrando-me exclusivamente em minha particularidade, desfavorecendo a percepção de que sou diferente na particularidade, mas sou igual na unicidade. Dessa forma, o sentimento de pertencimento a um todo maior se esvai na exacerbação do individualismo nas relações sociais e nas relações entre sociedade e natureza, no antropocentrismo.

Essa dicotomização disjuntiva nega a transcendência possível de, como parte, ser todo. É algo que se perdeu das sabedorias milenares da filosofia oriental e mesmo da mensagem de Cristo, há mais de dois mil anos. No *yin-yang* do taoismo, a dualidade manifesta-se junto com a unidade que a circunscreve reciprocamente; o par dual, cada um em sua particularidade, contém o todo, mas ao mesmo tempo as partes estão contidas no círculo da totalidade, que as dá unidade (essa é realmente uma forma difícil para o pensamento ocidental). Assim é com o "amar ao outro como a si próprio" de Cristo, que nos aponta a dualidade de amar o outro, mas na unicidade do outro como a si próprio; a diferença e a igualdade, simultaneamente. A percepção disjuntiva simplifica essa relação, perdendo a transcendência e a complexidade possível de sermos uno com o todo.

Essa concepção disjuntiva da modernidade, que dá forma às relações predominantes nos dias de hoje, centra-se numa parte e nega as outras. Sendo assim mantém e afirma essa negação pelo poder da relação de dominar o outro – esse outro pode ser o indivíduo humano e/ou a natureza. A consequência dessa relação de dominação de um é a exploração e a degradação do outro. Essa concepção disjuntiva extremada, como vem se consolidando na modernidade, fragiliza o pertencimento para algo além do particular, distanciando a percepção de que somos iguais na unicidade de sermos natureza. Tudo isso nos afasta disjuntivamente, em nossa razão e emoção, de uma relação que nos dá vida; afinal, somos também água, minerais, carbono, elementos químicos vivificados pela relação de interação com outros seres animados e inanimados, ou seja, somos natureza. Romper com esse ser e estar no mundo disjuntivamente, transformando o pensar e o fazer, é algo que me parece fundamental no enfrentamento da crise que vivemos todos.

Por esse mesmo padrão de compreensão-ação sobre o mundo, veio historicamente se configurando uma organização social que promove reciprocamente desagregação social e a degradação ecológica, entre outros muitos processos disjuntivos. Esses processos se explicam por relações sociais de produção e consumo da modernidade por uma sociedade que se organiza predominantemente no um (mais forte) sobre o outro de forma excludente. Assim também é entre a sociedade (antropocêntrica) e o mundo (natureza) de forma exploratória, que, ao separar uma parte da outra – que pode ser os seres humanos percebidos na organização de classes sociais, ou na relação entre as nações, ou entre sociedade e natureza –, estabelece uma relação hierarquizada de dominação e exploração de um sobre o outro em situação de negação (expropriação), opressão e exclusão da parte fragilizada. Esse é um padrão organizacional de relação de poder hegemônico que se reflete nas diferentes formas de relações presentes na sociedade moderna. É um padrão de dominação e exploração presente nas relações de classe, de uma elite dominante sobre classes subalternas; relação entre nações norte-sul, de um desenvolvimento forjado sobre o subdesenvolvimento; de gênero, do masculino sobrepujando o feminino; relações étnicas da dominação branca eurocêntrica sobre as demais etnias; historicamente nas relações do colonialismo, entre outras.

A realidade socioambiental assim percebida e constituída historicamente é resultado e causa dialeticamente de uma crise civilizatória, que põe, além de humanos irmanados em uma mesma espécie como inimigos, a sociedade e a natureza em lados opostos, de forma desintegrada e exclusivamente antagônica, em que as forças produtivas da sociedade a serviço da lógica do capital de uma elite dominante, em seu senso separatista, dominam e exploram seres humanos e a natureza, causando a degradação de ambos.

> Neste período histórico, a crise é estrutural. Por isso, quando se buscam soluções não estruturais, o resultado é a geração de mais

> crise. O que é considerado solução parte do exclusivo interesse dos atores hegemônicos, tendendo a participar de sua própria natureza e de suas próprias características. (Santos 2001, p. 35)

Assumimos como pressuposto que essa crise estrutural resulta de um modelo de sociedade em que a hegemonia dos interesses do capital (principalmente financeiro) globalizado estabelece relações de dominação e exploração socioambientais estruturantes da atual lógica de sua reprodução e que se hegemonizou na sociedade moderna.

> Para Mészáros, o capital esgotou sua capacidade civilizatória que desenvolvia, contraditoriamente, juntamente com as formas de alienação do trabalho. Para manter-se, exacerba seu caráter destrutivo sobre o trabalho humano aprisionado pelas relações de exploração e agrava a destruição do meio ambiente e, portanto, as bases da própria vida humana. (Frigotto e Ciavatta 2001)

Essas condições se mantêm ideologicamente pelo domínio de sua racionalidade instrumental, que produz o convencimento levando a um consenso acrítico de que o caminho único (a-histórico) apresentado por essa visão estabelece uma ordem,[2] que deve ser assumida por todos como a verdade universal. A realidade é assim simplificada e homogeneizada, mas instrumental para essa racionalidade que vem conformando a visão hegemônica de mundo e seu processo de manutenção e conservação desse estado de coisas.

Desenvolvimento, crescimento e progresso são valores fundamentais estruturantes dessa visão hegemônica de mundo, entendidos praticamente como sinônimos. Quem é contrário a isso? Quem não quer progredir como

2. "Na verdade, toda vez que o futuro seja considerado como um pré-dado, ora porque seja a pura repetição mecânica do presente, só adverbialmente mudado, ora porque seja o que teria de ser, não há lugar para a utopia, portanto para o sonho, para a opção, para a decisão, para a espera na luta, somente como existe esperança. Não há lugar para a educação. Só para o adestramento" (Freire 1992, p. 92).

indivíduo e sociedade? Isso é aceito, sem pestanejar, por todos nós. Mas o que nos leva a querer esse progresso? Acredito que na essência dessa motivação está a busca da felicidade. Será que progresso resulta sempre em felicidade? Para mim, essa questão ganhou bastante relevância quando passei a ter maior convivência com outros modos de vida; no meu caso, com indígenas no interior do Brasil. Ao viver o cotidiano deles, em que o progresso, o desenvolvimento e o crescimento não são fundamentais na organização de seu modo de vida – tanto que vivem de modo semelhante ao que viviam há milhares de anos –, pude observar que, apesar de não terem se "desenvolvido", eles são felizes. Isso é algo que deveria nos levar a uma reflexão.

O crescimento econômico como questão estruturante da realidade, como sinônimo de progresso e desenvolvimento na sociedade moderna, assim como a desigualdade social, inerente ao desenvolvimento capitalista, são, na atual escala global, incompatíveis com a ideia de sustentabilidade socioambiental. O sentido dado a desenvolvimento sustentável, cooptado pela lógica do capital na disputa de significados, procura, de forma incompatível, manter a lógica de acumulação crescente do capital (desenvolvimento) camuflado na ideia de sustentável. A desigualdade social é um retroalimentador da dinâmica do crescimento econômico, pois introjeta ideologicamente (sociedade de consumo), nos que têm menos, o desejo de ter mais pelo caminho único consumista prescrito pelo sistema. Estabelece-se, assim, um aspecto da dinâmica sociometabólica de reprodução do capital, e que, de grande gravidade, se realiza desconectado dos ciclos da natureza. A natureza se insere nessa dinâmica de forma reducionista como recurso natural, apenas como base material (limitada) a ser dominada e explorada para alimentar o crescimento (ilimitado) da produção.

Há uma centralidade na desigualdade e no crescimento na sociedade moderna que mantém a reprodução de sua dinâmica sociometabólica. Além de a desigualdade alimentar o crescimento, instando que o mais de uns faça os que têm menos quererem mais, é também a percepção falseada de desigualdade (entre moderno e primitivo; entre classes sociais), em que uns são colocados como mais (melhores; superiores) que outros, introjetando assim uma justificativa "ética" (fazer o melhor pelo outro) e ideológica de dominação na relação de um para o outro, porque "sabe mais", é "melhor", "superior". Romper com esse sentimento de "ser menos" dos oprimidos (Freire 1987) e promover pela educação crítica a realização (práxis) de "ser mais" freiriano, é um processo emancipador e transformador das relações sociais e das subjetividades presentes na dinâmica sociometabólica em direção a um outro modo de viver, outra sociedade. No entanto, essas transformações das relações sociais e subjetividades inerentes se realizam reciprocamente na transformação das condições materiais e suas múltiplas determinações da sociedade moderna, transformando relações, entre elas, de produção e de consumo em um novo modo de organização social.

Se formos todos igualmente mais (nem melhor, nem superior), como valor, o que não elimina o diverso, mas nos colocando numa relação de equidade, desconstrói-se a desigualdade e o querer crescer materialmente para ser igual ao outro que é superior, como valores estruturantes da dinâmica sociometabólica da modernidade. Sermos todos mais, igualmente, retira o foco do indivíduo que pode mais na relação com o outro (competitividade capitalista/lei do mais forte; mais capaz, que remonta a dominação e exploração) e volta-se para a igualdade de todos em relações horizontalizadas e dialógicas, em que o diverso é fator de enriquecimento e crescimento (cultural, intelectual, espiritual), numa perspectiva que vai além da dimensão material e materialista, num processo de humanização do "ser mais" de Paulo Freire, religado em suas múltiplas dimensões como parte e todo, matéria e espírito, ser humano e natureza, diversidade e unidade e outras mais.

Uma das ideias difundidas na modernidade para validar como verdade inquestionável, é a crença do progresso contínuo do desenvolvimento científico e tecnológico e que isso levará incontestavelmente à melhoria da qualidade de vida, pensada exclusivamente como a humana. Não se coloca em questão que esse modelo de desenvolvimento vem causando degradação socioambiental também crescente e que a deterioração da qualidade ambiental está irremediavelmente atrelada à qualidade de vida, inclusive a humana.

Portanto, nesse processo crescente de destruição da natureza, nós, que também somos natureza, estamos nos destruindo. Como acreditar que, com a crescente degradação da qualidade ambiental, continuaremos a ter, progressivamente, melhoria na qualidade de vida dos seres humanos? Isso só é possível se for percebido pela ótica individual, já que dessa perspectiva os privilegiados da sociedade ainda conseguem remediar e reproduzir essa situação por algum tempo. Quanto, não sei, mas desconfio que pouco.

Revela-se, portanto, como prioritário para o enfrentamento desta grave crise que ameaça a vida planetária, instigar o movimento de transformações das condições objetivas e subjetivas que informam a realidade socioambiental. Potencializar o processo de fazer emergir um outro modo de vida, movimentos de emergência do novo,[3] em que os oprimidos desta sociedade, os grupos vulneráveis têm a motivação intrínseca para querer outra realidade. Isso passa por difundir, dando espaço de manifestação, visibilidade e voz a outras visões de mundo, instrumentalizar formas de pensar e agir emergentes instituintes do novo (Santos 2002). Esses movimentos passam por conquistas e garantias de espaços democráticos cada vez mais participativos na sociedade.

Para isso, a educação ambiental deve contribuir na superação de um pensamento simplificador[4] para a promoção da reforma do pensamento

---

3. O que Saviani, respaldado em Gramsci, identificaria como luta por hegemonia: "Luta hegemônica significa precisamente: processo de desarticulação-rearticulação, isto é, trata-se de desarticular dos interesses dominantes aqueles elementos que estão articulados em torno deles, mas não são inerentes à ideologia dominante, e rearticulá-los em torno dos interesses populares, dando-lhes a consciência, a coesão e a coerência de uma concepção de mundo elaborada, vale dizer, de uma filosofia" (Gramsci, *apud* Saviani 1980, p. 10).
4. "(...) o pensamento simplificador é incapaz de conceber a conjunção do uno e do múltiplo (unitat multiplex). Ou ele unifica abstratamente ao anular a diversidade, ou, ao contrário, justapõe a diversidade sem conceber a unidade. Assim, chega-se à inteligência cega. A inteligência cega destrói os conjuntos e as totalidades, isola todos os objetos de seu meio ambiente. Ela não pode conceber o elo inseparável entre o observador e a coisa observada" (Morin 2000, p. 12).

(Morin 1999) como uma nova percepção-ação no mundo e sobre ele, para construir na práxis da luta política uma outra racionalidade que seja ambiental.[5] Uma nova racionalidade que sustente uma visão de mundo utópica[6] (Löwy 2008), que supere a dicotomização hierarquizada do estar no mundo separando e criando o senso de superioridade presente nas relações hegemônicas de dominação e exploração.

É preciso uma educação ambiental que denuncie o reducionismo de separar o sujeito que busca conhecimento do objeto a ser conhecido, o que produz, entre vários efeitos, a pretensa objetividade positivista do conhecimento neutro e fechado em suas verdades, que tanto serve para legitimar um pensamento único. Bem como a compreensão do mundo exclusivamente pela via da autoconsciência racionalista do indivíduo, como a verdade superior excluindo outras possibilidades de conhecer, compreender e perceber, conforme questionam, por exemplo, a hermenêutica e a fenomenologia, em suas criticidades do mundo.

Uma educação ambiental que busque em seu processo educativo superar a sobreposição da matéria ao espírito, do corpo à alma, que nos leva a uma vida materialista, dessacralizada, sem reverência à possibilidade de transcender. Instigar a possibilidade de nos percebermos também uno e não apenas uma parte, que direciona o foco dos interesses para o imediato, para uma vida individualista de sensações físicas, de prazeres materiais. Superar a imposição da razão à emoção, que nos endurece e nos coloca a competir impiedosamente, que nos torna frios e calculistas, nos fecha ao outro, à solidariedade, ao amor e nos joga em um mundo de violência e barbárie.

---

5. "Racionalidade ambiental não é a expressão de uma lógica, mas o efeito de um conjunto de interesses e práticas sociais que articulam ordens materiais diversas que dão sentido e organizam processos sociais através de certas regras, meios e fins socialmente construídos" (Leff 2001, p. 134).
6. Assumimos aqui a mesma perspectiva de Michel Löwy (2008), quando diferencia a visão de mundo utópica da visão de mundo ideológica. A primeira se propõe a romper com uma estrutura de mundo; a ideológica se propõe a reproduzir, legitimar, cristalizar, permanecer.

Dualidades que, dicotomizadas, consolidam uma relação unidirecional de um sobre o outro, afirmando uma parte ao sobrepujar a outra, que encapsula o eu perante o nós, no típico individualismo egoísta da modernidade. Relações que, instituídas, estabelecem a prioridade da parte sobre o todo, dos interesses particulares sobre o bem comum/coletivo, como o meio ambiente: uma totalidade complexa de inter-relações multidirecionais entre as partes, de interação das partes sobre o todo e do todo sobre as partes.

É com essa percepção-ação fragmentária, unidirecional de um sobre o outro que, neste momento histórico, nos postamos em um mundo insolvente de relações simplificadas, reduzidas e excludentes. Vivenciamos a convergência humanidade-natureza de forma antagônica e perdemos a percepção do "humanamente natural ou naturalmente humano" ao qual Marx (*apud* Loureiro 2009b) nos instiga a pensar dialeticamente na dialogicidade da vida. Acreditamos com muita convicção que um dos campos fundamentais para esse embate[7] e a construção desse novo mundo de nossas utopias é a educação. Como diria Paulo Freire, a educação sozinha não muda tudo, entretanto, sem ela nada muda.

É nesse contexto que se justifica o esforço de delimitar uma dimensão crítica de educação ambiental[8] que manifeste em sua práxis pedagógica o caráter transformador e emancipatório capaz de contribuir na construção de uma nova realidade socioambientalmente sustentável.

---

7. Embate não significa a destruição da posição contrária, mas a coexistência da correlação de forças, de divergências cuja superação leva à construção de novos posicionamentos.
8. Loureiro (2010, p. 17) a dimensiona dentro das seguintes categorias: *crítica*, porquanto funda sua formulação no radical questionamento às condicionantes sociais que geram problemas e conflitos ambientais; *emancipatória*, uma vez que visa à autonomia e à liberdade dos agentes sociais ante as relações de expropriação, opressão e dominação; e *transformadora*, por visar à mais radical transformação do padrão societário dominante, no qual se define a situação de degradação intensiva da natureza, e, em seu interior, da condição humana.

Entendemos que a construção dessa nova sociedade passa pelo embate a posições disjuntivas hegemônicas na sociedade moderna. A transformação dessa realidade vivida hoje vai além da simples oposição a esse cenário e seus agentes – que deve ser feita firmemente em um primeiro embate, porém não com o sentido de exclusão do oponente, mas o inserindo nessa realidade, como superação, em novas relações inclusivas e dialógicas.

> Há momentos históricos em que a sobrevivência do todo social, que interessa às classes sociais, lhes coloca a necessidade de se entenderem, o que não significa estarmos vivendo um novo tempo, vazio de classes sociais e de conflitos. (Freire 1992, p. 43)

Mesmo reconhecendo o conflito de interesses antagônicos entre as elites e os vulneráveis como estruturante da crise, na superação, principalmente nesta escala civilizatória que ameaça a sobrevivência da espécie, deve prevalecer o sentido inclusivo. E o que faz prevalecer o sentido de superação é a solidariedade amorosa, com a qual Paulo Freire nos incitava a pensar a relação opressor-oprimido. A superação se manifesta na práxis de uma nova razão que junta a reforma do pensamento, conectado ao sentimento de amorosidade anunciado por Freire em sua obra, em relações afetivas e de cuidado descritas por Boff; pois todas essas são forças que juntam, não deixam dissipar a unidade no sentido de exclusão de uma de suas partes. Todas essas características se colocam em contradição às que predominam na sociedade moderna em que vivemos, portanto, semeadora de um pensar, sentir e fazer diferenciado.

Assim, a perspectiva crítica que defendemos, ao se colocar no embate, não é permanecer no conflito e em posições de antagonismo, fixando-se na posição de negação da outra parte, mas é, ao revelar os embates e as discordâncias e se colocar no movimento de correlação de forças, atuar na superação (para além da negação, ou negação da negação no movimento dialético) do momento presente e seu *status quo*. E é no tensionamento dos conflitos pelo embate de ideias e práticas e com a articulação de consensos construídos, relativos ao momento, que se gesta o movimento dialético em suas sínteses e saltos qualitativos do devir histórico, constituidor do novo. Movimento esse consciente dos embates pela reflexão crítica, não fixado na negação, mas com postura de superação pelo sentimento solidário conectivo, de afetividade pelo outro, mas que, em novas contradições, perpetua o movimento. Portanto, consensos e conflitos são "antagônicos, concorrentes e complementares" (Morin 1999) na constituição da percepção-ação complexa da realidade socioambiental em seu movimento de transformação.

Da perspectiva crítica, o método dialético[9] nos auxilia nessa busca de compreender um aspecto relacionando-o ao conjunto; ou seja, para se compreender um objeto/fenômeno, necessita-se ir para além das aparências imediatas e particulares, buscar as relações e inter-relações que são próprias de sua essência, e que o formam e o inserem em uma totalidade.[10] É uma forma de entender a constituição da realidade pelo movimento que junta "os antagonismos, complementaridades e concorrências", conforme nos apresenta Edgar Morin no conjunto de sua obra sobre o pensamento complexo.

> A problemática ambiental, mais que uma crise, é um questionamento do pensamento e do entendimento, da ontologia e da epistemologia (...) aprender a complexidade ambiental implica um processo de "desconstrução" do pensado para pensar o ainda não pensado, para desentranhar o mais entranhável de nossos saberes e para dar curso

---

9. "A dialética é o exercício totalizador que nos permite apreender a síntese das determinações múltiplas que conformam a unidade. O modo de pensar dialógico, genericamente, consiste em que quaisquer pares podem estar em contradição e/ou serem complementares. Permite entender a unidade na diversidade, a superação do contraditório pela síntese que estabelece outras contradições, num contínuo movimento de transformação" (Loureiro 2004, p. 70).
10. "Para trabalhar uma visão crítica que busque a compreensão da totalidade do processo de transformações sociais em curso, o método dialético subsidia uma leitura da realidade que desvela o 'caráter fetichista' do modo de produção capitalista que é subjacente ao discurso da modernidade" (Guimarães 2004, p. 32).

ao inédito, arriscando-nos a desbaratar nossas últimas certezas e a questionar o edifício da ciência. (Leff 2003, pp. 19 e 23)

Toda essa formulação teórica, mesmo que não predominante no mundo moderno, mas que procura compreender a realidade na complexidade de suas múltiplas dimensões que se inter-relacionam, que percebe a simultaneidade do conflito e do que complementa, que rejeita a unidirecionalidade das relações e a exclusão do que está fora de uma ordem preestabelecida, é uma outra forma de pensar e estar no mundo. Portanto, é o germe de um outro mundo, nascido deste próprio.

Conhecer essa realidade desvelada, intervindo conscientemente nela, promove e é resultado ao mesmo tempo de um processo pedagógico de formação do humano em sua condição plena que se realiza dialogicamente com o outro, de forma coletiva em uma ação criativa de intervenção política por meio do trabalho não alienado.

Por que digo processo de formação plena do humano? Acredito que o ser humano, em busca de sua completude, de sua humanização, procura pelo sentido e pela sensação de realização, o que lhe dá um sentimento de plenitude-felicidade. O trabalho, conforme entendido em Marx (2004), produz os meios materiais e imateriais que permitem satisfazer a produção da existência humana, em todas as suas dimensões objetivas e subjetivas. A ação humana (trabalho) sobre o mundo – e o mundo cotidiano de cada um de nós – pode propiciar o sentimento de realização e plenitude, desde que se dê por um trabalho não alienado. No trabalho alienado, típico de nossa sociedade, o ser humano é expropriado (separado, disjunto) dos meios de produzir sua própria existência e sentido de realização, e que, no atual modo de produção capitalista, se dá diretamente pela expropriação dos trabalhadores aos meios de produção e pela venda de sua força de trabalho, em um trabalho que se dá predominantemente de forma alienante. Isso minimiza o sentimento de realização por esse trabalho que não potencializa o sentido de criação e, indiretamente, por relações mercantilizadas de produção e consumo da vida, que se torna também mercadoria de um modo de produção e organização social que estão para além do nosso senso de realização. Assim como, ao nos alienarmos de que somos partes de um todo e que nos constituímos na alteridade, na relação com o outro, caímos numa individualização típica das multidões solitárias da sociedade contemporânea.

As relações de construção e criação, de realização de ser mais com o outro (humano-natureza) que nos humaniza, foram substituídas por relações de degradação, de dominação e opressão de um sobre o outro. Essas condições, em suas múltiplas determinações objetivas e subjetivas, vêm gerando crescentemente em nossa sociedade o sentimento de não realização, de falta, de frustração, de desagregação que é o mote da perda da afetividade (que aproxima simpaticamente um do outro na relação); desafeto, desapego, desamor (porém instrumental para a competição entre partes), que em sua realização é um dos germes da violência socioambiental e das doenças civilizatórias da modernidade – dentre as mais graves, a depressão. Da mesma forma, também se busca o preenchimento de um "vazio" existencial por um consumismo materialista voraz, já denunciado há longo tempo, por autores como Erich Fromm em sua obra *Ter ou ser* (1977).[11] As características resultantes desse modo de organização social, porém, reproduzem e reforçam essa racionalidade instrumental dominante, que, não obstante, manifesta e reafirma valores e práticas constituintes da crise.

Essa educação ambiental crítica que vem se consolidando como resistência[12] contra-hegemônica pode respaldar-se na *teoria crítica* em seus múltiplos matizes para subsidiar práticas diferenciadas. Potencializa um movimento de fazer e pensar diferente-consciente que, contrapondo-se ao que é, gera a possibilidade de o novo surgir, inclusive no resgate do

---

11. A esse, entre muitos outros, somam-se Adorno e Horkheimer, da Escola de Frankfurt, em discussões sobre a indústria cultural e a sociedade de massa.
12. Resistência como movimento que se constitui por outras referências e relações, que, na coexistência com o que é hegemônico (práticas individuais e sociais predominantes), se apresente como diferente a esse modo, para que ele não se reproduza da mesma forma. Assim, essas referências e práticas que têm levado à crise socioambiental podem ser afetadas e transformadas nessa correlação, abrindo espaço para que o novo surja.

sentido de realização pelo trabalho como processo de humanização, que passa simultaneamente pela recuperação do sentimento de pertencimento ao natural.

A construção do sentimento de pertencimento à natureza passa também pela ressignificação do trabalho, que deixa de ser alienado e se torna humanizante, e em que a interação com a natureza seja não um estranhamento (pela alienação), mas uma relação de realização na integração, compartilhamento e doação.

Da perspectiva do movimento dialético, é possibilitar que a *antítese* (contratese) em contradição à *tese* (o que predomina), gere a *síntese* como algo novo, resultante da correlação de forças que a gerou e que provocará novas contradições em um movimento contínuo e histórico. Portanto, fortalecer a resistência e potencializar o movimento de um pensar, sentir e fazer diferenciado, como uma antítese, requer reelaborações teóricas permanentes desta nova realidade em movimento de gestação, que alimente e potencialize os processos de transformação da realidade socioambiental. Essa ação, em seu caráter educativo, conscientiza, contribuindo no fortalecimento de novas visões-posturas de mundo emergentes, na constituição de uma transição paradigmática. Na vivência pedagógica dessa práxis,[13] o trabalho, em sua perspectiva de humanização como princípio educativo presente, é o que defendemos no processo formativo para uma educação ambiental crítica em intervenção pedagógica sobre a realidade vivida pelos participantes da ação educativa.

É criar um ambiente didático que se potencialize, entre educandos e educador, um movimento problematizador da realidade, em que, ao perceberem sua constituição mediada pelas relações de poder, buscam os meios (reflexão-ação) de interferir, assumindo a dimensão política do ato educativo. Ato que se realiza no exercício individual e coletivo do discurso interrogativo de uma EA crítica, problematizadora, que propõe

13. Reforçando o sentido freiriano de práxis, que se respalda na teoria para a análise de uma prática e a prática subsidiando uma reflexão teórica de forma recíproca e simultânea, produzindo consciência crítica em uma prática criativa.

a reflexão diante de práticas hegemônicas, que desvela possibilidades frente ao discurso afirmativo, transmissor de verdades (bancário) que apresentam um caminho único de uma ordem naturalmente preestabelecida e a-histórica, em que a ação humana é condicionada pelo econômico: o "deus mercado".

Trabalhar os porquês em nossos objetivos pedagógicos leva o educando e o educador a um processo investigativo de construção do conhecimento e de desvelamento da realidade, compreendido a partir de suas relações instituintes (relações de poder político-econômico). O exercício do discurso interrogativo é uma primeira grande transformação na prática pedagógica e alcança a educação problematizadora de Paulo Freire.

Nessa concepção crítica de educação, busca-se intencionalmente o exercício da cidadania, trazendo a consciência dos limites e possibilidades da realidade. No exercício de sujeitos em movimentos conjuntos, na vivência de novas relações dialógicas com o outro (seres humanos e natureza), percebem-se capazes de intervir em suas realidades num processo de conscientização, pondo o consciente em ação numa práxis pedagógica.

> (...) tem que ser a pedagogia da pergunta e a gente tem que verificar quais são as relações e as condições dadas, qual a relação que eu mantenho com você, com ele, com outros, e quais as condições que a sociedade dá, essas duas categorias são imprescindíveis como análise teórica, são as relações que revolucionam, mudam tudo (...). (Freire 2009)

Freire (1987, pp. 94-97) nos apresenta matrizes necessárias para se chegar à práxis por meio do diálogo:

> O amor ao mundo e aos homens como um ato de criação e recriação; a humildade, como qualidade compatível com o diálogo; a fé, como algo que se deve instaurar antes mesmo que o diálogo aconteça, pois o homem precisa ter fé no próprio homem. Não se trata aqui de um

sentimento que fica no plano divinal, mas de um fundamento que creia no poder de criar e recriar, fazer e refazer, através da ação e reflexão; a esperança, que se caracteriza pela espera de algo que se luta; a confiança, como conseqüência óbvia do que se acredita enquanto se luta; a criticidade, que percebe a realidade como conflituosa, e inserida num contexto histórico que é dinâmico.

Como Paulo Freire me foi sempre uma grande referência, gostaria de finalizar esta seção com o fragmento de um texto da prof. dra. Ana Maria Freire, sua esposa, falando da obra do educador, que diz muito do que estou aqui expressando.

> (...) o diálogo autêntico, porque o diálogo muitas vezes é confundido com bate-papo, diálogo para Paulo era, é, a estratégia para se chegar ao conhecimento, com amorosidade. (...) Então diálogo é isso, é uma leitura crítica do mundo a partir da qual nós buscamos, e somos capazes disso, de nos apropriarmos do objeto que a gente quer conhecer. No momento em que eu apreendo verdadeiramente, autenticamente eu aprendo, esse é o processo cognitivo como Paulo compreendeu. Essa triangulação entre sujeitos cognoscentes e objetos cognoscíveis foi o que revolucionou o mundo todo quando ele escreveu sobre isso na Pedagogia do Oprimido. Por quê? Porque ele interpôs um terceiro componente nessa relação como condição para o saber. Porque o que se fazia até então no mundo inteiro era a "educação bancária", isto é, decorar e repetir sem pensar, sem se envolver criticamente no seu processo de aprendizagem relacionado com o mundo real.
>
> Agora chamo a atenção para um a priori da teoria de Paulo, que ele já acentuou na Pedagogia do Oprimido: que não é trocar os pólos opressor-oprimido. Isto é, não é pensar e praticar, por exemplo: "você me oprimiu a vida inteira agora eu vou te oprimir, você vai ver como é bom, eu vou ficar por cima e você fica debaixo na hierarquia social, vou mandar e você tem que obedecer e se submeter...", Paulo dizia não a isso. O que nós precisamos para mudar a sociedade é que o ato de conscientização nos leve a entender que não deve haver nem mais oprimido e nem mais opressor e que ambos estejam em comunhão construindo uma sociedade mais justa e em paz. (Freire 2009)

Caminhando por ambientes educativos: Do conservador ao crítico

Os processos formativos nessa dimensão e as consequentes ações dos educadores precipitam a constituição de ambientes educativos. Como explicitei em trabalho anterior (Guimarães 2004), entendo o ambiente educativo não apenas como o espaço físico escolar na dita educação formal, ou até mesmo em espaços extraescolares, na dita educação não formal. Da perspectiva crítica, o ambiente educativo se constitui na vivência do desvelar consciente das relações que se estabelecem no cotidiano escolar, entre escola e comunidade, entre comunidade e sociedade, entre seus atores, nos embates ideológicos e disputa de poder. Portanto, é movimento complexo das relações e que, ao se afirmar e realizar intencionalmente essa comunicação dialógica, intervindo nas diferentes realidades e contextos, rompe com a hierarquização autoritária e a noção de separação do paradigma disjuntivo, como, por exemplo, a que separa a educação formal da não formal. Romper, nesse caso, é perceber esses espaços como processos educativos em duplo sentido, em diálogo, que interagem e por isso se fortalecem mutuamente, vistos em sua diversidade na unicidade do processo.

A escola viva é a que se alimenta do que se passa na comunidade e que, em sua interação, alimenta os movimentos lá presentes. Assim o ambiente educativo se dá na interação e na atuação sobre o movimento constituinte da realidade cotidiana, estabelecendo novas relações; e o educador ambiental é o dinamizador de movimentos de aprendentes e ensinantes coletivos que atuam na construção da sustentabilidade socioambiental da realidade local em conexão com a global.

> A educação em uma perspectiva crítica se propõe a formar dinamizadores de ambientes educativos (e não multiplicadores), que, ao compreenderem a complexidade dos processos (movimentos) sociais, motivados pela reflexão crítica, mobilizem (mobilização = ação em movimento – práxis), com sinergia, processos de intervenção sobre as dinâmicas constituídas e constituintes da realidade socioambiental. Portanto, reciprocamente, esses movimentos são

ambientes educativos e ambientes educativos são movimentos e os dinamizadores (educadores ambientais) os alimentam. A percepção e a fomentação do ambiente educativo como movimento, acredito ser o *terceiro eixo formativo* para o trabalho de formação do educador ambiental. (Guimarães 2004, pp. 134-135)

No movimento constituinte do real, de múltiplas interações das partes, das partes com o todo e do todo com as partes, a abordagem relacional[14] se evidencia na superação da particularização dos atos e da parcialização do pensar. A formação crítica conduzida pelo educador

14. Como forma de exemplificarmos diferentes abordagens: na forma tradicional positivista cartesiana, o que é uma cadeira? Descreve-se como a soma de suas partes: um tampo, quatro pés e um encosto, uma descrição que serve a qualquer tempo e contexto, numa pretensa objetividade. Abordagem relacional: o que é uma cadeira? Busca-se, para além de sua descrição, a historicidade contextualizada que está presente em uma cadeira – se ela hoje não é feita por uma atividade extrativista e nem artesanal; portanto, transforma-se a matéria-prima (madeira, ferro, plástico) em muitas cadeiras pelo trabalho e uso da tecnologia. Muitas cadeiras produzidas, logo, mais riqueza. Então, o trabalhador deve estar rico? Por que não? Uma cadeira como resultado de um modo de produzir a partir de relações capitalistas de expropriação (trabalho, natureza), em que, pela privatização dos meios de produção, produzem-se muitas cadeiras como mercadoria, que gera riqueza apropriada por uma parte (detentor do capital). O resultado das duas abordagens gera conhecimentos. A primeira, reducionista, pois na mera descrição da cadeira não possibilita a compreensão das relações que materializaram aquele produto, dando-lhe um significado apenas pelo que é perceptível por um sentido mais imediato (visão, tato), induzindo a um conhecimento de uma realidade dada, a-histórica, imediatizada. A segunda abordagem (relacional), mais complexa, pois ao dar significado à cadeira como um produto, considerando-a como resultado de um contexto que historicamente estabelece determinadas relações de produção, que são fundantes de um modo de organização social, temos elementos que significam de forma mais rica a complexidade das relações entre as partes; entre as partes e o todo, e entre o todo e as partes em suas inter-relações constitutivas de uma realidade produzida. O conhecimento assim gerado é historicamente contextualizado, busca a compreensão da realidade como processo de totalização, que permite uma aproximação que supera uma realidade menos imediata, como sendo apenas algo dado a um sujeito passivo (neutro) diante do objeto estudado.

ambiental deve promover a superação da conduta individual inconsciente. Esse comportamento é o que está impregnado dos paradigmas dominantes de forma inconsciente em nossas práticas e que nos levam a "agir no automático", sem pensar no que estamos fazendo por ser isso tão normal, cristalizado no cotidiano, presos à tal armadilha paradigmática[15] que já citei. Isso nos detém a um fazer individualizado, disjuntivo, que não busca a articulação nem o questionamento das coisas como são (ação despolitizada sem reflexão crítica).

Essa passagem do comportamento individual inconsciente para práticas coletivas conscientes por sujeitos coletivos – indivíduos em relação, 1 com 1 – promove práticas refletidas que se realizam na interação de indivíduos inseridos na coletividade. Isso transpõe a particularização dos atos e a parcialização do pensar. É uma forma de possibilitar a superação de práticas ingênuas individualizadas, que reforçam o espontaneísmo e um ativismo dicotomizado da reflexão, muitas vezes presentes ocultamente na mensagem tão propalada em ações reconhecidas como EA, a de "cada um fazer sua parte". Trocamos a ideia de "cada um por si" pela de "cada um fazer sua parte", que, apesar de mais suave e enobrecedor, permanece na mesma perspectiva, focada na ação individual, base da concepção liberal de mundo que venho denominando de 1 + 1, equação para chegar a uma totalidade. No caso do 1 + 1, tem

---

15. Armadilha paradigmática correlaciona-se significativamente ao que Bourdieu (1989) denomina de "consenso tácito e inconsciente que define os limites do problematizável, estimulando a formação de concepções e engajamentos que mantêm regras e resultados pré-definidos". É um mecanismo (dinâmica), que, mesmo sem um mentor (pessoal) proponente, é de muita eficácia no plano simbólico subjetivo, pois produz em seu movimento reprodutivista as relações hegemônicas constituintes da realidade como ela é: fragmentada, dicotomizada, excludente, prioritariamente focada em uma parte e que para assim se manter estabelece relações de dominação e exploração opressora. Referências de um modelo societário em que seu paradigma disjuntivo é compartilhado inconscientemente, portanto presente nas práticas sociais e individuais, em que a não reflexividade sobre essas práticas leva o indivíduo a "agir no automático", normalizando tendências a práticas conservadoras, mesmo quando não ideologizadas.

como totalidade o 2. O um representa os indivíduos que, somados, dão a totalidade e o dois, como o resultado total, sendo a sociedade.

O compromisso em fazermos nossa parte pela vontade própria de querer mudar é fundamental para o processo de transformação. Mas esperarmos apenas que cada um faça a sua parte e que as mudanças na sociedade ocorram automaticamente, como resultado da soma dessas ações individualizadas para termos a transformação da sociedade, é simplificar e reduzir a complexidade do que é a realidade social. Assim como é querermos mudar pensando e agindo (inconscientemente) da mesma forma, ficando presos na armadilha paradigmática. É permanecermos ingenuamente com uma visão de mundo disjuntiva, focada no indivíduo/parte, que compreende totalidade apenas como a soma das partes, referendado (de forma inconsciente) pelo paradigma da disjunção/simplificação, que nos fala Edgar Morin.

A esse referencial paradigmático que disjunta, separa e simplifica tenho complementado com uma categoria explicativa para pensarmos a transição: a do paradigma do 1 + 1 para representar o sentido reduzido dessa percepção de realidade/totalidade, pois a totalidade constitui-se por partes (1) que podem, sim, ser percebidas numa abordagem aditiva, 1 + 1 = 2. Nessa abordagem, porém, ainda se foca o 1, a parte, que não se unifica, não se integra ao outro 1. Ela permanece presente no resultado (2), e que predispõe, nessa situação, em uma sociedade de relações desiguais de poder, uma parte assumir a relação de dominação unidirecional, simplificada e reduzida que explicitei anteriormente e suas consequências de dominação, que gera exploração e degradação.

Essa visão disjuntiva, reduzida e simplificada de realidade/totalidade está presente na visão educativa tradicional hegemônica que conforma também uma educação ambiental, por isso conservadora,[16]

16. Gostaria de ressaltar que considero, em alguns aspectos, essa prática conservadora de EA um avanço, se comparada à não existência de prática que traga preocupações com a questão ambiental. Essas práticas minimamente contribuíram para trazer a questão ambiental, mesmo que difusa, como fundamental nos dias de hoje.

pois reproduz na prática educativa o que já é, por incapacidade de perceber e fazer para além do que já se faz dominantemente. O fazer pedagógico dessa visão tem, como finalidade do processo educativo, a transformação do indivíduo e seu comportamento na perspectiva cognitivista que, ao obter o conhecimento correto, fará o educando mudar seu comportamento, dependendo de sua força de vontade. Como se bastasse apenas a vontade, o querer, para que ocorra mudança das condições materiais que nos impõem determinadas situações de vida. Se fosse apenas isso o que constitui a realidade, por essa lógica, ao mudar o indivíduo, e se muitos o forem, causa-se a transformação da sociedade como consequência de um movimento linear de causa e efeito (efeito dominó).[17] Portanto, seguindo essa visão, educando o indivíduo, e estes somados, teremos uma sociedade educada capaz de mudar tudo, como diz um forte jargão dentro dessa ótica: "Educação é tudo"! Apesar de fundamental, porém, não se resolve tudo apenas pela educação, pois não é um fenômeno isolado e autônomo de outros na realidade social.

O ensino tradicional predominante, que promove apenas o "cada um fazer sua parte", não supera a noção individualista e localista, focada numa realidade imediata. As práticas educativas resultantes dessa visão de mundo dominante (que predispõe na normalidade o "agir no automático") alimentam e são alimentadas pelo "paradigma da disjunção" e tendem a reproduzir o *status quo*. Portanto, é uma educação conservadora que não se coloca apta a contribuir na transformação da realidade – ou por uma intencionalidade ideológica já predeterminada no processo, ou por seus educadores estarem presos à "armadilha paradigmática" – e que, apesar da boa intenção,[18] resulta em práticas ingênuas, não

---

17. Nesse caso, como exemplo ilustrativo do movimento resultante da queda de um dominó, que, enfileirado a outros, vai transmitindo a sua queda aos demais, até se completar a totalidade de peças, numa visão de que um causa efeito em seu vizinho imediato, que vai se reproduzindo sucessivamente até completar a totalidade do conjunto.

18. Para ruptura com a "armadilha paradigmática" é necessário provocar, pela práxis pedagógica, o estranhamento da visão dominante pela *reflexão crítica*, que se fertiliza na prática diferenciada (fundamentalmente coletiva, que não é cada um

questionadoras do mundo como ele é, constituído por relações de poder desiguais que são estruturantes da atual realidade socioambiental. Ao não direcionar o processo educativo para as relações em suas potencialidades de transformações, foca-se a mudança do comportamento individual como finalidade do processo educativo. Constitui-se aí uma educação comportamentalista que se volta para atuar nas mudanças na esfera privada (particular) de vida do(a) educando(a), restringindo a "cada um fazer sua parte", acreditando que a soma dessas mudanças terá resultado, que a sociedade se transformará pela combinação de indivíduos transformados. Uma visão simplista e reducionista, disjuntiva da complexidade da realidade socioambiental.

No entanto, o "cada um fazer sua parte" é também condição para o processo de transformação da realidade socioambiental, mas não se basta apenas nessa condição, pois é na relação de interação do 1 com 1 que se amplia a possibilidade de transformação. Na esfera individual, pela troca, crescimento com o outro, que, ao se desencapsular de sua visão individual e se fundir a outras, amplia as percepções. No âmbito do coletivo, pela sobreforça (sinergia) da ação resultante do movimento conjunto (1 com 1 > 2),[19] que amplifica a pressão social numa correlação de forças no embate hegemônico. Percepção e ação são ampliadas pela vivência do 1 com 1, da abordagem relacional, da reforma do pensamento

---

fazer sua parte isoladamente, mas juntos) e que promove condições concretas e simbólicas novas que permitem a percepção e vivência diferenciada (mesmo que num efeito demonstrativo). Caso o educador bem-intencionado se mantenha alienado, não é que haja por ele uma aceitação do discurso dominante, mas ao reproduzir (inconscientemente) a forma hegemônica de ver o mundo, não se produz um tensionamento pela prática, que assim é reprodutivista e conservadora na constituição do real.

19. A sinergia como força sobressalente, que se amplia no resultado como totalidade para além da soma das partes, é produzida quando há a intencionalidade de uma ação conjunta, compartilhada por objetivos comuns aos que participam do movimento, que em sua sincronicidade produz esse resultado como uma totalidade mais complexa do que a soma das partes. Trabalhei essas ideias em obras anteriores (Guimarães 2004, 2006a e 2006b).

e práticas diferenciadas, saindo do individualismo da esfera privada de vida para a ação coletiva na esfera pública das vidas em interação, em contraposição às relações de poder hierárquicas de dominação e exploração. A intervenção de transformação dessa esfera pública de vida passa pela potencialização de movimentos emergentes que se contraponham e estabeleçam outros modos de vida baseados em relações dialógicas horizontalizadas. As relações hegemônicas se dão no cotidiano da vida, portanto, potencializar e viabilizar movimentos instituintes no dia a dia de relações não disjuntivas é propiciar a constituição de um ambiente educativo favorável à perspectiva crítica da educação.

Promover esse ambiente educativo é, como educador, propiciar a superação (ir além da negação) de uma visão predominante de educação que centra o seu processo no indivíduo, numa perspectiva que Freire denomina em sua obra de "bancária", que é cognitivista, conteudista, tecnicista e comportamentalista. É inserir e dinamizar movimentos no cotidiano que questionam a aparência do que é e procurar a essência da realidade historicamente construída, desvelando o privilégio aos interesses das forças de minorias poderosas de um necrocapitalismo, fortemente presentes na atual sociedade moderna globalizada. É promover ambientes educativos que contribuam na construção de movimentos de enfrentamento aos problemas e conflitos socioambientais, por reconhecê-los como fruto de um processo histórico, que pode ser transformado por sujeitos, individuais e coletivos, conscientes de seu fazer histórico na produção de um outro fazer relacional e dialógico.

É no enfrentamento da perspectiva dominante[20] que acreditamos na educação ambiental como práxis de intervenção pedagógica, criando o ambiente educativo de intervenção pedagógica na realidade socioambiental como processo formativo de exercício de "cidadania

20. Enfrentamento dos valores e práticas dominantes na sociedade globalizada que está em crise e precisam ser transformados para a sobrevivência da própria vida planetária. Se não houver movimentos que se contraponham, trazendo a emergência de novos valores e práticas, essa hegemonia se reproduz não superando a crise.

planetária".[21] Nesse processo educativo de transição do comportamento individual inconsciente para práticas coletivas conscientes em diferentes escalas, promove-se a ruptura da "armadilha paradigmática" propiciando condições para a construção de uma nova visão em nova relação com o mundo, num processo formativo de educação ambiental com intenção fundamentada de uma prática diferenciada e, reciprocamente, de uma prática diferenciada pela intenção fundamentada, numa práxis pedagógica.

21. Na sociedade global contemporânea, como um efeito de contrafluxo à globalização economicista, amplia-se a concepção de cidadania. Para Santos (2001), "somente agora a humanidade pode identificar-se como um todo e reconhecer sua unidade, quando faz sua entrada na cena histórica como um bloco. É uma entrada revolucionária, graças à interdependência das economias, dos governos, dos lugares. O movimento do mundo revela uma só pulsação, ainda que as condições sejam diversas segundo continentes, países, lugares valorizados pela sua forma de participação na produção dessa nova história".

PARTE II

CRUZANDO O CAMPO

Procuro aqui, neste momento da escrita, refletir sobre alguns direcionamentos que foram se delineando no campo da educação ambiental (EA), experienciados em minha trajetória entrecruzada com tantos outros ao longo desses anos de práxis pelos processos formativos de EA. Dessa forma, tento demarcar algumas referências que, penso, vieram se consolidando por esses que compartilham o conceber a educação por um viés da criticidade. Diante disso, procuro debater sobre diretrizes e situações formativas no decorrer do processo educativo e que considero potentes para a realização de uma educação ambiental dentro de uma perspectiva crítica.

1
CAMINHOS TRILHADOS

Ana Maria Dantas Soares
Mauro Guimarães

Diante de uma crise socioambiental em escala planetária, em que as mudanças climáticas já demonstram em nosso cotidiano a gravidade e a urgência para a efetiva inserção da dimensão ambiental na educação, é que se justifica refletir sobre a formação de educadores ambientais capazes de dinamizar essas intervenções pedagógicas, que possam contribuir com o enfrentamento de tão importante questão da atualidade.

Foi com o objetivo de refletir com o amadurecimento teórico do campo da educação ambiental (EA), sobre as possibilidades que foram se consolidando ao longo de nossa trajetória como educadores ambientais, que revisitamos como pesquisadores de um mesmo grupo de estudos e pesquisa (Gepeads/UFRRJ), o trabalho *A formação de educadores ambientais* (Guimarães 2004). Esse estudo apresenta 11 eixos formativos para educadores ambientais, que gostaríamos de retomar como um ensaio reflexivo, dialogando no caminho que prosseguimos pós-2004.

Entendemos esses eixos formativos para o educador ambiental como direcionamentos presentes para o desenvolvimento do processo formativo de educação ambiental. São eixos de trabalho formativo que nos orientam nesse viés crítico, emancipatório e transformador, porém sem que haja nenhuma necessidade de ordenamento entre eles, até porque veremos que são interconectados, retroativos e muitas vezes simultâneos; portanto, sua separação é um mero recurso didático, que comentamos a seguir.

Eixo 1 – *Exercitar o esforço de ruptura com a armadilha paradigmática*. Entendemos que esse é um permanente exercício a que devemos estar atentos (críticos) como educadores e educandos, pois tropeçamos continuamente nessas armadilhas; ou, como se diria popularmente, "escorregamos o tempo todo na casca de banana".

Estamos certos de que uma forma de amenizarmos os tropeços e escorregões é o estímulo contínuo do exercício da postura crítica no ambiente educativo. Criar uma esfera de constante questionamento e sensibilização das coisas como são. Procurar ver se há algo por trás do que aparenta ser. Instigar a perceber a tendência da fragmentação de tudo e das relações de poder que configuram a realidade como ela está. É discutirmos sobre as ideologias e diferentes visões de mundo e quais práticas sociais prevalecem em cada uma delas, baseadas em que tipo de relação. É estarmos atentos, sensíveis, às práticas que realizamos; em que se baseia esse meu/nosso fazer? É estimularmos que uma reflexão e ação diferenciada da dominante se manifeste em uma práxis. Criar isso no ambiente educativo é forjar um tempo de ponderação e discussão. É nos rebelarmos contra o tempo hegemônico do sem tempo, para chegarmos a um "ócio criativo" (De Masi 2000), da resistência do silêncio ao estresse informacional, de ruptura da dinâmica alucinante e alienante, que se coloca concretamente em oposição a uma "modernidade líquida" (Bauman 2001) que se mostra dissolvente.

Muitas vezes surge a pergunta "o que fazer?" e, sem que seja uma receita, mas parecendo um princípio simples e até mesmo uma coisa revolucionária, devemos conquistar o tempo para pensar e discutir, individual e coletivamente, o que estamos fazendo. Hoje, na correria do mundo moderno, conquistar esse tempo é fundamental. Na vida privada, muitos têm buscado o estado meditativo. Na escola, por exemplo, a conquista de um espaço/tempo reflexivo de forma coletiva já é um processo de grande transformação do nosso cotidiano, que cria condições potencializadoras para não cairmos na armadilha do agir no automático, possibilitando o surgimento do novo.

Nessa ruptura, trabalhamos a percepção de que a realidade é prenha de possibilidades. Que o predeterminado segue a racionalidade hegemônica, portanto conservadora do *status quo*. Tudo isso como vivência pedagógica da práxis, de novas formas de ser e estar no mundo em outros referenciais, com a intencionalidade transformadora numa transição paradigmática.

Percebemos, porém, que, para essa ruptura se tornar real, muitas vezes apenas a reflexão crítica não basta. Apesar de essencial para fundamentar a intencionalidade crítica, ela está muito centrada na razão. Somos muito mais do que apenas um ser racional, somos também emoção que nos move a fazer algo. E romper com a armadilha que nos coloca enclausurados em nós mesmos, numa postura individualista de "cada um por si"[1] em um movimento de separação, requer, para além da reflexão crítica, vivenciar essa intencionalidade com amor no coração. Pois é a experiência dessa intencionalidade numa relação de amorosidade com o outro e com o mundo que gera uma força potente que junta o que está separado e de forma desigual, em uma nova forma de ser e estar no mundo, que emana esse movimento reconectivo de *religare*, tão fundamental neste mundo de relações dicotomizadas de degradação socioambiental. E isso não é algo simples e fácil de ser levado à prática, pois as barreiras do racionalismo exacerbado, do consumismo exagerado, da violência embutida no individualismo que separa e exclui são construídas no cotidiano da escola,

1. O dito "cada um por si e Deus por todos" reflete bem esse pensamento disjuntivo, focado na ação individual e que, para pensar e agir no coletivo, de todos, remete a uma ação de um outro para além do indivíduo. Reforça a responsabilidade para com o todo, para algo que não nos compete individualmente; a responsabilidade é de Deus, não minha. Dessa forma, é percebido e praticado hegemonicamente o "cada um fazer sua parte" tão presente nas ações de EA, presas que estão à "armadilha paradigmática".

em todos os níveis, e até nas vivências familiares/sociais. Deixar que essa amorosidade rompa essas barreiras e vá conquistando novos parceiros é a perspectiva que entendemos capaz de romper a armadilha paradigmática e tal deve ser o nosso exercício cotidiano.

Eixo 2 – *Vivenciar o movimento coletivo conjunto gerador de sinergia*. Em nossa sociedade tão moldada pelos paradigmas disjuntivos, a individualização chegou ao extremo e torna-se um movimento espontâneo, do "cada um fazer sua parte", voltado para si próprio; o *cada um por si*. O agir no automático leva a nos fechar, isolar e ver no outro um competidor a quem devemos derrotar. Quando vemos, ou nos colocam a necessidade de uma ação coletiva, nos restringimos ao somatório da parte feita por cada um (1 + 1 = 2). Já vimos o quanto isso é reduzido a uma ação individual e, para pensarmos num processo educativo que seja capaz de transformar uma realidade tão fortemente consolidada por relações de poder disjuntivas e excludentes, incrustadas em nosso inconsciente, é necessário criarmos uma força a mais, que vá para além da soma das qualidades de cada parte. O que procuramos é a sinergia da ação conjunta (1 com 1 > 2) para podermos, na resistência coletiva (ação política), ter forças de nos contrapor às relações dominantes e de dominação. É constituirmos o que Karl Marx já anunciava como "força coletiva":

> O efeito do trabalho combinado não poderia ser produzido pelo trabalho individual, e só o seria em um tempo muito mais longo ou numa escala muito reduzida. Não se trata aqui da elevação da força individual através da cooperação, mas da criação de uma força produtiva nova, a saber, a força coletiva. (Marx 2011)

Para mostrar que não estamos falando do coletivo como apenas a soma das partes (o que Marx assinala nessa citação como cooperação) é que se utiliza a denominação de "movimento coletivo conjunto". Esse é um fazer diferenciado, não espontâneo em nossa sociedade e que, para tanto, precisa da intenção e de ser exercitado na amorosidade. Portanto, o que esse eixo procura destacar é a necessidade da vivência da ação conjunta, em que haja integração de esforços em objetivos comuns intencionalmente conscientes dos referenciais que os informam. Isso é o querer juntos; é colocar na intenção, despertada pela criticidade da razão, o que nos dá o motivo (movimento) racional para investir nossa energia, mas também na amorosidade da relação de um com o outro, o motivo emocional que potencializa a força da ação conjunta.

Que haja movimento de conjunto integrado e integrando a um ritmo comum, reconhecendo que isso não significa anulação do diverso e dos tempos de cada um. Há hoje muitas técnicas de dinâmicas de grupo que exercitam isso, porém devem ser percebidas como um preparatório para a ação coletiva (conjunta) sobre uma realidade, que faz aflorar inclusive a dimensão política desse ato. Portanto, em um exercício de formação cidadã que se distancia da educação tradicional conteudista e individualista presente dominantemente ainda hoje.

O ambiente educativo é movimento, é coletivo e conjunto, pois na vivência com o outro oportunizamos o exercício de outras relações. Convivências que se contraponham ao padrão relacional de dominação e exploração, que possam vivenciar a horizontalidade das relações dialógicas, colaborativas e solidárias; portanto, na amorosidade. Que possam expressar generosidade e reverência para com o outro na constituição de "sujeitos éticos" (Lévinas 2000),[2] que vivenciam a percepção radical de que sempre o "outro me antecede"; outro indivíduo e natureza, invertendo a prioridade egocentrada da modernidade no indivíduo em si. Portanto, a formação se realiza coletivamente, numa perspectiva conjunta em que o outro me antecede.

Temos várias experiências em andamento, do norte ao sul do país, que desenvolvem projetos coletivos, no âmbito da educação formal e informal, alicerçados numa práxis transformadora. O aprendizado

---

2. Em sua obra *Totalidade e infinito*, Lévinas (2000) destaca que "na relação interpessoal, não se trata de pensar conjuntamente o Eu e o Outro, mas de estar diante. (...) uma junção de frente a frente". Há uma radicalidade na visão que antecede o outro ao eu, contrapondo-se ao egocentrismo que hoje prevalece, minimizando filosoficamente o ontológico do ser, pela ética da alteridade do outro.

resultante dessa construção conjunta é incalculável e, em muitos casos, chega a redirecionar caminhos formativos e escolhas profissionais. Muitas dessas experiências se realizam em espaços institucionais potencializados por programas governamentais, tais como as Salas Verdes,[3] e conseguem, imbuídos desse referencial teórico-metodológico crítico reflexivo, construir coletivamente projetos inovadores, questionadores e propositivos, numa perspectiva do desenvolvimento socioambientalmente justo e solidário.

Eixo 3 – *Estimular a percepção e a fomentação do ambiente educativo como movimento.* Como esses eixos formativos são inter-relacionados, já se explicitou um pouco dessas ideias anteriormente. O ambiente educativo gera movimento e é gerado por ele; é movimento de percepção da realidade para sobre ela intervir. Dessa forma, instituir esse ambiente é perceber a ação educativa como uma gama de possibilidades de estabelecer novas relações teóricas e práticas, que, em seu processo permanente de práxis, constitui um fazer pedagógico construtor de novos saberes e que geram novos fazeres reciprocamente. A ação educativa assim compreendida não se basta na transmissão de conteúdos de um livro didático, assim como uma sala de aula se torna pequena para esse mundo de relações. Portanto, o ambiente educativo aqui sinalizado gera ações que rompem com a visão "bancária" da educação dominante, passiva e imobilizante; promove a participação, a postura ativa no processo formativo e, por uma abordagem relacional dos fatos e fenômenos socioambientais, é capaz de, em sua realização, estabelecer movimentos que se contrapõem aos valores dominantes que, em sua vivência com outros, mostram-se extremamente pedagógicos.

Portanto, o espaço físico de uma sala de aula, uma praça, ou de um parque natural, não é em si o ambiente educativo, apesar de o compor,

---

3. O Projeto Salas Verdes é uma política pública que foi delineada pelo Departamento de Educação Ambiental do Ministério do Meio Ambiente, que promoveu a abertura de editais públicos de incentivo à implantação de espaços socioambientais para atuarem como potenciais centros de informação e formação ambiental. Cada Sala Verde construiu o seu projeto pedagógico e sua atuação é autônoma e se ancora na linha de ação institucional à qual está vinculada.

mas quando estes são vivificados pelo movimento das relações o torna pleno de sentidos e possibilidades. O ambiente educativo é um espaço de experiências vivenciais significativas que permitem a formação do ser em sua integralidade cognitiva, afetiva, como ser social e natural que é. É um ambiente rico de conhecimento sensível que potencializa os processos de transformação individual e de práticas coletivas, propício ao processo de conscientização de seus participantes.

Eixo 4 – *Formar o educador ambiental como uma liderança que dinamize o movimento coletivo conjunto de resistência.* Como dito anteriormente, o movimento coletivo conjunto em nossa sociedade não é espontâneo. Precisa haver uma intencionalidade que imprima a força capaz de romper com o "agir no automático" que nos leva inconscientemente ao "cada um por si". Essa intencionalidade move quem está consciente da necessidade de transformações das práticas e da realidade vivida. É fundamental como mobilizadora (dínamo) a presença de pessoas capazes de perceber e motivadas para a criação de ambientes educativos propícios, em que o movimento coletivo conjunto se manifeste na intervenção de transformação da realidade.

Como a manifestação desse movimento não se dá geralmente de forma espontânea, sua dinamização é facilitada por lideranças que se colocam em seu tempo, na iniciativa de incitá-los. Esses são educadores ambientais conduzindo processos formativos e em formação, no exercício de cidadania e formação de cidadãos. A botânica Margaret Mead destaca a importância da existência de lideranças, ou "minorias ativas" (Moscovici 2011), quando diz: "Nunca duvide que um pequeno grupo de cidadãos preocupados e comprometidos possa mudar o mundo; de fato, é só isso que o tem mudado" (Mead 2002).

Isso nos leva a pensar também sobre a importância da ação de cada um de nós. Toda ação tem a potência do vir a ser, mas segundo o filósofo Espinosa (2007), a potencialidade do ato se realiza na relação de bons encontros. Pensamos aqui na possibilidade de um vir a ser que se expressa na diferença. A ação do líder em fazer a sua parte é assim, fundamental, porém a liderança não se faz sozinho, mas no coletivo e para o coletivo em uma postura de junção, de conjunto e que se consolida em uma liderança consentida e compartilhada na relação. Essa não é a liderança verticalizada obtida pelo estabelecimento da relação de poder de dominação de um sobre o outro, tão presente em nossos dias, mas aquela que se exerce pela autoridade ética, de firmeza de convicções, consentidas pelo coletivo em relações horizontalizadas de reconhecimento e compartilhadas por relações de solidariedade.

O próprio exercício dessa liderança e multiliderança (exercida horizontalmente por várias pessoas respectiva e/ou simultaneamente) em um ambiente educativo é uma convivência pedagógica. Convivência de uma prática individual e coletiva diferenciada da hegemônica e fundamental para a práxis pedagógica de uma educação ambiental crítica. Processo formativo que propicia o exercício da cidadania na formação de cidadãos em sua plena dimensão de sujeitos individuais e coletivos ao mesmo tempo.

Eixo 5 – *Trabalhar a perspectiva construtivista da educação na formação do educador/a ambiental, já que a perspectiva da educação como transmissora dos conhecimentos sistematizados (educação bancária) ainda é extremamente consolidada nas práticas dos educadores/as.* Trabalhar esse eixo é desconstruirmos uma concepção que ainda está muito cristalizada no meio educacional, tanto entre os educadores, quanto na visão hegemônica da sociedade no papel da educação. Tem-se fortemente impregnada, portanto, facilmente reproduzida no "agir no automático" – alimentador da "armadilha paradigmática", e alimentado dela –, a ideia de que educar é apenas a transmissão pelo professor/educador dos conhecimentos eruditos/científicos produzidos pela e na academia. Ou seja, de que o professor é um repassador de conhecimentos (conteúdos) produzidos por outros, pelos doutos, produzidos em ambientes que não esse, o escolar. Separa-se produção de conhecimento da ação educativa. Mais uma separação, disjunção.

Romper com isso no ambiente educativo é a realização em si da práxis pedagógica, em que a construção do conhecimento se dá na relação dos saberes. Saberes em sua diversidade, em que o conhecimento científico em diferentes áreas disciplinares, com outros saberes artísticos, religiosos, filosóficos, originários, populares e práticos colocam-se lado a lado em uma "ecologia de saberes"[4] (Santos 2007), na construção de interpretações diversas do real em dialogia com uma "epistemologia ambiental"[5] (Leff 2001). Essa interlocução propiciará uma compreensão ampliada, diversa e mais complexa do real. Esse ambiente em que diferentes conhecimentos podem dialogar, numa troca construtiva de novas compreensões, se faz na intencionalidade que esses saberes aflorem em condições de autênticos diversos, porém não hierarquizados na priorização de um sobre outros.

Para a realização dessa dialogia dos saberes, é preciso desconstruir as certezas científicas como verdades *a priori* na modernidade e que as colocam acima de outras formas de apreensão da realidade. Para isso, podemos desestabilizar essa hierarquização ao desvelarmos a superação histórica de um conhecimento científico. No momento, temos a situação de um conhecimento validado como verdade do real. Esse conhecimento, ao ser superado cientificamente por outro, demonstra, de fato, que a verdade do real daquele tempo era dada pela fé (crença ≠ conhecimento

4. Boaventura de Sousa Santos (2007) cunhou a expressão "ecologia de saberes", como uma possibilidade de romper com o pensamento abissal. Para ele, a ecologia de saberes é um conceito que visa promover o diálogo entre vários saberes que podem ser considerados úteis para o avanço das lutas sociais pelos que nelas intervêm. Ecologia de saberes é um processo coletivo de produção de conhecimentos que visa reforçar as lutas pela emancipação social. Saber escutar profundamente é um dos princípios básicos da ecologia dos saberes, que se firma na ideia de que o conhecimento é interconhecimento.
5. "A epistemologia ambiental não está subsumida na construção do espaço interdisciplinar através da identificação dos nexos possíveis entre as disciplinas científicas. A proposta aqui construída aponta, sobretudo, para um novo espaço social e epistêmico formado pelo encontro de saberes. Ao redesenhar as margens pré-definidas da ciência enquanto único campo de validação do conhecimento, outros saberes, experiências e atores sociais (populações tradicionais, movimentos e grupos sociais) são reconhecidos como interlocutores na construção de uma racionalidade ambiental. O acolhimento da alteridade, a valorização da diferença e o respeito à diversidade performam o horizonte ético-político da epistemologia ambiental" (Carvalho 2001b).

científico) que tínhamos na divulgação daquele conhecimento, já que na superação por outro saber científico, esse conhecimento já não mais representa a verdade. Logo, crença e conhecimento são antagônicos e complementares ao mesmo tempo na constituição da verdade, o que expõe a relatividade dessa abordagem: as certezas científicas são verdades relativas, assim como os demais saberes.

Para essa perspectiva crítica de educação ambiental, a compreensão do real se dá por esses movimentos de totalização, em que o encontro desses diferentes saberes nos instrumentaliza para uma apreensão/produção mais complexa da realidade socioambiental, estando assim essa compreensão da realidade mais apta a intervir em sua problemática e na construção de novas relações socioambientalmente sustentáveis. Como enfatiza Boaventura de Sousa Santos (2007, p. 25), ao se referir ao pensamento pós-abissal como ecologia de saberes:

> Como ecologia de saberes, o pensamento pós-abissal tem por premissa a ideia da inesgotável *diversidade epistemológica do mundo*, o reconhecimento da existência de uma pluralidade de formas de conhecimento além do conhecimento científico. Isso implica renunciar a qualquer epistemologia geral. Existem em todo o mundo não só diversas formas de conhecimento da matéria, da sociedade, da vida e do espírito, mas também muitos e diversos conceitos e critérios sobre o que conta como conhecimento.

Eixo 6 – *Fomentar a percepção que o processo educativo se faz aderindo ao movimento da realidade social.* Portanto, o que se pretende é a formação de dinamizadores de movimentos coletivos (conjuntos), de recíproca autoalimentação de novas relações no e com o mundo, no ambiente da escola ou fora dele. Formação que faça desses educadores elos com os movimentos da comunidade em que estão inseridos, trazendo tais movimentos para o interior da escola e exteriorizando a escola nesses movimentos. Da mesma forma, que o educador na comunidade insira a escola no movimento de transformação da realidade local.

O lócus mais próximo do movimento da realidade social é o cotidiano vivido e, portanto, o mais imediato de atuação. Nesse cotidiano estão presentes, como estruturantes, os conflitos, as contradições, as relações de poder que configuram a hegemonia. Mas também é lá que vão se encontrar as brechas[6] nessa estrutura dominante, os movimentos insurgentes e emergentes que se colocam em resistência no embate, mesmo que silencioso e silenciado do/pelo mundo hegemônico. Perceber essa realidade para inserir-se conscientemente e como sujeitos individuais e coletivos capazes de intervir nesse embate é constituir a realidade social vivida nesse cotidiano como um ambiente educativo de formação.

Dessa perspectiva, não há como desconhecer os processos culturais e as formas de apropriação de sentidos sobre as relações ser humano-natureza quando se pretende trabalhar educação ambiental com comunidades tradicionais, por exemplo. A construção histórica dessas comunidades em sua relação íntima com a natureza adquire contornos muitas vezes difíceis de serem compreendidos por quem não se forjou nesse cotidiano. Mais uma vez, destacamos o necessário exercício de olhar o outro num processo dialogal de troca e de aprendizado.

Eixo 7 – *Trabalhar a autoestima dos educadores/as ambientais, a valorização de sua função social, a confiança na potencialidade transformadora de sua ação pedagógica articulada a um movimento conjunto.* Como nos disse Paulo Freire, para pensar a transformação da sociedade, educação não é tudo, mas sem ela nada se transforma. E o educador é peça fundamental em sua realização.

O educador ambiental, consciente da importância da atuação da educação ambiental no processo de enfrentamento dos graves problemas socioambientais, percebe a relevância da sua função social e reforça sua autoestima necessária a uma militância comprometida com o bem comum.

---

6. Entendemos que as brechas se inserem e estão inseridas nos movimentos de ampliação do espaço público pela vivência democrática no exercício da cidadania. Movimentos que se constituem como pressão social capaz de influenciar políticas públicas que favoreçam a superação da crise por processos de construção de sustentabilidade socioambiental.

Desta feita, algo que nos incomoda é a ideia de que as ações de EA[7] devem objetivar a resolução de problemas, com base num princípio difundido desde a Conferência de Tibilisi, em 1977. O incômodo é ver que se coloca o peso de uma responsabilidade no educador de resolver problemas pelas ações educativas que muitas vezes não lhe competem, e focando no resultado da ação. Isso cria uma expectativa nos que estão participando que em muitas ocasiões não se concretiza, gerando frustração pelo sentido de impotência, tanto nos educandos, quanto nos educadores. Por exemplo, trabalhar a coleta seletiva na escola ocasionou inúmeras vezes frustrações ao se ver o lixo ali separado ser misturado pelo serviço público de coleta, que não tem como recolhê-lo separadamente. Isso quando há coleta, que em muitas comunidades não acontece. Portanto, a resolução deste problema não cabe à ação educativa e sim ao poder público.

O que isso pode nos levar a refletir? Que a ação educativa deve voltar-se para o processo de enfrentamento do problema e não à sua resolução. O problema se coloca como um tema gerador do trabalho pedagógico, em que, no enfrentamento, se busca a compreensão das causas, consequências e os meios de lidar com ele. Dessa forma, compreende-se a dimensão política da questão presente na sociedade, permitindo a ação educativa lidar com o problema a partir das possibilidades de seu enfrentamento e não criando uma expectativa irreal que certamente gera frustrações e abalos na autoestima dos que dela participam. Utilizando o mesmo exemplo da coleta seletiva do lixo, deve-se ter em mente a reflexão crítica que deve preceder a própria discussão sobre ela, ou seja, as questões do consumismo exagerado e indiscriminado e do descarte cada vez mais acelerado dos bens de consumo, algo que é amplamente difundido e influenciado pela mídia e que determina quem é quem na sociedade. Isso nos coloca num patamar reflexivo sobre as nossas formas de estar e ser no mundo, às quais já nos referimos anteriormente, nos permite partir do eu indivíduo para o eu coletivo, o eu com o outro, e

7. Primeira conferência intergovernamental articulada pela ONU, para discussão de políticas e programas para a educação ambiental.

sobre a nossa responsabilidade com as questões socioambientais e nos dá força e argumento para questionar os poderes constituídos sobre as suas responsabilidades e obrigações assumidas diante da coletividade.

Eixo 8 – *Potencializar a percepção de que o processo educativo não se restringe ao aprendizado individualizado dos conteúdos escolares, mas na relação do um com o outro, do um com o mundo. A educação se dá na relação.* Em contraponto a isso, prevalece a ideia da educação voltada para o processo de ensino-aprendizagem, direcionada para o indivíduo, com o entendimento de que, ao reter os conhecimentos oriundos dos conteúdos escolares, se promove a correção do comportamento desse indivíduo. Espera-se, por essa lógica, que sabendo o que é certo fazer, ele corrige seu comportamento e, com um conjunto de indivíduos com comportamentos corrigidos somados, teríamos como resultado uma sociedade solucionando os seus problemas.

Como já destacado anteriormente, essa racionalidade impregnada pelo paradigma disjuntivo da modernidade simplifica e reduz a compreensão da realidade social, focando na particularidade do comportamento individual. Credita uma autonomia absoluta da parte/indivíduo aos condicionantes do todo/sociedade, como se bastasse o indivíduo querer mudar para atingirmos a transformação da sociedade. Por essa concepção, o processo educativo destina-se a atuar na esfera privada do indivíduo, em que ele possa simplesmente alterar o seu comportamento. Não se volta para pensar e atuar na transformação da relação com o outro, com o mundo. Restringe-se a priorizar mudanças comportamentais na esfera de vida privada (particular/da parte), o que leva a reduzir a concepção de participação e atuação na sociedade (esfera da vida pública). Para essa concepção, o ápice do exercício de cidadania é o ato de o indivíduo votar no processo eleitoral e que é nos "bons" votos dos indivíduos cidadãos somados que alcançaremos as "boas" mudanças necessárias na sociedade. É o problema de se pensar que o objetivo da educação ambiental se restringe a apenas promover que cada um de seus educandos faça a sua parte, mesmo que de forma ecologicamente responsável. Essa leitura é uma simplificação extrema da complexidade das graves questões socioambientais.

Essa concepção disjuntiva de pensar a sociedade, a educação e a cidadania que informa a realidade hegemônica vivida necessita ser rompida no processo formativo do educador ambiental, para que esse, liberto da armadilha paradigmática, possa se colocar numa práxis pedagógica que vai para além de trabalhar as transformações do educando em sua esfera privada de vida. Que seja esse educador um agente dinamizador de ambientes educativos, que concebe o processo de transformação da realidade socioambiental pela atuação de sujeitos individuais e coletivos. Sujeitos que transformam a sua vida privada ao atuar criticamente na esfera pública da vida. Com isso, não se restringe apenas a uma mudança comportamental do indivíduo, mas implementa um movimento de enfrentamento dos problemas e conquistas no espaço público, num exercício pleno de cidadania que se realiza na dimensão política das ações coletivas intencionalmente organizadas. Isso é voltar-se para a relação de um com o outro, de um com o mundo.

Eixo 9 – *Sensibilizar o educador ambiental para uma permanente autoformação eclética, permitindo-lhe transitar das ciências naturais às ciências humanas e sociais, da filosofia à religião, da arte ao saber popular, para que possa atuar como um interlocutor na articulação dos diferentes saberes.* Fomos formados a nos especializar, a focar uma área de interesse. Quanto mais especialistas, mais somos valorizados na sociedade; veja o exemplo dos médicos, em que um especialista tem mais *status* do que um clínico geral. Ao nos aprofundarmos em áreas específicas, como as disciplinas científicas, para dar conta de um conhecimento cada vez mais particular, é necessário criar uma linguagem técnica de domínio exclusivo do especialista da área. Isso dificulta a comunicação entre peritos de diferentes áreas e ainda mais a compreensão para os leigos. Para haver diálogo, é necessário que a comunicação tenha fluidez entre as diferentes partes. Se a preocupação está voltada prioritariamente para o aprofundamento de uma parte e pouco se volta para as relações entre as partes, o diálogo não é potencializado, por exemplo, entre as diferentes áreas disciplinares do conhecimento científico. E ainda quando a relação que se estabelece entre as partes é hierarquizada, entre o conhecimento científico e os demais saberes, em que o primeiro é mais e os outros são menos, temos todo um contexto que dificulta abordagens relacionais integradoras.

Portanto, uma forma de ruptura dessa postura não dialógica seria a busca de uma formação eclética, aberta ao diálogo com todos os saberes e áreas do conhecimento científico, na busca da formação em uma "ecologia de saberes". O exercício da interdisciplinaridade estimulando uma "atitude interdisciplinar" (Fazenda 2001)[8] no educador, assim como uma atitude dialógica por meio de encontros interculturais, tem um grande poder formativo e formador em uma práxis pedagógica criativa.

Eixo 10 – *Exercitar a emoção como forma de desconstrução de uma cultura individualista extremamente calcada na razão e a construção do sentimento de pertencimento ao coletivo, ao conjunto, ao todo, representado pela comunidade e pela natureza.* Seguindo a forte demarcação disjuntiva do dualismo dicotômico da modernidade, vivemos a supremacia da razão sobre a emoção. Em nossa sociedade, acredita-se que o bom comportamento é o dever de a razão dominar a emoção. Isso nos faz reduzir e simplificar o ser humano em partes fragmentárias, em que uma é mais que outra. Devemos ser mais cérebro e menos coração para que possamos assumir a posição de seres racionais, o que nos faz pretensamente mais do que os demais seres (irracionais), naturalizando assim uma separação hierárquica e justificando, dentro dessa lógica, que se demonstra cada vez mais irracional, a dominação humana sobre a natureza.

Observar assim a fragmentação humana e sua relação com a natureza reduz as possibilidades de o processo de humanização se realizar plenamente, ao ser pertencente à natureza de corpo e alma. A plenitude

8. Ivani Fazenda é autora de uma vasta bibliografia sobre interdisciplinaridade em que procura desvendar os meandros dessa questão, realçando a necessidade de uma postura e de uma prática interdisciplinar pois, segundo ela, "acreditamos na força mitológica de um novo tempo, onde todos nós nos disporíamos a um processo de realfabetização, não apenas do substantivo, mas do verbo, não mais do predicado, mas do sujeito, não mais do modelo, mas da hipótese, não mais da resposta, mas da pergunta" (*ibidem*, p. 15).

da humanidade se dá no desenvolvimento de uma boa e harmoniosa relação com o outro e com o mundo, doando-se e colocando-se em atitude solidária com o todo, pertencentes que somos ao que nos transcende. O ser humano, em sua integralidade, é razão e emoção em interações plenas, em suas vivências de pertencimento à comunidade e à natureza. Para que isso resulte em experiências significativas, deve propiciar reflexões críticas que tragam razão à consciência, mobilizado pela emoção que o envolve e impele à ação em posturas conectivas de religação, reverência e sacralidade na relação com o outro. Isso é encontrado em vários povos indígenas, que muito têm a nos ensinar.

Leonardo Boff (1999) nos alerta que apenas a razão, descolada da emoção, não é suficiente para promover o sentido de cuidar e hoje, diante de um mundo degradado, o sentimento de cuidado com o outro, indivíduo e natureza, é relevante para a superação da crise de insolvência das relações que têm conduzido a tanta degradação. Ele destaca que as respostas para esses tempos líquidos de insensatez e barbárie a que estamos submetidos vêm sendo formuladas concretamente pelo conjunto das pessoas que ensaiam práticas significativas. Muitos são os sujeitos dessas mudanças que emergem de um caminho coletivo que se faz caminhando.

Eixo 11 – *Estimular a coragem da renúncia ao que está estabelecido, ao que nos dá segurança, e a ousadia para inovar.* Quando a crise é percebida, mesmo que inconscientemente, nos traz um sentimento de que as coisas em geral não estão conseguindo se solucionar. Isso demonstra que as referências que nos fazem entender e agir neste mundo não estão mais dando conta de reproduzi-lo em sua forma estruturante de manutenção e estabilidade do *status quo.* A sensação de instabilidade dada pelas incertezas gera uma insegurança que leva a querer afirmar aquilo que já conhecemos, que está estabelecido e nos dá segurança, nos colocando tendenciosamente em uma postura conservadora. Isso explica por que há fortes ondas conservadoras como reação à crise dos paradigmas na atualidade.

A crise atual reflete uma crise paradigmática de um modo civilizatório de vida, que tem demonstrado que essa forma de organização social e seu modelo de desenvolvimento insustentável têm levado, em sua reprodução, ao agravamento da degradação socioambiental, a ponto de ameaçar as condições de manutenção do equilíbrio dinâmico da vida planetária, gerando o risco de ruptura com as condições ambientais capazes de suportar a vida dos seres humanos na Terra.

A crença de que atingimos um modo de vida irreversível, que não há como mudar, negando a história, faz parte de uma retórica ideológica que vende a ideia de uma realidade constituída por um caminho único, que podemos predeterminar a partir dos conhecimentos que já detemos. Isso nos deixa arraigados nas referências que constituíram este mundo que está em crise e se esgotando em sua capacidade de se sustentar.

Essa tendência de buscarmos segurança no que já conhecemos nos coloca em uma postura conservadora, que não condiz com uma realidade que demonstra, por sua degradação, a necessidade de ser transformada. Portanto, devemos trabalhar em educação ambiental e na formação do educador a coragem da renúncia ao que está estabelecido. Mostrar que vivemos num mundo de incertezas e possibilidades, contrário ao paradigma científico da modernidade das certezas, verdades, predeterminações e previsibilidade e que devemos ousar e nos abrir para o novo, postura fundamental para que outras realidades possíveis possam emergir. Que a crise realmente representa situações de perigo, mas que não deve nos paralisar, pois também representa a possibilidade de o novo surgir; como nos ensinam os orientais o sentido da palavra crise, que contempla ao mesmo tempo a ideia de risco e oportunidade. A vida se realiza na tensão entre o risco e a oportunidade, a destruição e a construção, o predeterminado previsível e a possibilidade incerta, o ideal e o real.

Acreditamos que o desenvolvimento desses eixos, ao longo das situações formativas do processo educativo, dá consistência a um pensar-sentir-agir crítico em educação ambiental e na identidade de seus educadores.

Muitas dessas ações formativas de educação ambiental vêm se concretizando em forma de projetos, cujos conteúdos, em coerência a esse viés crítico apresentado, buscam desenvolver ações para integrar as diferentes áreas de saberes e conhecimentos presentes no cotidiano escola-comunidade. Essas práticas visam potencializar o caráter participativo do processo pedagógico na esfera pública da comunidade (professores, alunos, funcionários, população do entorno) pelo envolvimento com as ações socioambientais propostas; promover a contextualização das ações sugeridas, estabelecendo relações entre as realidades locais e globais; sensibilizar para uma reaproximação com o natural, estimulando o sentimento de pertencimento à natureza; difundir conhecimentos socioambientais responsáveis e estimular a apropriação de técnicas socioambientalmente sustentáveis de uso cotidiano. Assim, acreditamos que já temos hoje, em desenvolvimento, iniciativas de ações educacionais que se difundem na sociedade e que se predispõem a um alinhamento, consolidando a perspectiva crítica da educação ambiental.

Uma das várias possibilidades efetivas de dar voz, cor e dimensão a essa visão da EA, comprometida com o coletivo e buscando a reaproximação com a natureza, tem sido colocada em prática no campo da educação informal, com um outro olhar para com a natureza a partir da produção e do consumo de alimentos saudáveis, cultivados segundo os pressupostos da agricultura biodinâmica, fundamentada na antroposofia.[9] Seja no âmbito da pequena produção familiar ou da organização de hortas urbanas, essa visão busca a otimização dos recursos naturais e os fatores gratuitos de produtividade, administra racionalmente a interdependência entre produção e consumo, resgatando o conhecimento ancestral e estimulando a criação de uma paisagem heterogênea, conforme explicita Balboni (s.d.) no texto "Agricultura biodinâmica", que faz parte do acervo de artigos da Biblioteca Virtual de Antroposofia. O autor ainda destaca

9. Proposta feita pelo doutor em física, química e filosofia Rudolf Steiner, criador da antroposofia, um caminho de conhecimento científico e espiritual que transcende o egoísmo e propõe uma harmonia entre homem e natureza. Em 1924, ele apresentou uma nova concepção de ver o trabalho com a terra, a partir de uma ampla visão onde concebe a Terra como um organismo vivo que é não somente reflexo do cosmo, como é constituída a partir de suas leis e ritmos.

a fala da conceituada agrônoma Ana Maria Primavesi, que inspira todas as concepções que se apresentam com a perspectiva de uma outra forma de produção em contraponto à agricultura convencional (agroecologia, agricultura orgânica, agricultura ecológica, agricultura natural etc.), em que ela afirma que a ecologia aplicada na prática sobre a agricultura é a única maneira que pode sustentar a produção em longo prazo, sem o abuso e a manipulação errônea da vida, da natureza e da sociedade.

A antroposofia fundamenta a agricultura biodinâmica bem como a pedagogia Waldorf, que busca estabelecer um ambiente cultural de fomento da autoeducação, tendo como suporte o desenvolvimento da consciência crítica e intuitiva. Através de um diálogo dinamizador das relações e desvelador das coerções, a pedagogia Waldorf se direciona na configuração de encontros humanos libertadores. Em uma palestra proferida em 1921, Rudolf Steiner (*apud* Filho 2014, p. 58) afirmava: "Tudo que a criança aprende sobre plantas, animais, minerais, sol, lua, montanhas e rios fará com que ela se una com o mundo. Mundo e criança, criança e mundo são uma coisa só nesses anos de vida".

As reflexões presentes neste texto remetem a nos apropriarmos, ou melhor, referendarmos aquilo que Loureiro (2009b, p. 58) tão bem enunciou:

> Cabe à Educação Ambiental gerar um sentido de responsabilidade social e planetária que considere o lugar ocupado pelos diferentes grupos sociais, a desigualdade no acesso e uso de bens materiais e nos efeitos desse processo, as diferentes culturas e modos de entender a ameaça à vida no planeta, problematizando as ideologias e interesses existentes por trás dos múltiplos modelos de sociedades sustentáveis que buscam se afirmar no debate ambientalista. Fazemos a nossa história em comunhão com o planeta, mas fazemos em certas condições e no âmbito de uma determinada organização social, e somente podemos nos modificar e a tais condições reconhecendo e agindo nas diferentes esferas da vida, e entendendo a educação não como único meio para a transformação, mas como um dos meios sem o qual não há mudança.

Acreditamos que nesse tempo, de 2004 aos dias atuais, em que revisitamos a formulação desses eixos, muitas iniciativas em educação ambiental vêm se consolidando, mesmo entre avanços e recuos, porém em movimentos que emergem de processos convergentes. Ainda que submetida a um silenciamento por domínio de uma visão de mundo, a força transformadora, crítica e emancipatória da educação ambiental se faz necessariamente presente em um mundo em crise.

2
SITUAÇÕES EDUCATIVAS NO CAMINHO

Mauro Guimarães

Há mais de 30 anos acompanho a construção do campo da educação ambiental em interlocução com tantos outros; busco aqui sistematizar algumas situações educativas que foram se consolidando ao longo desse caminho e que me parecem consensualmente demarcar essa perspectiva crítica.

A formação em educação ambiental passa pela vivência intencional de processos de mobilização e conquistas de transformações individuais e sociais, em ambientes educativos produzidos por educadores, propícios ao envolvimento da integralidade do indivíduo (razão-emoção, corpo-espírito, reflexão-ação). Processo formativo vivenciado nas ações coletivas colaborativas fundamentadas pelos laços de afetividade, solidariedade, amor, amizade; e tudo isso junto vivendo a dimensão política nos processos pela transformação das condições materiais e imateriais constituidoras da realidade. No movimento de autotransformação dos indivíduos junto com o processo de enfrentamento político de construção de novas relações estruturantes da organização social, política e econômica, tem-se, como consequência, a participação no movimento de transformação do atual modo de vida.

A mudança da realidade com fundamental intencionalidade conectiva local/global busca compreender as influências globais no local e as inferências das ações locais no global. Essas ações locais são mais propícias a uma intervenção educativa, que pode ser intermediada e articulada por uma "intencionalidade educomunicativa"[1] política de construção de novos modos de viver. As articulações buscam fortalecer e gerar sinergia na integração com outros movimentos emergentes que se colocam na construção do novo. A emergência e o fortalecimento desses movimentos presentes na realidade (local/global) produzem, dialeticamente, a possibilidade de processos de transformação nos indivíduos em suas práxis (práticas conscientes) e em suas realidades vividas – "tudo junto ao mesmo tempo agora na relação". Nesse processo, a reconstrução emocional e racional da integração humana com a natureza se manifesta no processo formativo de educação ambiental. Essas construções se fazem no coletivo, no diálogo de saberes e no compartilhamento afetivo, criando laços cognoafetivos dos sujeitos em formação entre si e com a realidade vivida numa abordagem relacional do processo educativo.

Nos tempos atuais dessa gravíssima crise socioambiental em que a percepção começa a se difundir na sociedade mundial, tem-se, de forma generalizada, a esperança de que a educação, associada às soluções tecnológicas, venha superar a situação da crise que ameaça a vida planetária.

---

1. "A Educomunicação é um conjunto das ações inerentes ao planejamento e implementação de processos e produtos destinados a: ampliar a capacidade de expressão de todas as pessoas num espaço educativo; melhorar o coeficiente comunicativo das ações educativas; desenvolver o espírito crítico dos usuários dos meios de comunicação; usar adequadamente os recursos da informação nas práticas educativas; criar e fortalecer ecossistemas comunicativos em espaços educativos." [Disponível na internet: https://educomusp.wordpress.com/2011/11/23/o-que-e-educomunicacao/, acesso em 25/07/2016.]

Pelo lado das soluções tecnológicas, como consequência do desenvolvimento científico, é a lógica que se atrela ao projeto hegemônico de sociedade e seus referenciais paradigmáticos. Se partirmos do pressuposto que esse modelo de sociedade e seus padrões produziram, por seu modo de produção e consumo, a situação de crise, faz-se necessária a transformação das diretrizes científicas, transicionando de uma racionalidade instrumental para uma ambiental (Leff 2001). No entanto, essa transição se constitui em realidade a partir da dimensão política do embate que contraponha o que está (modelo atual) ao projeto de uma sociedade socioambientalmente sustentável.

A educação é vista por todos como fundamental para que isso se realize. No entanto, a compreensão do que ela é também passa por esse embate em que para cada proposta de sociedade (o atual modelo ou um novo projeto) se afina uma concepção de educação. A que reflete a hegemonia da sociedade moderna globalizada e é reflexo dela é tradicional, conteudista, tecnicista, bancária, comportamentalista, filiada a uma racionalidade instrumental que se baseia nos paradigmas da disjunção da modernidade e, portanto, conservadora do *status quo*.

A concepção de educação ambiental crítica que defendemos, como apta a contribuir no enfrentamento da crise socioambiental, é a que tem a intencionalidade de intervir no processo de transformação da realidade. Portanto, não se basta como uma educação (conservadora) focada no processo de transmissão de conhecimentos para o indivíduo/educando, na lógica de que ele, detentor do conhecimento correto, poderá transformar seu comportamento e, com a transformação das práticas da maioria dos indivíduos, teremos uma sociedade transformada – é essa visão que denunciamos como reduzida e simplista de realidade. Acreditamos que a transformação da realidade socioambiental se dá pela intervenção política de sujeitos coletivos (indivíduos em relação) sobre as condições materiais concretas e suas múltiplas determinações (objetivas e subjetivas), construindo movimentos que, ao resistirem, produzem sínteses dialéticas constituidoras do novo.

A formação crítica da educação ambiental poderá promover ambientes educativos onde a formação desses sujeitos coletivos se dá pela práxis educativa de intervenção pedagógica sobre a realidade. Essa intervenção é práxis, uma prática refletida que supera o espontaneísmo, portanto requer um processo pedagógico, movimento instituinte do ambiente educativo, que contemple, de forma interativa e recíproca, situações de fundamentação cognitiva e de sensibilização que integrem mente e coração ao fazer; de diagnóstico participativo da realidade e o respectivo planejamento das ações; de intervenção pedagógica e avaliação permanente do processo; de difusão e intercomunicação dialógica de ações diferenciadas que, num processo de evidenciação e emergência, rompam com o que Boaventura Santos (2002) denomina processo de silenciamento e ausências, potencializando articulações (rejuntamentos) pela manifestação da intencionalidade educomunicativa. Esses momentos em interação recíproca no movimento de formação desses sujeitos como cidadãos propiciam transformações na realidade vivida pela intervenção direta desses atores (educandos e educadores), assim como pelas possibilidades posteriores de atuação dinamizadora de movimentos contra-hegemônicos da sociedade, por esses cidadãos comprometidos com a construção da sustentabilidade socioambiental.

Portanto, na reciprocidade da intenção fundamentada e da prática diferenciada, percebemos nessa trajetória de envolvimento com a educação ambiental, algumas circunstâncias que o processo educativo contempla de forma contínua, interativa e recíproca (aqui separadas didaticamente), que descreveremos como situações formativas de ações educativas de intervenção na realidade, a saber:

- Fundamentação cognitiva e de sensibilização;
- Diagnóstico da realidade e planejamento participativo de ações;
- Intervenção pedagógica, avaliação permanente e indicadores;
- Registro, difusão das ações e articulação pela intencionalidade educomunicativa.

Considero importante destacar que essas situações em separado são parte do processo formativo, porém nem sempre o educador terá condições concretas e materiais para realizar a formação em sua integralidade. Entretanto, é fundamental que o educador tenha a concepção do todo do processo formativo, para que sua ação educativa, mesmo que contemplando apenas parte dessas situações, esteja no seu fazer gestando essa intencionalidade crítica.

Situação de fundamentação cognitiva e de sensibilização

Ao longo dessa caminhada venho percebendo o quanto, cada vez mais, os educadores se preocupam com a questão socioambiental, procuram fazer algo porque se sensibilizam e por demonstrarem um comprometimento com sua função social de educador. Assim, acabam assumindo uma ideia bastante dita e repetida quando se fala de educação ambiental, a de "cada um fazer sua parte" para que a situação melhore. Reforço isso mais uma vez, pois considero uma questão central. Vejo o quanto é importante assumir esse compromisso com a ação; a não passividade diante do problema que se coloca hoje no mundo; o querer trazer aspectos relevantes da realidade para dentro da sala de aula, ou espaço educativo; desejo e motivação de grande potencialidade. No entanto, percebo também como há dificuldades para se ter uma compreensão mais complexa, que vá mais a fundo nessa problemática, e que se consiga, com as propostas pedagógicas, práticas individuais e coletivas diferenciadas, capazes de contribuir com a transformação da realidade, mesmo que próxima, de uma forma significativa. O que sempre digo para respaldar essa assertiva é que nunca se fez tanta educação ambiental como hoje em dia, porém nossa sociedade nunca degradou tanto o meio ambiente como agora, o que demonstra a fragilidade desse processo educativo que vem sendo reconhecido pela sociedade, e mesmo os educadores, como educação ambiental.

Nesse processo de entendimento deste aparente paradoxo (+ EA = + degradação socioambiental), venho refletindo sobre a fragilização das práticas pedagógicas de professores que querem inserir a dimensão socioambiental no seu cotidiano da vida escolar e buscar possibilidades de potencializar a superação dessa fragilização de suas práticas.

Parece-me que um importante passo a ser trabalhado nos processos formativos é fazer perceber que as práticas refletem a forma como pensamos, porém também pensamos como reflexo do que fazemos. Da mesma forma, nossas práticas e pensamentos são frutos e frutificam um processo histórico imbricado de influências recíprocas dos valores e práticas sociais, que refletem e conformam uma visão social de mundo hegemônica, paradigmática.

Há no real um ciclo que interage o pensar e agir mutuamente, porém herdeiro de uma tradição cartesiana, positivista, disjuntiva, já tanto discutida. Fomos condicionados a separar o pensar do agir, o que simplifica e reduz essa dinâmica de vida, apesar de ter funcionado até aqui. No entanto, temos hoje uma crise socioambiental que nos desafia nessa forma de olhar e entender o mundo. A realidade que construímos na modernidade se apresenta extremamente complexa e precisamos uma nova forma de olhar, compreender e agir sobre o mundo. É o que Morin chama em sua obra de "reforma do pensamento" para a construção de uma "racionalidade ambiental", defendida por Enrique Leff e tantos outros que trilham esse campo teórico.

Ao me inteirar desses assuntos, juntando ao que via no dia a dia, percebi como é difícil nos livrarmos dessa forma de pensar tão arraigada em nossa sociedade. É essa racionalidade (instrumental) que dá o molde, o modelo do que é a nossa sociedade e, ao mesmo tempo, esse pensamento se constituiu, foi moldado por essa mesma sociedade. Portanto, o que pensamos e fazemos traz a marca dessa sociedade e suas representações sociais,[2] ao mesmo tempo em que essa marca está presente na realidade da qual participamos, constituindo-se e nos constituindo reciprocamente.

Uma das características predominantes em nossa sociedade é a prevalência de um racionalismo que, na dimensão educacional,

---

2. "(...) a representação é um conjunto organizado de opiniões, de atitudes, de crenças e de informações referentes a um objeto ou a uma situação. É determinada ao mesmo tempo pelo próprio sujeito (sua história, sua vivência), pelo sistema social e ideológico no qual ele está inserido e pela natureza dos vínculos que ele mantém com esse sistema social" (Abric 2001).

transparece no predomínio de uma educação cognitivista de transmissão de conhecimento eminentemente pelo viés do uso da razão. É cerebral, voltada apenas para uma parte do ser humano, a cabeça. Não é sem menos que quando se diz que a pessoa não aprende, é porque não entra na "cachola", indicando a cabeça. Dessa mesma perspectiva é que a transmissão de conhecimentos ecológicos e das consequências da destruição da natureza se sobrepõe nas práticas reconhecidas por muitos como de educação ambiental. A educação tradicional para por aí, na transmissão de informações e conhecimentos, mesmo que ecologicamente corretos. Portanto, com um viés conservador por ser um processo educativo reduzido e insuficiente para causar as transformações necessárias. Como costumo dizer sobre a máxima do pensamento conservacionista – "conhecer para preservar" –, nessa visão educativa que defendemos, isso é o mínimo. Apesar da importância em conhecer para preservar, é pouco e de forma isolada no processo educativo, incongruente com a proposta de uma pedagogia crítica.

No entanto, isso não significa que conhecer os estudos e conhecimentos científicos que apresentam a gravidade da crise socioambiental não seja fundamental. É o ponto de partida, pois reconhecermos essa emergência, com base nos dados que a ciência nos oferece, demonstra a urgência de desenvolvermos ações educativas que se voltem para a transformação dessa realidade adversa, em que cada vez mais se evidencia a vinculação do contexto global com o local. A ciência nos apresenta a crise socioambiental como o pressuposto de implementarmos uma educação ambiental crítica, transformadora e emancipatória.

Acreditamos que, para o processo formativo dessa educação crítica, transformadora, emancipatória e popular, o momento de fundamentação cognitiva e de sensibilização, que dê corpo (mente e coração) ao fazer, se dá em um processo de "leitura do mundo" no sentido freiriano. E, no olhar que apreende, traduz-se o que se vê filtrado pela mente e pelo coração, mediado pelas condições materiais concretas do real, engendradas pelas relações de poder que o constituem.

Nessa formação, a fundamentação se dá pela convivência, pela razão e pela emoção exteriorizadas nas práticas individuais-coletivas, e pelo estranhamento das aparências pela reflexão crítica,[3] questionadora do *status quo*. Também se dá pelo estímulo conectivo ao sentimento de pertencimento a um todo, um coletivo, a natureza, em uma "cognissensibilização" para a ruptura das amarras a que estamos submetidos – armadilha paradigmática, alienação e inculcação ideológica; a uma visão antropocêntrica que nos coloca arrogantemente diante da vida, que tantas mazelas, fartamente descritas, nos trouxe para o mundo moderno da contemporaneidade.

É nesse momento do processo formativo que podemos promover, como educadores responsáveis pela mediação do processo, um espaço pedagógico de vivências de estímulo aos sentidos que nos toque o coração, o corpo e a alma, de reencontro do natural em religação e comunhão a um sentido maior para além da matéria e do individual; dinâmicas de grupo em que experienciamos ousar para o novo, a amorosidade de vivências do sentimento de pertencimento ao natural e a um movimento coletivo conjunto, sentindo a sinergia da força coletiva e de viver mais integrado; grupos de discussão de estímulo à reflexão crítica e à problematização do que está dado; exercícios de desconstrução de sentidos e reconstrução conceitual, em que o ferramental das representações sociais pode ser um bom instrumento de trabalho. São instantes desse momento do processo formativo que se realizam de forma integrada, pela abordagem relacional que se deve buscar construir no processo.

A construção do conhecimento imbricado de muitos saberes se dá nas relações que se estabelecem no movimento de intervenção na realidade, impregnando de sentidos vividos, gerando uma aprendizagem significativa, pois, ao estabelecer relações com o outro e com o mundo, vamos construindo conhecimentos provenientes desse movimento, um dos aspectos dessa dimensão crítica da EA.

---

3. "A participação na construção deste devir utópico, motivada pela reflexão crítica, significa estar inserindo essa crítica às múltiplas determinações do modo de produção capitalista de que fala Marx, entre estas, as determinações epistemológicas, ético-políticas e materiais. Portanto, a transformação da realidade social e seus indivíduos passa pela transformação recíproca destas múltiplas determinações" (Guimarães 2004).

A construção desses conhecimentos e sentidos, na perspectiva crítica, se dá na percepção e compreensão integrada de algumas das relações hegemônicas, estruturantes da realidade: a conexão de conflito entre interesses privados e o que é bem comum, coletivo (meio ambiente); o conflito entre interesses de uma elite dominante e o das demandas populares; as relações de dominação e exploração de um (dominante) sobre o outro (dominado). Portanto, na percepção de que relações excludentes geram degradação socioambiental.

Em um processo pedagógico de convivência relacional, em que a aprendizagem se dá de forma significativa, é que construímos um ambiente educativo propício para uma percepção consciente de intervenção na realidade. Ou seja, atuante nessas relações produtoras de desigualdades e degradações, pela participação consciente e em conscientização, no embate sobre as visões dominantes que estruturam a realidade da sociedade moderna global. Isso é também vivenciar a dimensão política do processo de formação educativo, na convivência que se dá entre educandos, entre educandos e educador na vivência intencional de participar na constituição de novas relações pessoais, sociais, políticas, econômicas, ecológicas; ou seja, na dimensão socioambiental.

É aqui que claramente se distingue a concepção que está por trás de uma proposta de educação ambiental. Quando, mesmo que bem-intencionado de buscar na realidade os problemas socioambientais locais, o proponente descola os problemas – que são consequências – da realidade conflitiva – que é a causa. Esse descolamento da realidade promove um trabalho educativo de buscar a solução para o problema e não trabalha a raiz (radicalidade) da questão: os conflitos estruturantes da realidade. Nessa proposta, substanciada numa postura de pouca criticidade, é comum vermos várias iniciativas, que até conseguem minimizar alguns problemas, porém sem alcançar uma perspectiva mais política do ato educativo, que é formar, empoderando os sujeitos vulneráveis[4] dessas relações, em movimentos que os potencializem para

4. A ideia de grupos vulneráveis chama a atenção que a vulnerabilidade atualmente atingiu uma escala planetária, e que atinge de certa forma a todos, porém

o enfrentamento desses conflitos, que têm a possibilidade de causar transformações significativas, na construção de uma nova realidade socioambiental. É, portanto, relevante percebermos que o objetivo mais imediato da ação educativa não é a resolução de problemas específicos, ou a transformação imediata da realidade socioambiental, mas a formação de sujeitos individualmente e, ao mesmo tempo, coletivos, convivendo em um movimento que, intervindo no real (colado a uma realidade conflitiva), se percebam e atuem (práxis) como sujeitos histórico-políticos. Cidadãos plenos em conscientização no exercício da cidadania; agentes do novo, do "inédito viável", na realização do porvir utópico.

Essa é uma formação em que cognição e sensibilização – "tudo junto ao mesmo tempo agora na relação" – é "cognissensibilização". Processo formativo que se realiza em convivência nos movimentos educativos, em que o educador é um condutor da construção desse ambiente educativo que é realizado por todos os participantes do processo.

Situação de diagnóstico e planejamento participativo da realidade

Fundamentados em uma práxis de "cognissensibilização", que subsidia a intencionalidade crítica do processo formativo e sua consequente intervenção pedagógica sobre uma realidade, realizam-se o diagnóstico e o planejamento das ações.

O diagnóstico da realidade é reconhecer o espaço no emaranhado da interligação glocal (global e local, reciprocamente), nas diferentes escalas do desenvolvimento desigual e combinado, como nos diz David Harvey (2011), neste mundo globalizado, para que, no planejamento da intervenção, a intencionalidade de transformação da realidade local se reflita e seja reflexo da possibilidade de propiciar novas interações constitutivas de uma nova realidade cada vez mais glocal.

---

reconhecendo, ao mesmo tempo, que essa vulnerabilidade se dá de forma diferenciada e desigual nos diferentes grupos, o que leva para a pertinente discussão da justiça ambiental.

Dessa perspectiva crítica, o planejamento das ações educativas se realiza de forma participativa no coletivo. É a forma de construção pedagógica de um plano de ação que pressupõe a participação conjunta de todos os atores, proponentes e comunidade atingida pela proposta, em que a presença se realiza em todas as fases desse processo: no diagnóstico da realidade socioambiental; na definição das situações-problema a serem enfrentadas e na elaboração das propostas de intervenção, tendo como consequência a execução do plano de ação e avaliação do processo também de forma participativa por todos os envolvidos no planejamento. Isso como forma de romper com a postura passiva do educando na educação tradicional.

Se a ação educativa se dá no processo de intervenção sobre a realidade, em que os conflitos são estruturantes, é importante que se promova o conhecimento dessa realidade com base em quem a vive em sua cotidianidade, para que, trazendo suas compreensões e sentidos, dando significado à aprendizagem, possam ser discutidos e analisados em um diálogo entre os diferentes saberes levantados na comunidade (escolar-extraescolar), inclusive com o científico. Nesse processo formativo, o uso de metodologias participativas pode promover uma pesquisa de diagnóstico da realidade local, em que sujeitos e objetos de estudo se imbricam e dão vida aos resultados obtidos. Educandos e educadores, imersos na realidade da comunidade em que a ação educativa se insere, ao lado das pessoas comuns da localidade, elaboram um levantamento e uma compreensão que, partindo do estudo dos problemas socioambientais que despontam dessa pesquisa participativa, vão, no processo pedagógico, desvelando os conflitos. Por exemplo, entre interesses privados e o que é bem comum (meio ambiente); entre interesses de uma elite dominante e o das demandas populares; aspectos resultantes das relações socioambientais de dominação e exploração presentes nas relações de poder instituintes da sociedade moderna em suas diferentes escalas.

Problemas socioambientais são escolhidos como tema gerador das ações a serem implantadas, contextualizados em seus nexos local-global (glocal), buscando a identificação dos conflitos, contradições e brechas para o enfrentamento não só do problema, mas da questão socioambiental mais ampla que conforma a realidade tanto local como global. Nesse processo pedagógico, realizado de forma coletiva, participativa e dialógica, planeja-se a ação. Esse é um momento, pelo subsídio da reflexão teórica, de dar intencionalidade crítica aos objetivos da ação para a potencialização de práticas diferenciadas. O estabelecimento participativo dos objetivos da ação impregna de desejo e consciência o coletivo envolvido no processo. Nesse momento, temos objetivos para o processo pedagógico de enfrentamento da problemática escolhida e, de forma sincrônica, objetivos do processo educativo em curso que deem conta de alguns indicadores que serão apresentados posteriormente aqui, quais sejam: a realização da práxis; a manifestação da postura "dialógica"; a geração da "força coletiva" resultante da criação do "movimento coletivo conjunto".

Muitas vezes, por questões concretas e materiais, não se consegue realizar todas essas possibilidades de ações educativas, mas é importante que todos os participantes de uma vivência pedagógica estejam conscientes da totalidade dos objetivos, concepções, sentidos e sua proposta política, inclusive para discutirem as limitações e possibilidades daquela experiência. É necessário haver processos educativos que provoquem, mesmo como efeito demonstrativo, vivência de relações participativas, colaborativas, sem a presença predominante das relações competitivas fundantes das relações de dominação, produtoras das desigualdades do modo de vida da modernidade. Também é importante que se promovam experiências democráticas e participativas em que o sentimento de pertencimento atenue os interesses particulares sobre os coletivos e viabilize uma convivência, regada de amorosidade, em que a opressão não seja a marca das relações e que essas se deem de forma integrada, equilibrada (entre os diferentes interesses) e na relação de práticas sociais e natureza; sustentáveis, portanto.

Situação de intervenção pedagógica e as marcações no caminho

Na elaboração de estratégias de como fazer (metodologias) para que se alcancem esses objetivos estabelecidos pelos participantes, planeja-se e implementa-se a ação, que, por sua criticidade, potencialmente se realiza como uma prática diferenciada, que em si, em sua intervenção sobre a realidade em um enfrentamento sobre o que se quer transformar, atua na realização de práticas individuais e coletivas inovadoras e conscientes politicamente de suas ações. Da perspectiva dialética do embate, essas ações são promotoras de forças contra-hegemônicas que, pela síntese resultante das correlações de forças, propiciam o surgimento do novo que potencializa transformações da realidade socioambiental.

Da ação transformadora para um novo contexto ideal, há que refletir e agir sobre os limites do real em busca da superação. Nesse movimento, constitui-se um ambiente educativo de realização de uma práxis pedagógica. O processo educativo como um ato *continuum* de práxis, em que as dificuldades surgidas nas práticas de intervenção no real, cada problema torne-se um novo objetivo pedagógico de decifrá-lo e alimentar um novo plano de ação para seu enfrentamento. Nesse *continuum*, efetiva-se a práxis, já que pela reflexão associada a uma proposta pedagógica de intervenção, debruça-se sobre o real com seus limites em suas múltiplas determinações. Da ação proposta de enfrentamento de um problema, o limite (real), que por muitas vezes impede sua resolução, não é o fracasso da intervenção planejada, já que a intervenção comprometida com a transformação do real se realiza no processo de enfrentamento do problema, pela busca do utópico, como um "inédito viável" freiriano. Portanto, o que nos move não é a resolução do problema em si; é, sim, o processo de seu enfrentamento.

A intervenção do processo educativo não é no sentido de levar a verdade, mas de criar um ambiente educativo dialógico de construção de outras realidades. É gerar empoderamento político das pessoas em seu cotidiano ao se perceberem capazes de possibilidades diferentes do caminho prescrito pelos valores e práticas dominantes.

A realização da situação de intervenção pedagógica na realidade cotidiana, que se concretiza pela práxis, requer que essa ação seja permanentemente realimentada pela reflexão, em que a avaliação orienta os caminhos a seguir. Marcações de indicadores da avaliação auxiliam a manter o rumo desejado, que vivifique os objetivos do processo educativo de enfrentamento dos problemas ao longo do caminho, reforçando e/ou redirecionando segundo a intencionalidade crítica do processo.

Ao longo do caminho elaboramos algumas diretrizes educativas que nos ajudaram a referendar essa perspectiva crítica de pensar e fazer essa educação ambiental, que acreditamos ser capaz de contribuir com o enfrentamento da grave crise socioambiental. Diretrizes que podem também demarcar indicadores de acompanhamento e avaliação das ações realizadas.

Percebemos a importância de que, nessas ações de educação ambiental crítica, vista em seu caráter relacional, processual e continuado, estejam presentes em suas concepções e no que realizam algumas diretrizes que interagem e que não se esgotam nessas listadas, tais como:

- A promoção da participação coletiva que supere a perspectiva do 1 + 1 e potencialize a do 1 com 1;
- A difusão e construção de conhecimento com uma abrangência relacional, que se aproxime adequadamente da adversidade da realidade vivida;
- O estímulo à sensibilização conectiva pelo afloramento do sentimento de pertencimento a um todo maior – grupo social, comunidade, natureza;
- A postura pedagógica crítica de uma educação problematizadora e formadora de cidadãos planetários;
- A oportunidade de vivências de novas práticas cotidianas, substanciadas por relações dialógicas inéditas;
- A realização da práxis educativa de intervenção na realidade, comprometida com o processo de transformações locais conectadas às globais.

Para isso, descrevemos a relevância desses aspectos para esse processo educativo em que essas diretrizes se manifestem. Aspectos que se poderá inserir no cotidiano de trabalho e de vida, como balizamento na construção dos ambientes educativos pelos educadores, como forma e conteúdo que permita a vivência de uma práxis pedagógica que busque contribuir, com sua intervenção educativa, no processo de construção da sustentabilidade socioambiental.

A metodologia participativa, como aspecto relevante de uma educação ambiental crítica, refere-se à participação de todos os envolvidos na ação educativa de intervenção, em todas as etapas do ato, colocando-se de forma ativa, que possibilite um envolvimento responsável dos participantes. Educar para causar transformações significativas em uma realidade dada requer o envolvimento individual, mas que se consolida nas relações coletivas. O comprometimento individual se fortalece no coletivo e a ação transforma o indivíduo e a sociedade. Desse modo é que se justifica a participação como aspecto relevante desses processos de EA. Estimular ações educativas que promovam a participação de todos os envolvidos, interagindo, é uma forma de educar na relação de um com outro e com o mundo; criar ambientes educativos que constroem o comprometimento nessas relações mais integradas e dialógicas de um com o outro, de um com o mundo; na participação ativa de proposições de constituição de realidades, como um exercício de cidadania na participação individual e coletiva.

O objetivo é potencializar a participação de sujeitos prioritários, pelo reconhecimento da desigualdade de condições subjetivas e objetivas de grupos vulneráveis na sociedade moderna, principalmente periféricas. Visa-se, com isso, o empoderamento desses grupos no exercício da cidadania de enfrentamento dessas desigualdades e situações de injustiça socioambiental. Todos esses são aspectos relevantes para considerarmos a dimensão participativa como uma diretriz para o processo formativo em educação ambiental.

Pensar na transformação de uma realidade em crise, para uma nova situação que necessita ser redimensionada, requer a possibilidade de superação (ir além) de conhecimentos estabelecidos e construção de uma nova percepção de realidade que subsidie práticas diferenciadas.

Isso é trabalhar no processo educativo, com a perspectiva de construção de conhecimentos que referenciem uma nova visão de mundo e, portanto, uma nova ação sobre ele. Esse é um aspecto relevante na construção de saberes-conhecimentos em um novo viés paradigmático.

Sensibilizar, como outro aspecto relevante, nos faz sentir como parte integrante, lado a lado, compartilhando um espaço comum que é de todas as espécies vivas. Esse é um comprometimento que se espera como resultado de um processo educativo que nos faça, mais que saber, sentir a preservação ambiental como algo fundamental à sobrevivência e à manutenção da boa qualidade de vida, não só de cada um de nós, mas de todos que convivem e dependem dela. Saber por meio de novos conhecimentos construídos, sentir-se pertencente a tudo isso, participando individual e coletivamente do processo de transformação de comportamentos, atitudes e valores: esse é um caminho para a sustentabilidade.

Para que tudo isso se efetive é importante, no processo educativo, o estímulo à postura crítica, como aspecto relevante na formação em EA. Essa postura de atenção revela sentidos e relações estabelecidas que constroem a realidade da forma que é, para, de forma consciente, instrumentalizar ações individuais e coletivas capazes de interferir e transformar práticas e relações consolidadas, que, se mantidas, acentuarão o processo de degradação socioambiental. É importante provocar, pela postura de problematização da realidade, uma práxis, que é pedagógica, de reflexão-ação em intervenções sobre a realidade, com a intenção de vivenciar novas práticas em processos de transformação da situação socioambiental. Assumimos, assim, que a postura crítica, como uma diretriz constituinte do ambiente educativo, é um aspecto extremamente relevante para essa formação em educação ambiental que almejamos.

Propõe-se que essas intervenções educativas para temas socioambientais se deem, mesmo que impactantes, de forma lúdica, prazerosa, criativa e informal, para que, além de transmitir conhecimentos relevantes, sensibilizem e mobilizem para a preservação ambiental. Essas intervenções devem promover momentos de troca de saberes e experiências entre todos os participantes; criar situações de sensibilização;

estabelecer formas que permitam a manifestação por todos das situações-problema e possíveis enfrentamentos em suas atividades pessoais, sociais e de trabalho; estimular a reflexão e a mudança de práticas individuais e coletivas que priorizem o cuidado socioambiental.

A afirmação desse fazer diferenciado, anúncio de um conhecimento-emancipação de um paradigma emergente, como nos diz Santos (2007), é uma forma de potencializar forças contra-hegemônicas pela sinergia[5] produzida na práxis de sujeitos coletivos formados no exercício da cidadania.

Acredita-se ser imperiosa a promoção de uma ação educativa em que o processo pedagógico se dê na intervenção sobre a realidade, superando a mera ilustração desta como uma paisagem (que cabe dentro do livro didático) no processo de ensino-aprendizagem. Parafraseando Gutiérrez e Prado (2000), "educar-se é impregnar de sentido as ações cotidianas", pois é na realidade local, em nossa imersão, que possibilidades imediatas de transformarmos transformando se manifestam. Ações cotidianas em nossa localidade, porém mediadas pela realidade de mundo, ações percebidas em seus sentidos dados e construídos, carregadas de intencionalidade de transformações glocais; ou seja, global e local, sincronicamente.

Acrescenta-se aqui a necessidade da construção de alguns indicadores que nos orientem, entre o calor das lutas por utopias em construção e os limites do cotidiano, como marcadores que nos balizem para essa vertente crítica de educação ambiental que se faz na síntese entre o real e o ideal. Indicadores que sinalizem transformações em curso nas realidades em que se fizeram as intervenções educativas.

---

5. Relembrando que sinergia é o resultado da força total do conjunto, que vai para além da força total da soma da força de cada parte (indivíduos). É a força resultante de um movimento conjunto que se produz por uma intenção e ação coletiva, concentrada em objetivos comuns e no ritmo de um conjunto orgânico, gerando a possibilidade de um fenômeno qualitativamente superior do que se tivesse sido produzido por uma soma de esforços individualizados: 1 + 1 = 2; porém pela sinergia da "força coletiva" 1 com 1 > 2, conforme descrevo em Guimarães (2004).

Que intencionalmente afirmem essa identidade e possam ser resultados esperados do processo formativo que aqui defendemos. Alguns desses indicadores percebidos ao longo dessas jornadas são:

- A realização da práxis problematizadora – em que se perceba como resultado da ação educativa o surgimento ou fortalecimento de um movimento questionador/reivindicatório na realidade trabalhada (escola e/ou comunidade). Movimento que perceba os problemas socioambientais como decorrência dos conflitos gerados pelo modelo de desenvolvimento da sociedade moderna e suas contradições nas relações de dominação e exploração, que resulta na degradação socioambiental;
- A manifestação da postura "dialógica"[6] – que se evidencia em um movimento que se estrutura por relações mais horizontalizadas, intragrupo e extragrupo de intervenção, em que o padrão relacional de dominação e exploração da modernidade esteja explicitamente sendo combatido. Que novas relações voltadas para a sustentabilidade socioambiental estejam emergindo na realidade trabalhada;
- A geração da "força coletiva"[7] – em que se manifeste, resultante da criação do "movimento coletivo conjunto"[8] na realidade

---

6. Paulo Freire (1987, p. 79), ao dizer que "ninguém educa ninguém, ninguém se educa sozinho", visto que todas as pessoas se educam entre elas, "mediatizadas pelo mundo", afirma o diálogo como categoria fundante do conhecimento emancipatório. "Na teoria dialógica da ação, os sujeitos se encontram para a transformação do mundo em CO-LABORAÇÃO" (*ibidem*, p. 227).
7. "O efeito do trabalho combinado não poderia ser produzido pelo trabalho individual, e só o seria em um tempo muito mais longo ou numa escala muito reduzida. Não se trata aqui da elevação da força individual através da cooperação, mas da criação de uma força produtiva nova, a saber, a força coletiva" (Marx 2006).
8. Como descrevo em Guimarães (2004), apesar de ficar parecendo redundante "coletivo conjunto", tenho com isso a intenção de reforçar a ideia de que não se constitui simplesmente um movimento que agrupa forças individualizadas (partes) de forma aditiva (relação simples e reduzida) e, sim, o movimento de um conjunto

de intervenção, o fortalecimento do movimento contra-hegemônico, alcançando maior poder de pressão social;

- O surgimento de práticas sociais diferenciadas – que se consolida na práxis individual e coletiva, que rompe com as ações individualizadas e comportamentalistas das ações educativas. Superação do senso comum e das armadilhas paradigmáticas. Intervenções pedagógicas que inter-relacionem local e global, pelo exercício de uma cidadania planetária. Manifestação do valor de cuidado como estruturante de relações.

A presença desses indicadores na realidade resultante da ação educativa, mesmo que de forma embrionária – já que todos representam aspectos não referendados pelo paradigma da modernidade –, são demarcadores da efetividade e da intencionalidade de se realizar um processo formativo de educação ambiental crítica.

Situação de intencionalidade educomunicativa

O registro, difusão das ações e articulação com outras iniciativas pela intencionalidade educomunicativa, pressupõe a metafísica da ação, o "tudo junto ao mesmo tempo agora na relação". Manifesta-se a intencionalidade coletiva conjunta como um movimento constituinte da transição paradigmática, que dá visibilidade às emergências (Santos 2002) de novos modos de ser e estar no mundo. Isso causa/reforça, de forma educativa, uma aura, subjetivamente percebida pelos participantes desses movimentos emergentes como ações não isoladas, mas constituintes de um movimento conjunto de transitoriedade. Acreditamos que, assim, se potencializam a autoestima individual-coletiva e a coesão sinérgica do movimento, pela percepção-sensação de pertencimento a um todo maior;

---

complexo que produz sinergia pela interação entre as partes, as partes no todo, o todo nas partes.

o movimento de emergência de um novo modo de vida, que não é apenas individual (fazendo a minha parte), ou de pequenas iniciativas coletivas isoladas, mas de uma nova sociedade em gestação.

Para que haja reforço na intenção de causar transformações significativas na realidade local-global, deve constar nos objetivos dessa práxis educativa a intencionalidade educomunicativa para com outras iniciativas e movimentos sociais em curso. Tem-se esse objetivo com o intuito de repercutir essas ações/transformações para além de uma escala local, que possa de forma sistêmica cooperar com a visibilidade desses movimentos em diferentes escalas. Acredito que a intencionalidade educomunicativa, ao sincronizar objetivos e práticas comuns diferenciadas das dominantes, predispõe e potencializa conjunturas de transformações em uma perspectiva não linear de evolução e causalidade. Além disso, fortalece e amplia a potência sinérgica dos participantes dos movimentos sociais ao se perceberem como sujeitos individuais e coletivos pertencentes a um movimento coletivo conjunto em uma escala maior.

Em função disso, destaca-se a importância dos registros das ações realizadas, para que se possa fazer o importante trabalho de divulgação, pois não podemos esquecer que há uma tendência à invisibilização e ao silenciamento das ações que não são hegemônicas. Demonstrar concretamente a existência desse movimento e suas possibilidades é revertermos à crença no "caminho único" do que é real.

Relatamos anteriormente situações de um processo formativo, em uma práxis de intervenção pedagógica de educação ambiental. Acreditamos que, no desenvolvimento dessas ações educativas na sociedade, se promova a formação de uma nova cultura de sustentabilidade socioambiental com a população em geral, realizada por educadores que vão se constituindo como educadores ambientais no processo de construção de suas identidades como sujeitos ecológicos. Dessa forma, nos acreditamos participantes na construção de uma sociedade mais justa e equilibrada.

PARTE III

SEMEANDO A TERRA

Foi na caminhada descrita até aqui que vim, estimulado pela criticidade, me forjando como educador. Mas impactado pela crescente gravidade e urgência das questões socioambientais, antevia subliminarmente em meu íntimo a necessidade da radicalidade dos processos formativos que pudessem de forma potente contribuir com transformações significativas dos indivíduos e da sociedade. Isso, diante da conjuntura tão desfavorável da emergência de uma nova realidade socioambientalmente sustentável, que se manifesta, por exemplo, na fragilidade e ainda incipiente inserção dessa ambientalização da sociedade, que tem na educação ambiental um de seus mais importantes instrumentos.

Porém, é uma educação dominada pelo não ambiental, em que essa questão se colocou historicamente recente, que está pouco presente no cerne das políticas públicas estruturantes da realidade socioambiental e que se reflete na incipiência dessa dimensão nos educadores que se formam. Tudo isso tem por consequência a fragilidade das ações de EA escolarizadas ou não. É nesse cenário que me pergunto: quem educa esses educandos e educadores que queremos ambientais?

Baseados nessa questão, passamos a pensar em nosso grupo de pesquisa os processos formativos em duas dimensões que se interpenetram.[1] Numa dimensão mais ampla de processos formativos de educação ambiental, todas essas referências da perspectiva crítica, que vimos até aqui descritas, predispõem os educandos a um ambiente favorável às transformações e à transição paradigmática na tentativa de inserir essa dimensão ambiental em sua formação cidadã. Impulsiona-nos, porém, pela incipiência e pela fragilidade desse movimento diante do que é hegemônico, a pensar numa dimensão mais radical de um processo formativo de educadores ambientais

1. Entendo, na emergência que a gravidade da situação socioambiental se apresenta e pela incipiente ambientalização que ainda temos hoje, que esses dois processos formativos, de educação ambiental e de educadores ambientais, se complementam. O primeiro processo propicia massificar essa ambientalização na sociedade, tornando-a mais receptiva e proativa às transformações que se fazem necessárias. E, "junto e misturado", o segundo, qualitativamente mais radical, forma os agentes que, por seu engajamento, tomam a frente, como lideranças ativas, dinamizando os movimentos de transformações mais significativas que proponham e conduzam processos educativos de construção de novas relações socioambientalmente sustentáveis.

que venham a ser dinamizadores engajados e comprometidos com essa necessária radicalidade dos processos formativos de educação ambiental e que venham a contribuir significativamente na ambientalização da sociedade, diante da gravidade e da urgência da crise civilizatória que vivemos.

Uma dimensão radical, de quem se aprofunda na raiz da questão e mergulha na formação de sujeitos transformados-transformadores como educadores atuantes em sua esfera de vida (privada-pública) comprometida com a construção da sustentabilidade das relações de um outro modo de vida; portanto, um construtor de utopias, do "inédito viável" de Freire, em direção a uma sociedade socioambientalmente sustentável por vir.

Numa impressão subliminarmente presente em minha própria caminhada de formação, intuía que, para mim, apenas a criticidade reflexiva ainda não era suficiente para atingir essa radicalidade formativa. Foi então, com base em uma experiência muito significativa de vida, que percebi uma possibilidade de radicalidade formativa. Juntei a isso experiências anteriores que me colocaram nesse caminho, conversando com outros educadores ambientais que me relataram também o quanto foram significativas experiências de vida, para muito além do sistema formal de educação, para que eles se tornassem o que são hoje. É nesta parte destes escritos que quero apresentar o que começamos (no plural de uma ação coletiva) a descrever como uma proposta teórico-metodológica de formação (radical) de educadores ambientais, que estamos denominando de "*com*vivência pedagógica".

Cheguei aqui caminhando por um campo em formação e nesse campo, para além de laços teóricos, foram se forjando laços afetivos de pessoas que, ao querer o bem se querem bem. Num mundo de liquidez das relações, de dissolução dos afetos, de fortalecimento das forças excludentes, que dissolvem o sentido integrador de pertencimento, de comunitário, sentir-se acolhido a coletivos que se autorreforçam, se irmanam num caminhar utópico por um mundo melhor, amoroso, sustentável, é um movimento de empoderamento de um sujeito coletivo e de emergência de um outro mundo.

No campo da educação ambiental, em sua diversidade e, até mesmo, no antagonismo de um viés conservador, vejo a semente de um sentido de comunidade aprendente que se constitui sensível a outras relações construtivas, que se opõe à destruição da natureza e à degradação socioambiental.

Nesse sentido, as parcerias na caminhada, a constituição de grupos de estudo/pesquisa são oportunidades do exercício do estar juntos, como um ambiente educativo necessário para uma práxis que promove teorias e práticas diferenciadas. Meu agradecimento particular à acolhida que tenho em nosso grupo de estudos e pesquisa (Gepeads/UFRRJ) e tantos amigos, presentes ou não nestes escritos, que fiz nessa caminhada conjunta.

1
CAMINHANDO JUNTOS

Mauro Guimarães

A percepção da interligação das diferentes dimensões (sociais, políticas, econômicas, culturais, ecológicas) que compõem a questão ambiental é uma mudança importante na perspectiva de uma compreensão mais complexa, menos reducionista acerca do meio ambiente e da educação ambiental. Porém, ao acompanhar ações educativas, muitas das vezes, ela não parece ter provocado em seus participantes uma compreensão mais complexa dessas relações entre as diversas esferas que envolvem a temática, sobretudo no que tange aos aspectos econômicos e sociais, normalmente priorizados e particularizados nas percepções. Parece que nesses processos formativos, mesmo quando se busca uma reflexão crítica, o distanciamento entre essa reflexão e uma prática que a aplica (práxis pedagógica atrelada à vivência) não propicia uma boa situação educativa para que se dê a superação desejada.

Educação ambiental, como vivência pedagógica, é um processo que supera a ideia da separação entre sujeito (educador) e objeto (educando). Não é um ato apenas de transmissão de conhecimento em que o educador ensina algo externo da sua vida que deve ser "colocado na cabeça" do educando (educação cognitivista). Mas é, sim, um processo de ensino-aprendizagem em que educando e educador ensinam e aprendem, ambos, na vivência da práxis (teoria e prática se retroalimentando) de uma intervenção na realidade cotidiana de suas vidas. Essa vivência é integral, mergulhada, interligada, encharcada de vida; como diz uma conhecida frase de Paulo Freire, educar é encharcar de sentido cada ato da vida cotidiana.

As vivências dos que participam do processo educativo se complementam, concorrem e antagonizam, como indivíduos em um grupo que interagem com a realidade social complexa e na relação indivíduo-sociedade-natureza se interligam na vivência contextualizada no "glocal" (global no local e local no global) em sua crise socioambiental da contemporaneidade que a ciência fartamente nos apresenta. O ambiente educativo de ruptura com essa realidade em crise se dá nessa vivência com o outro, humano-natureza, sobre outras percepções e relações com o mundo. É, portanto, uma experiência relacional de vivência, extremamente pedagógica.

Todas essas situações formativas que estamos explanando constituem um ambiente educativo de convivência, de viver com o outro – ser humano-natureza. Essa é uma experiência relacional construída pelo educador ambiental com a intencionalidade pedagógica de ruptura com a armadilha paradigmática; de criar possibilidades de vivenciar novas relações no processo educativo. Essas relações são vividas intensa e profundamente pelos participantes, em seu sentido pleno de realização de suas humanidades. Nesse ambiente, estabelecemos relações estruturantes de uma nova realidade, baseada no sentido e no exercício de doação de um para outro, da amorosidade, da solidariedade, do cuidado, do respeito às diferenças e da valorização da diversidade. São sentidos vividos como forças motivadoras de uma práxis de intervir, pela ação política, no enfrentamento da construção de novas relações em um novo modo de ser e estar no mundo, que tem na modernidade, em seu paradigma disjuntivo, a referência a ser superada em um novo modo de vida.

Dessas iniciativas e movimentos emergentes no mundo, vislumbra-se a construção de um outro modo de organização social em sua forma de produzir, consumir e conviver, em que esse ambiente educativo possa ser o germinador de uma nova dimensão do trabalho humano não alienado; ou seja, de um outro ser em outra sociedade. Ambiente educativo de autorrealização com o outro, em que a realização e a felicidade de um são dependentes da realização e da felicidade do outro. Vivenciando a completude de relações dialógicas constituidoras de seres éticos, em que o outro é fundamental para minha existência. Esses seres, em sua práxis de intervir no mundo, são constituidores do novo em uma transição paradigmática, referenciada em uma realidade ainda utópica, mas em construção.

No processo formativo, o educador possibilita o exercício de humildade, de generosidade, de reverência na relação com o outro, constitutivo de um ambiente de religação do que foi disjunto em nosso mundo atual. Isso é vivenciar o *religare*, a dimensão religiosa do processo formativo, que na amorosidade, com uma postura ética, firme, de luta contra as injustiças e degradações socioambientais, constitui uma práxis pedagógica de educação ambiental na perspectiva crítica em que acreditamos.

O sentido que venho construindo de crescimento humano se dá na autoformação do "sujeito ético",[1] em que, na experiência fundamental, existo pelo outro que me antecede; portanto, é o compromisso existencial com esse outro (humano-natureza) em busca da humanização, o que percebo como o "ser mais" freiriano. Mas é a autoformação, não no sentido de busca do *seu* caminho particular, pois assim se daria focado exclusivamente no indivíduo, na parte, mas no sentido de um processo no-indivíduo-na-relação (unidade parte-todo). Para mim, o sujeito ético é

1. Sem querer (e nem poder) fazer grandes discussões sobre ética e filosofia, utilizo-me aqui da expressão "sujeito ético", sabendo que outros autores já a utilizaram. Mas foi ouvindo uma colega explanar sobre Emmanuel Lévinas – a questão da alteridade e sua radicalidade na perspectiva de que "o outro me antecede" –, que a expressão "sujeito ético" me provocou bastante. Não tenho, porém, ao utilizar essa expressão, a pretensão de fazer uma discussão com qualquer desses autores, apenas acho que expressa justamente o que pretendo dizer. Para Lévinas (2005), o ético antecede o ontológico, o indivíduo humano deve "ser-pelo-e-para-o-outro", o outro me antecede e está sempre acima de mim, o eu deve estar sempre cuidadoso para com o outro. Nota-se uma abertura radical ao outro que está ali antes mesmo da construção da minha identidade, portanto fundante da minha existência.

o que, ao não se separar da relação com o mundo, o outro, tem na relação dialógica o fundante de sua vida, priorizando-a. Posta-se na vida para a boa relação em bons encontros, como diria Espinosa (2007), que emancipa e não oprime, na manifestação do bem em uma formação humanitária.

Em várias linhas religiosas na história da humanidade, uma das buscas para o caminho da elevação espiritual se dá no exercício do amor, de fazer o bem, sendo bom em relação ao outro. Tenho aqui na minha frente, ao escrever, a imagem de são Francisco em meu jardim; o que representa a sua elevação espiritual, o que o faz referência até hoje? Para mim, a manifestação da amorosidade com a/na vida. Ter sido bom com o mundo, o outro, humanos e não humanos. Isso me parece algo essencial na mensagem de grandes avatares da humanidade, entre tantos outros: Buda, Lao Tsé, Krishina, Maomé, Brahma, Jesus – "ama ao próximo, como a ti mesmo". Amar é relação, cuidado, é reciprocidade de um com o outro. Portanto, como preexistência, só é bom para o indivíduo se for bom para a relação em que está inserido (indivíduos/mundo); eis a manifestação do sujeito ético em que a relação antecede o indivíduo. Acredito que, numa relação equilibrada da vida, não há prevalência do indivíduo, de sua vontade/querer, como se tivesse autonomia absoluta – ser livre é querer o que se pode, como diria Sartre –, assim como também não há uma determinação absoluta do mundo sobre o indivíduo, mas o movimento de síntese da interação de um na relação com o outro, da relação indivíduo-sociedade, parte-todo.

A boa relação como postura de vida me parece ser a manifestação do sujeito ético em um *buen vivir*.[2] O que entendo por fazer o bem para uma boa relação? É postar-se para construir o equilíbrio dessa relação – uma boa relação –, e isso não é negar o desequilíbrio. É, ao reconhecê-lo e considerá-lo como parte existencial legítima da realidade, pois a constituiu, buscar superá-lo (o desequilíbrio) na relação; o movimento se perpetua como vida. É estar *na* relação, no embate de contrários, "sem perder a ternura jamais", no exercício do bem, da generosidade com o

2. Princípio do conhecimento ancestral na cosmovisão andina, que busca o equilíbrio com a natureza na satisfação das necessidades.

outro (diverso e diferente), na dialogicidade que não oprime o outro, o que é uma postura inclusiva, amorosa do 1 com 1.

Assim, a formação do sujeito ético se dá num processo de conscientização, e, como já nos ensinava o mestre Paulo Freire, ninguém conscientiza um outro. A conscientização é um processo de humanização do próprio indivíduo, de manifestação do ser mais (de crescimento espiritual para outras linhas de pensamento), mas que não se realiza no indivíduo sozinho, mas sim em diálogo com o mundo, em colaboração (trabalhar junto) numa boa relação. Conscientização é a minha consciência em ação e eu ajo *no* mundo *com* o outro em um bem viver. Mas, apesar de ser uma autoformação, ela não se dá isolada, de forma individual, dicotomizando a parte do todo, mas num processo de convívio, no exercício da boa relação em bons encontros e da manifestação do sujeito ético.

É aqui, principalmente, que vejo a educação e o papel do educador. É o de criar um ambiente educativo propício à vivência da boa relação de seus educandos e dele próprio em experiências significativas. Esse ambiente educativo é desvelador dos conflitos, embates e movimentos do mundo hegemônico, que se constitui em relações de poder, de dominação e exploração de um sobre o outro, focado nos interesses do um, dicotomizado pela prevalência do antagonismo na relação. Essa situação dominante potencializa relações reducionistas e disjuntivas, desequilibradas, pois nega o outro num movimento excludente; opressora na hierarquização das relações em que um é mais e outro é menos; promotora das desigualdades exploratórias geradoras de injustiças e degradações socioambientais. Esse desvelar passa por uma educação problematizadora em embate com uma educação bancária dominante, tão evidenciada por Freire. Mas ao se gerar um ambiente afetivo-reflexivo de "confetos",[3] propício para esse conhecimento consciente da percepção

3. "(...) que não privilegie somente a racionalidade, mas que acolha os sentimentos, a subjetividade e a afetividade na construção e produção do saber. No tecer CONceitos com aFETOS, os CONFETOS ousam conjugar o verbo amar entre ciências e arte", assim denominado pela amiga educadora Michèle Sato (2009).

de mundo ser manifestado na ação dos educandos (que somos todos), cria-se um ambiente educativo de práxis (reflexão-ação) pedagógica propícia à manifestação do sujeito ético em sua boa relação com o mundo, uma conexão de sujeitos éticos de intervenção pela práxis na realidade em busca de relações mais equilibradas, pois dialógicas em relações horizontalizadas, menos degradantes, potencialmente estruturantes de uma realidade socioambientalmente sustentável. Intervir na realidade pela práxis é um processo individual e coletivo recíproco; tudo junto ao mesmo tempo, agora, na relação. E, para enfrentar as forças dominantemente estruturantes de uma realidade disjuntiva em suas relações de poder que geram a crise socioambiental em que vivemos, faz-se necessária a manifestação, pela práxis, de forças conectivas da amorosidade. Forças essas constituídas e constituintes de novas relações de sujeitos éticos, coletivamente organizados, que intencionalmente se contrapõem para superar efeitos que hegemonicamente geram desequilíbrio. Isso é potencializar a emergência de um movimento educativo relacional em sua dimensão política que se contrapõe à hegemonia da sociedade moderna. Possibilitar um ambiente de vivência amorosa com o outro em uma *com*vivência pedagógica, numa boa relação em bons encontros de um movimento que emerge e se insurge contra velhos valores e práticas que estão presentes na crise que vivemos. É a realização de um ambiente educativo em que o educador é seu dinamizador e que, como educandos que somos todos, na incompletude do ser que nos motiva a ser mais no 1 com 1, poderemos exercer como sujeitos éticos o sentido pleno de cidadania, atuando pela práxis numa existência melhor para todos, o que nos transcende (crescimento humano/espiritual) em nossa autotransformação e na transformação do mundo. A vivência desse "ser mais ambiental"[4] (Granier 2017) nesse movimento de vida como um sujeito ético em boas relações é a formação da identidade do sujeito ecológico; em que a parte e o todo se conectam, na construção da identidade do novo ser que anuncia a possibilidade do novo mundo.

4. Será mais bem desenvolvido no Capítulo 5.

2
EXPERIÊNCIAS SIGNIFICATIVAS COM SABERES TRADICIONAIS INDÍGENAS[1]

Heitor Queiroz de Medeiros
Mauro Guimarães

Vivemos atualmente uma crise sem precedentes. Uma crise em que, pela primeira vez na história planetária, uma espécie ameaça as condições ambientais da biosfera; ambiente onde se encontram as condições que mantêm a possibilidade da continuidade da vida. Uma espécie, a humana, que, em sua relação com a natureza, vem provocando uma escala de intervenção no equilíbrio dinâmico do meio ambiente, capaz de causar essa situação de risco para a continuidade da vida. Mas, quando nos referimos a nossa espécie, estamos falando da forma como indivíduos humanos, em um determinado modo de organização social, vêm historicamente construindo suas relações de dominação e exploração entre indivíduos e com a natureza que os circunda, causando a crise socioambiental. Esse modo de organização é a sociedade moderna ocidental em seu sistema econômico e político que se globalizou – o capitalismo.

1. Texto baseado em artigo de Guimarães e Medeiros (2016), um dos produtos do estágio de pós-doutorado (CNPq), sob supervisão da dra. Michèle Sato (UFMT-2015).

A sociedade moderna em seu modo de produção e consumo crescentes, constituiu-se referenciada pelo "paradigma disjuntivo" (Morin 1999), que expandiu suas relações para todos os cantões do planeta.

> As relações presentes nesses referenciais paradigmáticos disjuntivos (Morin 1999) se estabelecem de forma reduzida e simplificada, pois ao priorizar uma parte em relação ao todo (indivíduo sobre a coletividade, sociedade sobre a natureza), particulariza-se o interesse (o foco) de um para com o outro, priorizando um dos lados dessa relação. Essa prioridade do particular estabelece relações hierarquizadas de poder, em que um é mais (melhor, superior) que outros e que, para se manter, constitui um padrão relacional que é estruturante da modernidade – relações de dominação e, fruto destas, a exploração: "civilizados" sobre "primitivos"; desenvolvidos sobre subdesenvolvidos; elite sobre subalternos; assim como também se reproduz nas relações étnicas; de gênero; na relação de dominação e exploração da sociedade sobre a natureza. (Guimarães e Prado[2] 2014)

Tempos difíceis esses de falta de perspectiva de uma luz no fim do túnel. A crise da contemporaneidade é representada como perigo de desordem, degradação, da desestabilização da realidade conhecida que reflete a hegemonia de um modo de produção econômica, e também de um modo de produção de conhecimento – a ciência moderna –, que trazem ambos, em sua leitura de mundo e ação, o cerne da degradação socioambiental.

> A problemática ambiental mais que uma crise, é um questionamento do pensamento e do entendimento, da ontologia e da epistemologia (...) aprender a complexidade ambiental implica um processo de "desconstrução" do pensado para pensar o ainda não pensado, para

2. Consideramos relevante, para este escrito, esclarecer que o autor destacado, Carlos Prado, é um indígena quéchua boliviano, que exerce a etnomedicina (jumpire), detentor de grande sabedoria ancestral e que, apesar de não ser acadêmico, tem uma grande interlocução com a área acadêmica, sendo inclusive botânico autodidata.

> desentranhar o mais entranhável de nossos saberes e para dar curso ao inédito, arriscando-nos a desbaratar nossas últimas certezas e a questionar o edifício da ciência. (Leff 2003, pp. 19 e 23)

Até a própria percepção de crise, quando baseada nesses referenciais disjuntivos, reforça uma compreensão única de perigo e risco, não percebendo o que, na filosofia oriental, se apresenta como um sentido complementar. Para essa filosofia, crise é o risco da perda da ordem estabelecida, mas ao mesmo tempo a oportunidade de o novo surgir e, com isso, a possibilidade de sua superação. Queremos chamar a atenção para uma das muitas dimensões desse processo de degradação, que se situa nas relações instituintes de dominação e exploração. Essas relações que provocam uma dicotomização excludente da diversidade, pois afirmam, pelas relações de poder, a primazia de determinada posição como sendo a verdade e o caminho único, em que quaisquer outros são inferiorizados e colocados à margem da realidade social. É dessa forma que se apresenta a epistemologia científica da modernidade, como o conhecimento maior, detentor da verdade, do real e que no contato com outros saberes os subjuga, ou pela exploração desses saberes, ou por seu silenciamento.

> Compreendemos epistemicídio como a subalternização do saber ao conhecimento; ou seja, ele acarreta a morte de um conhecimento local por uma ciência alienígena. Tenho vindo afirmar que nos encontramos em uma fase de transição paradigmática, entre o paradigma da modernidade, cujos sinais de crise me parecem evidentes, e um novo paradigma com um perfil vagamente descortinável, ainda sem nome e cuja ausência de nome se designa por pós-modernidade. Tenho mantido que essa transição é sobretudo evidente no domínio epistemológico: por baixo de um brilho aparente, a ciência moderna, que o projeto da modernidade considerou ser a solução privilegiada para a progressiva e global racionalização da vida social e individual, tem se vindo a converter, ela própria, num problema sem solução, gerador de recorrentes irracionalidades. Penso hoje que essa transição paradigmática, longe de se confinar ao domínio epistemológico, ocorre no plano societal global. (Santos 1994)

Nessa perspectiva mais complexa, pretendemos demonstrar, neste período de crise ambiental, socioeconômica, civilizatória, de paradigmas, a importância de nos voltarmos para a ruptura com as armadilhas que esse modo hegemônico de um pensamento único traz para o contexto atual. Pensarmos a realidade com base nos referenciais que a constituem é a armadilha paradigmática desse pensamento único. Essa armadilha é um mecanismo (dinâmica) que mesmo sem um mentor (pessoal) proponente é de muita eficácia no plano simbólico subjetivo, pois produz em seu movimento a reprodução das percepções e relações hegemônicas constituintes da realidade como ela é: fragmentada, dicotomizada, excludente e que, para assim se manter, estabelece relações de dominação e exploração opressora, perpetuando além de outras relações de subalternização, o "epistemicídio" dito por Santos (1994).

No momento de crise precisamos, para superar o a grave situação socioambiental que aí está, buscar a oportunidade do diferente que nos dê novas referências de pensar e agir para transformar a realidade socioambiental degradada. Precisamos sair do círculo vicioso e inconsciente de agir ("no automático"), referenciado pelo paradigma disjuntivo da modernidade, abrindo-nos para outras leituras de mundo que nos inspirem na diversidade e contribuam para sermos diferentes e fazermos diferente. Esse é o compromisso de uma educação ambiental que vem se consolidando como crítica, transformadora e emancipatória.

O educador, apesar de bem-intencionado, pode se manter alienado. Não que haja uma aceitação do discurso dominante por parte dele, mas, ao reproduzir (inconscientemente) a forma hegemônica de ver o mundo, não se produz um tensionamento por uma prática diversa e, assim, a resultante é reprodutivista na constituição do real. Para ruptura dessa armadilha paradigmática é necessário provocar, pela práxis pedagógica, o estranhamento da visão dominante pela reflexão crítica que se fertiliza na prática conjunta diferenciada (fundamentalmente no coletivo) e que essa práxis promova condições concretas e simbólicas novas que permitam a percepção e a vivência de uma experiência pedagógica diferenciada.

Acreditamos que a convivência pedagógica com outras referências epistemológicas, como das cosmovisões ancestrais de sociedades indígenas, tem grande potencialidade neste momento de crise, em que precisamos nos fertilizar e semear outras formas de viver entre nós e com a natureza.

A postura inclusiva e relacional, que se contrapõe à atual, disjuntiva dominante, possibilita a superação da dimensão excludente da modernidade, pela atitude reflexiva crítica em meio à amorosidade (força que junta), não permitindo assim que se fique na negação do outro. Viver uma nova relação com o outro e com o mundo é estar numa postura integrativa, que reforça o sentimento de pertencimento na amorosidade e é reforçada por ele, criando uma nova forma de estar e agir sobre o outro e com o mundo, em um processo de participação inclusiva na construção de novas relações horizontais e dialógicas.

O exercício dessas relações pode-se fazer no processo de aproximação e convivência com culturas indígenas, desconstruindo a visão hegemônica que coloca a sociedade moderna como mais, avançada, superior, e as indígenas como menos, primitivas, inferiores. Assim como a construção da postura possibilista, em superação da postura determinista da modernidade cientificista ocidental, que propala o discurso arrogante de quem detém a verdade. Dessa forma, retira a centralidade das leis prescritivas, predeterminantes, de verdades únicas, para as tendências abertas a diferentes possibilidades. Assim sendo, reconstrói-se, como processo formativo, um discurso e uma prática de humildade, presente nos saberes indígenas ancestrais, descentrando da exclusiva ação humana o destino do mundo e abrindo para algo que nos transcende. Para isso, nos despimos dessa noção arrogante e, no exercício da humildade, solidariedade e compartilhamento, nos colocamos em dialogicidade, educadores e aprendizes, numa convivência que acreditamos extremamente pedagógica e formativa para a educação ambiental crítica, transformadora e emancipatória.

Buscamos aqui nos apoiar no Tratado de Educação Ambiental para Sociedades Sustentáveis e Responsabilidade Global, construído a diversas mãos por educadoras e educadores ambientais de diversas partes do mundo durante o Fórum Paralelo à Conferência das Nações

Unidas sobre o Meio Ambiente e o Desenvolvimento (Cnumad), também conhecida como Eco-92 ou Rio-92, realizada no Rio de Janeiro no ano de 1992, que traz explicitamente no seu item II – Princípios da Educação para Sociedades Sustentáveis e Responsabilidade Global:

> 9. A educação ambiental deve recuperar, reconhecer, respeitar, refletir e utilizar a história indígena e culturas locais, assim como promover a diversidade cultural, linguística e ecológica. Isto implica uma revisão da história dos povos nativos para modificar os enfoques etnocêntricos, além de estimular a educação bilíngue. (...) 11. A educação ambiental valoriza as diferentes formas de conhecimento. Este é diversificado, acumulado e produzido socialmente, não devendo ser patenteado ou monopolizado.

Da mesma forma está na Lei n. 9.795/1999 – que institui a Política Nacional de Educação Ambiental –, que define em seu artigo 4º sobre os princípios básicos da educação ambiental, no item VIII, o reconhecimento e o respeito à pluralidade e à diversidade individual e cultural. O arcabouço jurídico brasileiro nesse foco também está explicitado nas Diretrizes Curriculares Nacionais para a Educação Ambiental, regulamentado pela Resolução n. 2, de 15 de junho de 2012 do Conselho Nacional de Educação (CNE), que define como um dos princípios da educação ambiental, no artigo VI, respeito à pluralidade e à diversidade, seja individual, seja coletiva, étnica, racial, social e cultural, disseminando os direitos de existência e permanência e o valor da multiculturalidade e plurietnicidade do país e do desenvolvimento da cidadania planetária.

Esse reconhecimento da importância dos saberes de povos indígenas para a educação ambiental (EA) se deve ao fato inquestionável de terem manejado os recursos naturais de suas áreas ocupadas imemorialmente de maneira branda, aplicando estratégias de uso dos ambientes naturais de forma que não alteraram os seus princípios de funcionamento nem colocaram em risco as condições de reprodução desses ambientes. Portanto, podem ser referência para uma forma de vida e seus valores que, efetivamente, tenham na sustentabilidade socioambiental a base da organização social, além de uma das referências para nossa busca de transformação paradigmática que a EA vem trabalhando.

Temos claro que as concepções indígenas de "natureza" variam em função de que cada povo tem um modo particular de conceber e de compreender as relações que estabelece com o meio ambiente, mas sabemos também que todos têm em comum uma concepção identitária do que chamamos de mundo natural. Para eles é, antes de tudo, uma rede de inter-relações entre humanos e não humanos, o que significa dizer que existe uma interação permanente dos humanos com a natureza, numa relação de respeito e interdependência.

Os Yanomami, por exemplo, utilizam a palavra *urihi* para se referir à terra-floresta, que no seu entendimento é habitada e animada por espíritos, entre eles os espíritos dos pajés yanomami e que, portanto, também são seus guardiões. Dessa maneira, a natureza para essa etnia é um cenário, no qual a intervenção humana está presente de forma mítica e equilibrada.

Para Eduardo Viveiros de Castro (2015, p. 15), prefaciando o livro *A queda do céu: Palavras de um xamã yanomami*:

> Chegou a hora, em suma; temos a obrigação de levar absolutamente a sério o que dizem os índios pela voz de Davi Kopenawa – os índios e todos os demais povos "menores" do planeta, as minorias extranacionais que ainda resistem à total dissolução pelo liquidificador modernizante do Ocidente. Para os brasileiros, como para as outras nacionalidades do Novo Mundo criado à custa do genocídio americano e da escravidão africana, tal obrigação se impõe com força redobrada.

Nosso desafio como educadores e educadoras ambientais é avançar na implementação desses princípios. Ou seja, sermos capazes de efetivamente trazer, para o centro das definições das políticas públicas e do processo de implementação da educação ambiental na qual acreditamos, esses povos indígenas como interlocutores privilegiados, não só como referência, mas como educadores e educadoras ambientais, parceiros preferenciais em nossos fazeres cotidianos. Aprender com eles e ensinar, na medida de nossas possibilidades, junto com eles, em situação de igualdade dialógica. Precisamos, portanto, avançar na consolidação dessa parceria com os povos indígenas no cotidiano das ações de educação ambiental, reconhecendo, inclusive, que são nossos parceiros preferenciais na preservação ambiental.

Sabemos que os povos nativos têm, mais do que ninguém, consciência da sua dependência física e principalmente cosmológica na relação com a natureza, da qual não buscam se afastar, como culturalmente vem fazendo a lógica da modernidade. Pelo contrário, se sentem e são parte integrante dela, e em função dessa forma de ser natureza, desenvolvem maneiras de usá-la racionalmente. Inquestionavelmente, os povos indígenas têm contribuído para a preservação da cobertura florestal no Brasil, pois a maior parte das áreas protegidas no país está dentro dos territórios indígenas. Mesmo sabendo que alguns poucos grupos, por necessidade de sobrevivência, já se envolveram com formas predatórias de exploração da natureza, principalmente na Amazônia, por intermédio de alianças com empresas madeireiras e com o agronegócio – claro, sempre como sócios menores –, isso não tira das comunidades nativas o protagonismo na preservação de áreas florestais.

Porém, na contramão dessa forma de estar no mundo, a prevalência da competição e da concorrência na sociedade moderna capitalista provoca, pela fragilização crescente do mais fraco, tamanha desigualdade social e degradação ambiental; ou seja, a gravíssima crise socioambiental que nos acompanha. Na natureza há também competição, mas integrada a uma dimensão de totalidade; uma competição cooperativa para a manutenção das condições da vida como um todo.

Nesse processo de individualização do ser humano na sociedade moderna, que condensa sua percepção de mundo muito focado em seu ponto de vista, a parte se sobrepõe ao todo. Perdemos, assim, de forma reducionista, ao priorizarmos a parte, a noção plena, mais complexa de conjunto. A perspectiva mais complexa de conjunto parece possuir uma forma de autorregulação, que possibilita a competição ser ao mesmo tempo cooperativa na dimensão do todo. Criamos, porém, uma organização social em cujas relações de produção a competição é somente antagônica à cooperação.

Em organizações sociais coletivizadas, em que o individualismo está menos acentuado, existem regulações míticas, que perpassam pela cosmovisão desses povos, numa espécie de inconsciente coletivo – o saber que faz o caçador, em sua competição contra a caça, ter noções de limites de seus atos (que é coletivizado e para o coletivo), cooperando para a manutenção das condições de perpetuação da vida (sustentabilidade). Isso se dá, por exemplo, quando o caçador acredita que não possa matar uma fêmea que esteja prenha, pois isso significa trazer má sorte para ele e sua comunidade. Parece que, para nós, superindivíduos da modernidade, uma possibilidade de ouvirmos novamente essa "consciência" maior, é nos percebermos e agirmos como menor, desconstruindo e diluindo esse indivíduo condensado em si mesmo, nessa dimensão maior individualista.

Dentro do mundo disjuntivo em que vivemos, resgatar o sentimento de pertencimento e de integração promove a postura inclusiva e relacional em uma vivência diferenciada de formação do "sujeito ético", que supera (ir além) a perspectiva individualista (da parte), para tornar fundamental o outro – natureza, como também outro indivíduo e outra cultura. Rompe-se a dicotomia parte-todo, interpenetrando-se ao outro. Na cosmovisão de povos tradicionais, a não dicotomização das partes enaltece as relações. A vida como existente nas relações, as sacraliza. Torna o outro ser fundamental, sacralizado na relação, para a manutenção da minha vida. Portanto, o sagrado está no cotidiano, na ação concreta (do ritual por exemplo), não há separação matéria-espírito. Há uma sacralização no viver e o que torna o ato respeitoso nas relações. Aspecto esse que, vivenciado por nós, realiza-se como extremamente pedagógico em processos formativos de educação ambiental, formando-se um sujeito ético num *religare* como práxis.

No curso de sensibilização para o pertencimento, o processo pedagógico posta-se a desenvolver o estado de reverência pela celebração, não pelas conquistas de uma arrogância cognitiva sobre a natureza, mas pelo compartilhamento em um estado conectivo de corpo-mente-alma, como forma de superar a atual perda da noção de limite da sociedade moderna, da convicção do ser humano supranatural. A postura dialógica do processo formativo exercita, pela práxis, a humildade, a solidariedade de forças conectivas encampadas pela amorosidade e compartilhadas de uma atitude reflexiva crítica.

É com o desenvolvimento desse sentimento de pertencimento, numa relação dialógica com o outro, que o processo formativo de educação ambiental construirá a ponte de aproximação com outras culturas e referências epistemológicas, que nos torne receptivos e ativos, acolhidos e acolhedores de novas relações com o outro, baseadas em outras referências paradigmáticas.

Dessa forma, acreditamos em processos educativos que provoquem, mesmo como efeito demonstrativo, vivência de relações participativas, colaborativas em imersões nas culturas indígenas, sem a presença de relações competitivas fundantes das relações de dominação, produtoras das desigualdades – experiências em que o sentimento de pertencimento atenua os interesses particulares sobre os coletivos e viabiliza uma convivência em que a opressão não seja a marca das relações e que essas se deem de forma mais integrada, equilibrada (entre os diferentes interesses) e dialógica; portanto, sustentável.

A realização do diálogo com a intencionalidade de uma "interculturalidade crítica"[3] é uma práxis transformadora, na medida em que ao nos colocarmos numa relação simétrica de escuta, abertura e respeito ao outro realizamos uma forma diferenciada da hegemônica de ser e estar no mundo. Pelo caráter de reciprocidade do diálogo, potencializa-se uma intencionalidade comunicativa que, em sua emergência no mundo, decolonializa e subverte o pensamento dominante.

---

3. "(...) possibilidade de conviver em uma nova ordem e lógica que partam da complementaridade e das parcialidades sociais. Interculturalidade deve ser assumida como ação deliberada, constante, contínua e até insurgente, entrelaçada e encaminhada com a do decolonializar" (Walsh 2009a).

A difusão desse movimento se faz contra-hegemônico no interstício da própria globalização, que hegemoniza suas relações, mas dialeticamente aproxima emergências difusas, fortalecendo-as, propiciando brechas ruptoras do sistema dominante. Portanto, a aproximação com essas culturas baseada nessas novas relações é instituinte de uma realidade outra, que subverte o silenciamento imposto pela intervenção de uma práxis pedagógica, que contribui na emergência de um outro mundo, resultante da interculturalidade.

Defendemos a imersão e a convivência com esses outros saberes tradicionais que muito têm a nos ensinar: que seu caráter pedagógico é o de experienciação de outras relações calcadas em outros referenciais paradigmáticos, que desvelam o nosso mundo e nos colocam em práticas diferenciadas. Assim, relatamos, com base na convivência cotidiana das aldeias da etnia Krahô, de Tocantins, alguns modos de vida que demonstram suas cosmovisões e práticas integrativas que, ao serem vividas, se encharcaram de caráter pedagógico.

Ao convivermos com esses indígenas e sermos aceitos em seu cotidiano, há uma prática entre eles de um *mehĩ*[4] (índio) batizar o *cupê* (não índio) com o seu nome, transformando-o em um *ipãntu* batizado. Em suas tradições, o que recebe o nome indígena passa a ocupar o mesmo lugar de quem o batizou nas relações de parentesco, passando a ter uma família krahô, com quem estabelece relações de consideração e compromisso. Esse ato, que é significado coletivamente por todos nas diferentes aldeias krahô, traz um sentido simbólico, de cunho afetivo, que constrói forte sentimento de pertencimento a esse grupamento.

O ritual de batismo passa pela anunciação de um ancião, que, em meio a cânticos, apresenta o *ipãntu*, com seu nome krahô, a toda a aldeia reunida no pátio central. A ritualística e a forte vivência do acolhimento pela família, com a qual se passa a viver (alimento, moradia, afetividade), não se restringe àquela aldeia, mas a todo povo Krahô das outras aldeias

---

4. Agradeço a Letícia Krahô, da Aldeia Nova, pela transcrição dos termos da língua krahô.

que reconhecem aquele ato. O *ipãntu*, a partir disso, será acolhido por seus parentes nas demais aldeias e, se não houver, por qualquer *mehĩ*. O que valida isso são o ato e a palavra, pois, mesmo que o *ipãntu* não seja conhecido em outra aldeia, ao se apresentar como tal, as relações assim se estabelecem. Há nessa tradição um valor intrínseco de relações inclusivas, solidárias, de honestidade, de verdade na palavra, que se realizam na construção do sentimento de pertencimento.

Há por eles o reconhecimento da unidade familiar, mas, vendo as crianças, percebe-se que, quando atingem a independência de circular sozinhas pela aldeia, elas vivem soltas, sempre juntas, dificultando para os forasteiros saberem quem é filho de quem. Elas são, antes de tudo, krahô, mesmo reconhecendo-se como parte de uma família. O pertencimento à etnia é tão forte que o nativo volta a se sentir no mundo em uma dimensão menos individualizada, se comparada à nossa sociedade.

Esses laços são construídos cotidianamente nos ritos, nas festividades, nos fazeres diários. Um evento significativo disso é toda a ritualística que envolve, em uma festividade, a produção de um alimento tradicional, o "paparuto". Alimento feito com uma massa de mandioca recheada de carne, é assado em fogueiras em meio a pedras. Mas a sua produção tem toda uma ritualística que realiza muitos significados; começa pela carne, que é distribuída em pedaços para todos os integrantes da aldeia. Após receberem seus pedaços de carne, circulam pela aldeia levando o pedaço para familiares de outras casas. Ao chegar, estabelecem conversas, que representam o exercício da convivência social e, ao doar-lhes o pedaço de carne, seus familiares irão preparar um "paparuto" que será assado embrulhado em folha de bananeira durante toda a noite. Isso faz com que todos da aldeia circulem em uma grande movimentação de conversas e ações de troca. No dia seguinte, retorna-se ao parente que preparou o "paparuto" para pegá-lo e levá-lo para o pátio, quando todos farão o mesmo e coletivamente colocarão os alimentos para todos consumirem. Ou seja, passaram-se horas numa atividade que o indivíduo doa o seu pedaço de carne para lhe prepararem o seu "paparuto", para, ao fim de tudo, ser partilhado por todos. Mais uma vez a dimensão coletiva se sobrepõe à do indivíduo.

A configuração espacial das aldeias é circular, em que as casas, normalmente vinculadas a um grupo familiar, se colocam no extremo do arco, viradas para o centro, formando o *karin*. Não há início e fim, primeiro e último, mais e menos, maior e menor. As casas se assemelham e todas são voltadas para um espaço comum. Não há um sentido de propriedade particularizada, mas de um espaço coletivizado no qual a igualdade é mais visível e estruturante que a diferença. Isso não significa a negação da particularidade, pelo contrário, a estrutura social dos Krahô é bem demarcada pela dualidade; no entanto, não é dicotomizada, disjunta.

Por exemplo, eles se dividem em dois grandes grupos, os que pertencem ao partido do verão (*katâmjê*) e os do partido do inverno (*wacmêjê*): todos fazem parte de um ou de outro. Essa divisão tem a ver com a organização da governança das ações em períodos do ano (verão e inverno), em que se revezam na direção de atos e festividades. São diferenças de funções, mas não uma diferença que hierarquize e demarque desigualdades e antagonismos. Isso fica evidente quando vemos o cacique *pahhi*, que, diferentemente da figura do chefe em nossa sociedade, que está numa posição particularizada acima, superior, para eles não. O *pahhi* exerce uma função que é distinta, referenciado por sua autoridade reconhecida coletivamente, mas numa postura dialógica, em que as decisões são coletivizadas e ele é o condutor delas, como indivíduo submetido às decisões do coletivo. Como sujeito, ele é parte, mas não dicotomizada, o que não provoca a hierarquização. É uma parte complementar ao todo, ao coletivo. Isso se dá também nas diferenças das funções masculinas e femininas, bem demarcadas na divisão de trabalho. Mas essas diferenças não se estabelecem numa relação hierarquizada; as atividades são vivenciadas e significadas como complementares e não desiguais.

Um outro bom exemplo dessa dualidade não dicotomizada é a atividade da corrida de toras, presente nas festividades, em que corredores dos dois partidos (*katâmjê* e *wacmêjê*) competem numa corrida de equipes, que vão revezando as toras e correndo, até chegarem na aldeia. Há uma equipe vencedora, mas que normalmente é desafiada pela que chegou depois. Nova corrida se realiza e o que eles buscam é o empate, quando todos se sentem satisfeitos para comemorar na festividade. Há uma competição entre as partes, mas em um contexto de complementaridade em que prevalece o todo. Isso não gera antagonismo dicotômico entre as partes, mas uma vivência integrativa de uma competição colaborativa. Bem diferente das torcidas "organizadas" da nossa sociedade, corporativas, voltadas para a sua parte, com o olhar raivoso para os outros, vistos como seus antagonistas, às vezes do seu próprio time.

Da mesma forma, um olhar sobre os Guarani e os Kaiowá, em Mato Grosso do Sul, mas também presente na cosmologia dessas etnias em outras regiões do país, nos mostra o quanto temos que aprender com os seus saberes tradicionais, com a conexão presente em sua forma de estar no mundo, a partir de sua cosmovisão, em que a espiritualidade e a natureza estão interligadas.

Portanto, a nosso ver, a educação ambiental tem muito a aprender com os saberes desses povos, o que significa estabelecer efetivamente relações interculturais numa posição de aprender com eles, invertendo a lógica da colonialidade, que secularmente impõe os modelos da lógica ocidental a esses povos.

Essa relação intercultural a partir da educação ambiental busca inverter o processo; ou seja, em vez de colonizar, ensinar aos povos indígenas o que é correto e desejável do ponto de vista da modernidade, ou do estabelecimento de um modelo de sociedade e do nosso "progresso", reconhece nesses povos, na sua cultura, em sua cosmologia, uma referência exemplar de como construir modos de estar no mundo, dentro do que a educação ambiental propugna como a construção de sociedades sustentáveis.

Para o professor kaiowá Eliel Benites, em sua dissertação de mestrado:

> O mundo, na nossa visão indígena, é uma conexão entre o mundo físico e o espiritual. Para perceber estas relações, é necessário ter a sensibilidade ou as visões que possibilitam compreender estes

mistérios, sinalizados pelo mundo físico. As florestas, a terra, o vento, os rios, o sol e a lua, as estrelas, os relâmpagos e toda a manifestação da natureza, têm suas linguagens e vozes, que precisam ser compreendidas e interpretadas. Toda essa diversidade de linguagens da natureza constitui, também, as linguagens dos Kaiowá e Guarani. Estar em constante ligação com esta rede de equilíbrio da natureza é o papel fundamental da nossa atuação, a partir da postura de um corpo espiritualizado. (Benites 2014, p. 57)

É essa conexão tão necessária do natural com o espiritual que reivindicamos também como formativa para a educação ambiental, buscando assim contribuir com a construção de novos paradigmas no que o tratado de educação ambiental reivindica – a construção de sociedades sustentáveis. Essas referências são muito bem explicitadas por Benites (*ibidem*, p. 58), que percebe claramente que os elementos da natureza são todos ligados e a atuação de homens e mulheres deve ser orientada com base na mitologia, na crença, na religiosidade, tendo como perspectiva o equilíbrio total do mundo.

Por outro lado, o ser indígena kaiowá e guarani também é marcado, profundamente, pela necessidade de conexão com a espiritualidade, e de obter uma referência maior para a condução do seu jeito de ser, na perspectiva da constituição do Teko Marangatu (jeito sagrado de ser), tendo em vista chegar ao Teko Porã (jeito bonito, ou belo, ou bom de ser), condição necessária para vivenciar, verdadeiramente, o mundo kaiowá e guarani, tendo a conexão com o mundo real (físico) e o mundo espiritual.

O que propomos como subsídios para a educação ambiental de que falamos se articula também com o que o pesquisador kaiowá Isaque João traz em sua dissertação de mestrado. Aproximar a educação ambiental que queremos da educação no sistema kaiowá, que, segundo ele, busca "colocar em prática o canto, para aperfeiçoá-lo continuamente, ajustando as vozes e mantê-las no nível celestial, que o Kaiowá denomina de *teko araguyje*" (João 2011).

Bergamaschi e Menezes (2009) reforçam essa noção presente entre os Guarani, de articulação nos processos próprios de aprendizagem, que desde a infância traz em si a relação intrínseca com a natureza, afirmando que para as crianças guarani existe um tempo contínuo entre tempo de trabalhar, tempo de brincar, tempo de comer, tempo de conversar, tempo de tomar banho e isso tudo é parte de um só movimento.

Essa sensibilidade pedagógica, que está presente nos saberes tradicionais dos povos indígenas, é imprescindível para a educação ambiental na construção de sociedades sustentáveis. O desafio maior é o abandono da lógica homogeneizadora dos conhecimentos da modernidade, que de forma arrogante se pretendem universais.

Os saberes dos Kaiowá e Guarani são apenas uma das possibilidades, sabendo que esses compreendem o mundo e explicam o seu surgimento com base na relação intrínseca com a espiritualidade. Eles elaboram um significado cultural para explicar a origem do mundo com base na experiência das gerações e que está ligada de forma umbilical ao território onde se estabelecem; ou seja, é pelo território onde enterraram seu umbigo que é possível construir a referência para a vida em sua plenitude.

Dessa perspectiva, os próprios indígenas se questionam e nos questionam ao estabelecimento das relações interculturais, como mostra Lescano (2016, p. 45) em sua dissertação de mestrado.

> O entendimento do que é uma cultura? De onde ela vem? É fundamental pensar sobre ela, sempre no entendimento em que ela não está explicito [*sic*] em língua guarani, foi pensada por povo que não é indígena, ela tem seu entendimento e espaço de onde veio com sua estrutura e formação muito intencional e com poder da palavra. Existe inúmeras explicação e conceituação [*sic*] do que poderia ser uma cultura, mas é necessário que os povos indígenas pensem isso a partir do seu contexto e explique [*sic*] para outras sociedades.

Nessa linha de indagação, o mesmo autor reconhece que o processo por que passaram e passam os Kaiowá e os Guarani não permite mais a busca de um purismo cultural, mas sim reafirma a necessidade do diálogo intercultural, mas que seja também a partir da referência dos povos indígenas, porém não mais como processo colonizador e, portanto, afirma:

> O campo cosmológico tradicional é vasto e verdadeiro, infelizmente os outros conhecimentos devastaram por meio de diversos mecanismos. E agora precisa ser refortalecida [*sic*] por meio de novos instrumentos que se estabeleceu [*sic*] no contexto, porque é [*sic*] os conhecimentos tradicionais que mantem [*sic*] a diferença no sistema cultural, mas também precisa ser considerado que o conhecimento tradicional não é mais o único conhecimento que permeia na vida do Guarani. (*Ibidem*)

Está posto, portanto, um desafio de grande potencialidade para o campo da educação ambiental: o diálogo intercultural com os povos indígenas no cotidiano de nossas práticas, lembrando que o respeito aos mais velhos é uma dimensão que a educação ambiental busca construir em sua prática. Essa é uma outra perspectiva fundamental na construção de sociedades sustentáveis e que está ligada aos saberes dos povos que têm na oralidade a base de manutenção de sua cultura. Isso não significa um abandono à cultura da escrita, mas uma retomada no caminho da valorização da memória dos anciões, que se estabelece também no encantamento da contação de histórias, que só os mais velhos têm em sua memória, com a responsabilidade do repasse intergeracional.

Para os Guarani e os Kaiowá, os mais velhos da comunidade são considerados sábios, exatamente porque têm uma experiência maior, portanto são os detentores das histórias de seu povo, e por isso o seu prestígio e sua importância são reconhecidos e respeitados na comunidade. Sobre isso nos fala Ramires (2016, p. 42):

> A territorialidade para nós, Kaiowá e Guarani, tem o significado espiritual e material, no *Tekoha* começa a nossa origem, onde nasceu o nosso ser Kaiowá e Guarani, o *Teko* é a vida e o ha um espaço, nesse sentido *tekoha* é uma "aldeia", onde vivem as pessoas, reúnem-se as famílias, o rezador – *ñanderu* é a autoridade máxima responsável pela organização social, o que ele fala são respeitados e onde todos

> acatam a decisões, os pais/as mães toda tarde vão para casa de reza, participam das festas tradicionais como cerimonia de milho jerosy e guachire, por isso os jovens adquiriram boa educação, não anda pelo mal caminho, por que o *ñanderu* ajuda as mães educar seus filhos e as vivência em harmonia. [*sic*]

Os Kaiowá e os Guarani são historicamente conhecidos como povo da mata (*ka'aguygua* ou *ka'aygua* = os da mata), sendo que o próprio nome kaiowá vem dessa denominação, por escolherem para a localização de suas aldeias preferencialmente as áreas de mata.

Sobre a relação desse povo com a natureza, Colman e Brand (2008, pp. 158 e 159) afirmam que os Kaiowá e os Guarani também são povos agricultores, atividade que vem sendo desenvolvida secularmente baseada numa relação intrínseca com o seu território:

> Os Kaiowá e Guarani são agricultores e profundos conhecedores dos ciclos da terra, dos melhores solos e de variedades de mandioca, feijão, abóbora ou milho. Nesse sentido, merece especial destaque o milho, que tem importância vital para os Guarani e os Kaiowá (...). Uma das suas mais importantes festas é a festa do milho – *avatikyry/ avati ñemongarai*, onde se abençoam o milho e os demais "primeiros frutos", significando a abertura para o consumo da produção. Era nessa ocasião, também, que, tradicionalmente, realizava-se o ritual de iniciação dos meninos kaiowá, perfurando o lábio inferior. O dono do milho, Jakaira, era um ente importante e de referência, o que confirma a íntima relação entre o mundo dos humanos, da natureza e da sobrenatureza.

Essas formas de vivenciar o cotidiano de maneira não disjuntiva se refletem nos atos, nos rituais, nas festividades em que essa postura integrativa diante do mundo coloca os povos indígenas como partes complementares à natureza. Nessa interação intrínseca vital, na relação sacralizada com a natureza, na qual não se veem à parte, se percebem natureza, numa relação de vida plena que nos transcende como seres humanos.

E, por fim, a percepção pedagógica de quanto o sentido de crescimento, desenvolvimento e progresso não é estruturante na vida desses povos. Para nós, sociedade moderna, esse é o caminho do sucesso, de se alcançar o que motiva o nosso caminhar, a busca da felicidade. Para nós, isso passa pelo crescimento da capacidade de consumo e, para isso, de obtenção de riqueza. Vivenciar o cotidiano de uma sociedade para a qual a acumulação de riqueza e progresso não tem sentido estruturante do seu modo de vida, mas, que mesmo assim, é feita de pessoas que vivem uma vida feliz, deixa evidente que outros valores fundantes para se viver são possíveis. Não há um caminho único.

Vivenciar tudo isso da nossa perspectiva é estar imerso em uma forte experiência de ruptura do paradigma da disjunção. É vivenciar um estar no mundo em religação, portanto em um estado religioso (*religare*); é algo que vai muito além de vivenciar cognitivamente essa experiência, que é como tradicionalmente a sociedade moderna realiza os processos formativos. Acreditamos que outras epistemologias, formas de viver dos saberes tradicionais dos povos indígenas têm muito a contribuir na superação da grave crise socioambiental que vivemos.

3
CONSTRUINDO A "*COM*VIVÊNCIA PEDAGÓGICA"[1]

Mauro Guimarães

A crise como pressuposto

Começo fazendo coro com Michel Löwy (2017, s.p.) quando denuncia o caminho do ecossuicídio que nossa civilização está trilhando:

> A civilização capitalista industrial moderna é um trem suicida que avança, com rapidez crescente, em direção a um abismo: as mudanças climáticas, o aquecimento global. Trata-se de um processo dramático que já começou (...). A partir de um certo nível de elevação da temperatura, será ainda possível a vida humana neste planeta?

Acreditar que podemos, cada vez mais, extrair recursos naturais para transformar em mercadorias, muitas delas desnecessárias e supérfluas, para garantir uma economia que não pode parar de crescer, e tudo isso em um planeta finito e limitado em seus recursos, parece que é querer baixar os olhos para não ver o abismo que se aproxima.

1. Texto baseado no artigo de Guimarães (2018).

Nossos alimentos animais, por exemplo, são criados como mercadorias, vivendo como objetos encarcerados, sem a mínima preocupação com suas qualidades de vida, em ambientes insalubres, controlados por uma química medicamentosa intoxicante, voltados exclusivamente para o aumento da produtividade e gananciosos lucros.

Acreditar que a qualidade de vida desses outros seres não nos afeta, como se estivéssemos isolados de tudo isso, consiste em nos iludirmos, julgando que somos independentes das relações vitais que compõem a natureza. Parece que é olhar e não querer ver que a degradação da natureza nos contamina, nos destrói e desumaniza.

Acreditar que é com mais desenvolvimento econômico e progresso tecnológico que resolveremos os grandes problemas socioambientais que afligem a grande maioria dos seres viventes, hoje, no planeta, demonstra que há algo incoerente na forma de pensar desse modelo civilizatório que se globalizou – pois esses problemas se intensificaram e se agravaram, justamente, no período histórico atual, em que esse modo de organização social mais gerou riqueza e atingiu o nível de desenvolvimento tecnológico jamais visto. Parece que essa incoerência é baixar os olhos para não ver o veneno dado continuamente como remédio ao enfermo intoxicado.

Acreditar que ser vitorioso socialmente é adquirir riqueza e poder implica estar míope para a degradação ética, social, ecológica causada pelo padrão relacional de dominação e exploração prevalente na modernidade, que enriquece e empodera uns poucos, às custas do abuso e da degradação de tantos outros seres humanos-natureza.

Vivemos pelos paradigmas da modernidade, que nos disjuntam e hierarquizam as relações (uns que são mais e muitos outros que são menos), pela crença de que somos, como espécie, os seres superiores e, por isso, subjugamos todos os outros seres animados e inanimados que se conjugam como natureza, submetendo-os aos nossos únicos e exclusivos interesses particulares (a parte superior aos outros). Essa noção vem distanciando, cada vez mais, a sociedade humana da natureza, criando uma percepção de não pertencimento, como se fôssemos senhores da natureza. Dessa mesma forma, reproduz-se nas relações sociais uma elite de senhores que não se identifica com os subalternos da sociedade, humanos que todos somos.

Tudo isso disjunta, simplificando e reduzindo a compreensão de uma realidade socioambiental complexa, que vai se constituindo em uma grave crise que ameaça a vida de todos nós, natureza que somos também.

Essas referências paradigmáticas são estruturantes do nosso modo de organização social que, hegemonicamente, dominou e se globalizou, atingindo uma escala planetária. Vivemos, hoje, essa grave crise que é mundial.

Modelo civilizatório em degradação

Esse modelo civilizatório (capitalista, financeiro-industrial, moderno), que é como "um trem suicida que avança, com rapidez crescente, em direção a um abismo" (Löwy 2017, s.p.), hipertrofia a presença humana na vida. Essa postura diante da vida/natureza representa o desequilíbrio gerado, quando uma parte, numa dimensão hipertrofiada, se sobrepõe às demais, na ilusão de que, como dominador, superior, se coloca como o Todo-poderoso, porém exerce um poder degradante e destrutivo das relações de equilíbrio ecológico, assim como de equilíbrio social.

No equilíbrio do bem viver,[2] as partes são conectadas e interdependentes, no entanto, o ser social moderno, em sua arrogante crença de dominação, jamais se coloca como dependente de outro, antes, apresenta-se como senhor. Visão que produz a cegueira de um conhecimento que, em sua racionalidade instrumental,[3] constrói a crença

2. O bem viver, como princípio da cosmovisão do conhecimento ancestral andino *buen vivir*, refere-se a saber viver em harmonia com os ciclos da Madre Tierra, Pachamama, compreendendo que a deterioração de uma espécie é a deterioração do conjunto.

3. Refere-se, em última instância, à dominação da natureza para fins lucrativos pelo capitalismo, colocando a ciência e a técnica a serviço do capital. Teóricos da Escola de Frankfurt, principalmente Horkheimer, identificam a origem da irracionalidade do sistema na razão instrumental.

de um caminho único, cheio de certezas, que predetermina um modelo de vida para todos e proclama o fim da história.[4]

Esse conhecimento é resultante de uma tradição iluminista que engendrou uma ciência moderna, no âmbito da qual a razão sobrepuja a emoção, em uma pretensa neutralidade que busca, numa objetividade, sobrepor a subjetividade de forma positiva, para ditar verdades como certezas e afastar o medo das incertezas. Que, na separação das coisas, disjunta matéria e espírito, superlativando o materialismo consumista do individualismo em detrimento de uma percepção espiritualizada da vida coletiva, em comunidade. No extremo, nos coloca isolados em nós mesmos, construindo grades para nos isolar e manter o senso de controle, como nos condomínios de luxo, ilhas em meio a um mar de miséria dos nossos grandes centros urbanos.

Essas presunções e posturas dominadoras, excludentes, individualistas, particularistas, economicistas e cientificistas, dessa visão social de mundo que se planetarizou, trazem um forte indicador de colapso desse modelo civilizatório. Colapso quando esse modo de ser e estar de dominação e exploração da sociedade humana diante da natureza provoca os problemas ambientais numa escala planetária, como as mudanças climáticas, extinção em massa de espécies, contaminação das águas, entre muitos outros, que, infelizmente, ameaçam a vida na Terra. Como também esse modo de ser e estar de dominação e exploração de uma elite social sobre os demais, que, numa escala globalizada, produz cada vez maior concentração de riqueza, promovendo uma desigualdade excludente em todo o mundo, o que gera a violência social crescente das drogas, das armas, da segregação social e espacial das cidades, da migração desesperada dos desvalidos pela fome e guerras no mundo. E a reação a toda essa crise, pela mesma forma de pensar disjuntiva e excludente, se dá no recrudescimento do fascismo, no desvelamento

4. É a tese defendida por Francis Fukuyama (1992), logo após a queda do muro de Berlim, propondo que, com o capitalismo e a democracia burguesa, a humanidade teria atingido o ponto culminante de sua evolução.

do racismo, nas radicalizações sectárias político-religiosas e outras manifestações que apontam para a barbárie.

Um retrato espacializado desse processo de degradação da vida, da natureza, é o processo crescente de urbanização desse modo de vida da modernidade e que vem gerando o que estou, aqui, chamando de "escala desumana de vida".

Grandes centros urbanos são o lócus da modernidade. A manifestação espacial desse processo de acumulação crescente e ilimitada de capital que, ao se concentrar, gera um fluxo da dinâmica desse modo de vida para o espaço urbano.

O moderno está nas cidades. O que está na roça, nas aldeias indígenas, onde a natureza está mais presente de forma não dominada/transformada, consideramos primitivo. O crescimento urbano tornou-se inerente a essa forma de desenvolvimento da modernidade, símbolo do progresso desse modo de vida. As cidades pequenas caminhando para médias, as médias para grandes, rumando para metrópoles globais. Esse é o caminho único prescrito e de desejo produzido e inquestionável de progresso, o qual seguimos e desejamos sem parar para pensar.

Nesses centros urbanos que se agigantam, adensam-se populações vivendo cada vez mais dessa forma disjuntiva, individualistas e materialistas em um consumo desenfreado e ensimesmado. Isso para suprir um senso de realização com externalidades superficiais e alienantes, para preencher um vazio existencial da falta de realizações interiores, algo que é da essência do processo de humanização e que se realiza por meio de relações harmoniosas da amorosidade[5] com o outro – indivíduo, comunidade, natureza.

É nessa direção que se intensificam, como um dos maiores e crescentes males da modernidade, a depressão, a falta de sentido para a vida, a sensação de solidão em meio às multidões, a síndrome do pânico,

5. Como nos apresentou Paulo Freire (1987), é no processo de humanização, no reconhecimento da incompletude do humano, que se dá a busca do ser mais nas relações dialógicas de amorosidade com o outro, com o mundo.

o isolamento do mundo real pela virtualidade imperante das redes sociais. Sentimentos presentes em um modo de vida disjuntivo em que as relações se diluem e escorrem para o mundo virtual de uma modernidade líquida[6] (Bauman 2001).

A esses sentimentos que falseiam o sentido de realização da vida, que na dimensão hipertrofiada da modernidade manifestam-se profundamente nos centros urbanos, junta-se uma série de outras repercussões degradantes e em desequilíbrio desse modo de vida nas relações entre os próprios humanos e destes em sociedade com a natureza. Essa dimensão hipertrofiada das ações e consequências da presença humana na vida do planeta é que chamo de escala desumana de vida.

A escala desumana de vida manifesta-se, exponencialmente, nesses espaços urbanos quando, resultado do consumismo desse modo de vida disjuntivo, a concentração energética e de recursos é suprida pela drenagem exploratória e degradante de um fluxo que se importa de outros espaços não urbanos e que, hoje, se avizinha aos limites planetários.

Marx, segundo Foster (2005), já denunciava isso como a falha metabólica[7] do modo de produção capitalista na relação dilapidante da sociedade para com a natureza. Esse modo de organização social possui uma pegada ecológica[8] de um megaimpacto, muito acima de qualquer outro ser vivente no mundo. Assim como também nos distanciou muito de uma escala humana de vida em que a reprodução individual e coletiva era garantida em uma intervenção mais local e em menor escala, como, já na década de 1970, E.F. Schumacher (1979) apresentava em sua interessante obra *O negócio é ser pequeno*.

Essa escala desumana também está presente quando nesses espaços urbanos o processo de degradação socioambiental se concentra

6. Para Zygmunt Bauman (2001), na sociedade contemporânea, emergem o individualismo, a fluidez e a efemeridade das relações. Para ele, vivemos tempos líquidos em que nada foi feito para durar.
7. Para maior entendimento, ver Foster (2005).
8. Expressão usada para referenciar a contabilidade ambiental que avalia a pressão do consumo das populações humanas sobre os recursos naturais.

e se intensifica. Nessa modernidade concentrada nos centros urbanos, convivemos, ao mesmo tempo, com ambientes poluídos, degradados socioambientalmente em moradias precárias; lixo crescente e contaminação das águas; transportes incapazes de dar conta da concentração populacional e suas necessidades de deslocamento, que consomem grande parte do tempo da vida das pessoas; e com a crescente violência social e tantas outras mazelas da contemporaneidade.

Vivemos essa escala desumana de vida como rãs colocadas na água (que lhes dá vida) de uma panela em aquecimento e que, ao não perceberem, morrem cozidas na água fervente. Aceitarmos que as coisas sempre foram assim é estarmos sentados, passivamente, no "trem suicida que avança, com rapidez crescente, em direção a um abismo" (Löwy 2017, s.p.), acreditando que há somente um único caminho a seguir: o dos trilhos do trem da modernidade.

A transformação da realidade

É nesse ponto que acredito que a educação ambiental crítica pode contribuir para que, enfrentando a crise de um abismo que se faz imediato, possamos atuar para mudar o rumo do trem em que todos nós estamos embarcados.

Para isso, uma questão que venho me debatendo para resolver é como fazer com que os educadores ambientais possam, de fato, contribuir com a transformação significativa da grave realidade que se apresenta. Principalmente, desde que percebi em minha pesquisa de doutoramento (Guimarães 2003) que nós, educadores, mesmo que bem-intencionados em contribuir com o enfrentamento dos problemas ambientais, pouco efetivos estávamos sendo. Basta observar que, hoje, se faz educação ambiental (EA) muito mais que no passado, no entanto a sociedade degrada muito mais a natureza. A partir dessa pesquisa venho discutindo a armadilha paradigmática a que estamos sujeitos e que nos faz, em nossas ações, reproduzirmos inconscientemente os paradigmas disjuntivos da modernidade; justamente paradigmas que gestam os grandes problemas socioambientais e a crise civilizatória da atualidade, como desenvolvo em Guimarães (2004 e 2006a e b).

É muito forte a influência do paradigma disjuntivo na construção de uma razão instrumental que nos leva a acreditar no caminho único (a linha do trem) proposto pelo atual modo de vida da modernidade.

Morin (1997, p. 21) nos diz que o paradigma é a "estrutura de pensamento que de modo inconsciente comanda o nosso discurso". Essa inconsciência da estrutura de pensamento disjuntiva, que separa, hierarquiza a sociedade, estabelecendo uma relação de dominação e exploração do mais forte sobre os vulneráveis, está tão impregnada em nosso dia a dia, que nem mais a percebemos em nosso discurso e nossas ações. Fazemos desse jeito porque sempre foi assim; isso é tão normal, que nem mais pensamos nisso, apenas fazemos; isso representa um agir no automático, em que essa ação está, inconscientemente, impregnada de referências disjuntivas. Essa é uma importante influência do paradigma em nossa vida cotidiana: disjuntamos a reflexão da ação; deixamos de questionar o mundo como ele é e o aceitamos, passivamente, sentados no banco do trem rumo ao abismo, sem nem percebermos que está em acelerado movimento.

Como fazer para tirar o educador dessa inconsciência e desse agir no automático em suas ações educativas, para que possa, de fato, ser um sujeito dentro do trem, consciente de que está em movimento em direção ao abismo e que outro rumo é fundamental para salvar todos que ali estão?

Foi com essas questões – como enfrentar a radicalidade da crise civilizatória que vivemos?; como fazer com que os educadores ambientais possam, de fato, contribuir com a transformação significativa da grave realidade que se apresenta?; como fazer para tirar o educador dessa inconsciência e desse agir no automático em suas ações educativas? – que, em 2013, iniciamos um projeto de pesquisa[9] que buscou investigar

---

9. "Outras epistemologias no processo formativo de educação ambiental", financiado pelo Conselho Nacional de Desenvolvimento Científico e Tecnológico (CNPq 2013-2014), foi um projeto interinstitucional que contou com a participação de

o processo formativo do educador ambiental. Procuro enunciar, aqui, alguns dos passos dados.

A motivação para esse projeto se deu por uma experiência pessoal que considerei muito significativa, quando, em 2012, fui com outros professores e alunos da graduação de geografia da Universidade Federal Rural do Rio de Janeiro (UFRRJ), a um trabalho de campo em que ficamos uma semana convivendo na aldeia indígena krahô Pedra Branca, no interior do Tocantins. Foi uma semana de convivência muito intensa participando do cotidiano do modo de vida krahô.

Ao retornar para a universidade, percebi o quanto aquela experiência foi transformadora para mim e para muitos dos que participaram. Até então, sempre fui intelectualmente simpático à causa indígena, mas a partir de então a questão ganhou uma nova dimensão em minha vida, tornando-se fundamental no meu viver. Era algo que racionalizava como importante, mas, agora, também sentia como parte de minha vida, me aproximando de forma mais integral dessa realidade.

A radicalidade do processo formativo

Partindo disso, e entendendo a urgência e a necessidade da radicalidade no momento histórico de crise, nessa pesquisa juntamos um grupo de educadores ambientais em formação, com professores e alunos de pós-graduação e graduação. Procuramos, ao longo de um processo formativo de dois anos, propiciar ambientes educativos em que as armadilhas paradigmáticas pudessem ser desarmadas, para que os educadores se percebessem sujeitos dentro do trem. Uma forma que experimentamos como processo formativo foi provocar a ruptura com

---

três grupos de pesquisa: Grupo de Estudos e Pesquisa em Educação Ambiental, Diversidade e Sustentabilidade (Gepeads/UFRRJ), coordenado por mim; Grupo de Estudos em Educação Ambiental desde el Sur (GEASur/Unirio), coordenado pelo prof. dr. Celso Sanchez; e Grupo de Estudos dos Povos Tradicionais (Geopovos/UFRRJ), coordenado pelo prof. dr. Emerson Guerra.

o modo de vida da modernidade a partir desse choque de realidade na convivência intensa, imersa em um outro modo de vida, com base em referências totalmente diversas da modernidade, na busca radical do reencontro com o natural.

Essa imersão vivencial em uma realidade de vida totalmente diferenciada da nossa experiência como seres da modernidade deu-se com etapas preparatórias. Nessas etapas buscamos conhecer, cognitivamente, a cultura e a história dos povos Krahô (Tocantins), Guarani (Rio de Janeiro) e Quéchua (Bolívia), com quem pudemos, numa perspectiva intercultural, estabelecer um processo de convivência que se mostrou extremamente pedagógico para o processo formativo desses educadores. É esse processo formativo que estamos chamando de *com*vivência pedagógica.

Estamos, como pesquisadores coletivos integrantes do Gepeads, procurando investigar essa *com*vivência pedagógica como uma proposta teórico-metodológica para processo formativo de educadores ambientais, na radicalidade de tempos de crise civilizatória. Estamos investigando ambientes educativos de *com*vivência pedagógica em diferentes experiências de convívio de outros modos de vida, baseados em referências diversas da modernidade, como: comunidades alternativas; comunidade do Santo Daime; movimento de produtores de agricultura orgânica; comunidade Quilombola; e experiências vivenciais como o caminho de Santiago, Espanha.

Nesse ínterim, já produzimos publicações, dissertações, pesquisa de pós-doutoramento e estamos com teses de doutorado e dissertações de mestrado em andamento. Acreditamos, com isso, contribuir na formulação de uma epistemologia da complexidade ambiental (Leff 2003), fundamental para a construção do saber ambiental (Leff 2008, p. 231), necessária à mudança dos rumos da caminhada da humanidade,

> (...) sustentada por valores (qualidade de vida, identidades culturais, sentidos da existência) que não aspiram alcançar um estatuto de cientificidade. Abre-se aqui um diálogo entre ciência e saber, entre tradição e modernidade. Este encontro de saberes implica processos de hibridação cultural (...), onde se revalorizam os conhecimentos

> indígenas e os saberes populares produzidos por diferentes culturas em sua coevolução com a natureza, e onde estes se amalgamam com formações discursivas, teorias científicas (...). O saber ambiental levanta a questão da diversidade cultural no conhecimento da realidade, mas também o problema da apropriação de conhecimentos e saberes dentro de diferentes ordens culturais e identidades étnicas.

Estamos nesse esforço coletivo de pesquisa, identificando e descrevendo alguns princípios formativos que acreditamos importantes de serem vivenciados nesses ambientes educativos, tais sejam até o momento: *desestabilização criativa*; *indignação ética*; *reflexão crítica*; *postura conectiva*; *intencionalidade transformadora*.

O que acreditamos é que o educador no processo formativo, passando por experiências vivenciais profundas de ruptura com o modo de vida da modernidade, possa, como sujeito no trem, transformado e transformador, assumir em sua práxis o compromisso com outros modos de vida possíveis. Que seja um interventor no cotidiano, na construção de novas relações diversas dos padrões da modernidade, para que, como educador, cidadão, ator social, exerça o papel de dinamizador de movimentos emergentes[10] que se contraponham a essa realidade em crise. Movimentos potencializadores das reformas de pensamento e do processo de transição paradigmática (Santos 2000). Transição que se mostra urgente e necessária, de um modo de vida que, em crise civilizatória, está com suas certezas sendo colocadas diante do abismo.

10. Para mais esclarecimentos, ver Santos (2002).

4

O PERTENCIMENTO NO REENCONTRO COM O NATURAL[1]

Débora G. Graúdo dos Santos
Mauro Guimarães

No reencontro de pertencer ao natural, o pertencimento possui um sentido ontológico, de pertencer e ser (Lestinge 2004; Vieira 2012). Quando é entendido de forma individualista e competitiva, pelo sentido de posse, pode desencadear conflitos étnicos, culturais e religiosos (Lestinge 2004). De acordo com Sá (2005), em consequência do modelo de desenvolvimento capitalista estabelecemos relações de dominação e exploração artificiais no/com o mundo e, assim, nos esquecemos e nos afastamos da capacidade intrínseca do ser humano de pertencer. Não há ainda uma definição única do pertencimento; uma delimitação rígida seria simplista diante da complexidade que engloba esse sentimento. É importante, então, esclarecermos que não pretendemos esgotar os argumentos sobre esse fenômeno, mas pensá-lo como uma possibilidade

1. Texto baseado na dissertação de mestrado de Santos (2018), como desdobramento da pesquisa "Outras epistemologias na formação de educação ambiental" e de artigo publicado na *Revista Eletrônica do Mestrado em Educação Ambiental – Remea* (2020).

na construção de novas relações entre o eu, o outro e o universo, que potencializam a construção de identidade, da alteridade e as relações múltiplas, esferas inter-relacionadas na perspectiva da EA crítica.

Ignorar tais relações reforça "a coisificação de tudo e de todos, a banalização da vida, o individualismo exacerbado e a dicotomização do humano como ser descolado da natureza" (Loureiro 2009a, p. 94). Na atual conjuntura político-econômica brasileira, defendemos que "educar para pertencer" (Lestinge 2004) é uma necessidade. Mais do que apenas conhecer a natureza, é preciso pertencer a ela. Práticas pedagógicas que estimulem esse reencontro com o natural podem aflorar dimensões que foram rompidas no decorrer do desenvolvimento da sociedade moderna, como a amorosidade, o diálogo, a coletividade, a solidariedade e tantos outros sentimentos que nos integram ao todo.

É importante, mais uma vez, deixar claro que, quando defendemos o reencontro com o natural, não justificamos um retorno ao passado como sujeitos sem história. Para Morin (2003), esse "reencontro" (descrito também como "religação") é a chave para a transformação. E é essa transformação que defendemos.

Conforme aponta Morin (2005), é necessário compreendermos a complexa relação entre a unidade do múltiplo e a multiplicidade do uno. É importante evidenciar que a noção de complexidade dificilmente pode ser conceitualizada, como esclarece o autor (*ibidem*, p. 305), "por um lado, porque está emergindo e, por outro, porque não pode deixar de ser complexa". Para Morin, um dos princípios da teoria da complexidade é justamente a incompletude. Pensando nos seres humanos, como bem descreveu Paulo Freire em vários momentos de sua obra, somos seres inacabados e, claro, complexos. Quanto mais complexos, mais autônomos e mais dependentes das relações que estabelecemos com os outros seres e com o universo. Cabe aqui ressaltar que essa complexa autonomia, que é dependente também, é diferente da autonomia da razão, pautada no pragmatismo e no individualismo.

A ideia da complexidade contrapõe a fragmentação e a simplificação do conhecimento. De acordo com Petraglia (2008, p. 33), "ser complexo é poder oscilar entre tudo e nada; entre o todo e o fragmento; entre ordem e desordem; entre o pulsar da vida e a paradoxal estranheza diante da morte". Segundo a autora, uma educação complexa pode resgatar a essência da nossa humanidade. Entendemos a complexidade do *Homo sapiens* e a indissociabilidade do ser biológico-social (Morin 2000 e 2003) a partir da perspectiva de que "cada indivíduo é a síntese singular das relações sociais" (Labica, *apud* Loureiro 2006, p. 45). Loureiro (2006) alerta que, quando diluímos o particular de uma espécie (nesse caso, a espécie humana) em uma natureza abstrata, recaímos também no reducionismo. Desconsiderar que somos seres biológico-sociais, formados por conexões múltiplas, "é desprezar o caráter histórico do que fazemos, facilitando a culpabilização da humanidade como um todo homogêneo e idealmente concebido" (*ibidem*, p. 48).

Podemos relacionar a concepção de complexidade com os estudos de Humberto Maturana e Francisco Varela sobre o princípio complementar entre autonomia e coletividade, que mesmo que pareçam conceitos opostos, na verdade estão interligados. Suas teorias nos ajudam a pensar para além de uma matriz biologizante. Influenciados pelo movimento da II Cibernética, Maturana e Varela (1995) rompem com a ciência clássica, incluindo o observador no ato de observar (*apud* Pellanda 2009). De acordo com os autores, a realidade emerge com a ação do observador, o que ouvimos ou lemos é fruto das relações estabelecidas (teóricas, técnicas, ideológicas, entre outras) ditas/escritas a partir de uma lente: a de quem observa. O que não significa dizer que não existam outros olhares igualmente válidos. Para Carvalho (2004, p. 33),

> (...) nossos conceitos são assim como lentes em nossa visão da realidade. Tão habituados ficamos com os nomes e as imagens por meio das quais nos acostumamos a pensar as coisas do mundo, que esquecemos que esses conceitos não são a única tradução do mundo, mas apenas modos de recortá-lo, enquadrá-lo e, assim, tentar compreendê-lo, deixando sempre algo de fora ou que pode ser recortado por outro ângulo, apreendido por outro conceito. Os conceitos não esgotam o mundo, não abarcam nunca a totalidade do real.

Maturana e Varela (1995) reafirmam a não neutralidade da ciência. Em relação ao processo de ensino-aprendizagem, segundo os autores, é a partir do entrelaçamento do racional com o emocional que o conhecimento se constitui. Para eles, a razão é fundamentada na emoção. Partindo desse olhar, entendemos que a ação de educar se dá na relação (Guimarães 2004), uma relação de amor, como descreve Maturana (2004). Para Paulo Freire, educar é um ato de amor. É importante esclarecer que Maturana compreende o *amor* como uma força conectiva que nos liga ao todo (Pellanda 2009). O autor enfatiza que sua intenção ao falar do amor nunca foi "pregar o evangelho de Jesus" (Amai-vos uns aos outros). Como costuma dizer, seu ponto de partida é a biologia e, por isso, a biologia do amor.

Maturana (2004) conta que, ao falar do amor, muitos não entendiam o que de fato ele estava querendo dizer; geralmente romantizamos a palavra, o que dificulta o entendimento da teoria para além da questão do afeto. "O amor é a emoção que constitui o domínio de ações em que nossas interações recorrentes com o outro fazem do outro um legítimo outro na convivência" (Maturana 2002, p. 22). Para ele, os problemas atuais que afligem o mundo são reflexos históricos da falta de amor. Dessa mesma perspectiva, o fenômeno do conhecimento passa a ser explicado e entendido, por Maturana e Varela (1995), como um fenômeno biológico, porém, ultrapassando a compreensão do sistema nervoso, conhecer passou a englobar a complexidade dos processos estabelecidos nas relações múltiplas.

De acordo com Pellanda (2003, p. 1.381), "a lógica que subjaz a esses fenômenos sistêmicos e auto-organizativos não é mais uma lógica linear de causa/efeito, mas uma lógica circular com retroações". Para pensarmos a relação entre a EA e o sentimento de pertencimento a partir do conceito de *autopoiesis* (Maturana e Varela 1995), é importante descrever biologicamente as bases dessa teoria. *Poiesis* é uma palavra de origem grega e significa produção ou criação. Podemos dizer que um sistema vivo é autônomo, pois está constantemente se autoproduzindo/autorregulando, ao mesmo tempo em que é coletivo, pois constantemente mantém interação com o meio.

Segundo Maturana e Varela (1995), no livro *A árvore do conhecimento*, para compreendermos um sistema (no nosso caso um sistema socioambiental), devemos conhecer sua organização e sua estrutura. Como ponto inicial, os autores diferenciam organização celular de estrutura celular (vale lembrar que eles falam do ponto de vista biológico). Organização é o conjunto das relações existentes numa determinada estrutura molecular que precisa ser conservada para que algo se constitua/classifique como tal; didaticamente, representa a "identidade" de uma determinada unidade, enquanto a estrutura corresponde aos componentes e às relações que concretamente constituem essa unidade. É importante destacar que a estrutura pode mudar sem alterar a identidade.

Andrade (2012) tenta diferenciar organização de estrutura a partir do objeto "cadeira". Segundo a autora, para definirmos algo como cadeira precisamos observar os seus componentes e suas relações. A cadeira é uma cadeira em virtude da organização na relação dos seus elementos, mesmo que sua estrutura seja alterada, ou seja, mesmo que o objeto possua diversos modelos (estrutura), com a conservação de sua identidade (organização/função) sabemos que é de fato uma cadeira (Andrade 2012). Assim, Maturana e Varela (1995, p. 87), destacam que "os seres vivos se caracterizam por sua organização autopoiética", "diferenciam-se entre si por terem estruturas diferentes, mas são iguais em sua organização". Nem toda organização é autopoiética. Biologicamente, é o fato de uma célula possuir organização autopoiética que a caracteriza como autônoma em espaços de interatividade (Maturana e Varela 1995).

Segundo Andrade (2012), a autonomia é definida como uma fenomenologia biológica, enquanto a fenomenologia física corresponde ao espaço de interatividade, ou seja, o meio onde ocorre a interação celular. A autonomia é individual, porém para além da individualidade. Entendendo que o meio não altera a unidade e a unidade não altera o meio, essa relação circular é chamada de "acoplamento estrutural" (Maturana e Varela 1995). O acoplamento estrutural permite a formação ontogênica da célula, isto é, a relação que essa unidade possui com o seu meio na história do seu processo de desenvolvimento. De acordo com Grün (2010), o *desacoplamento* é a característica central dos desdobramentos da epistemologia cartesiana, em todas as dimensões (social, histórica, política etc.) e os sentidos de desenraizamento/afastamento.

Por tudo isso, transpondo as concepções de estrutura e organização para a esfera social, podemos pensar em uma "EA autopoiética", descrita por González (2013), como o movimento constante em que os seres vivos constituem o mundo e são constituídos por ele, mediados por redes de conversações tecidas nas relações cotidianas de embates e negociações. Simplificadamente: "Organismos (cada sujeito do grupo) e meio (o grupo) interagem constantemente" (Pellanda 2003, p. 1.383), de modo que essa interação (perturbação) pode desencadear um efeito, uma transformação em ambos. A partir das concepções autopoiéticas, Maturana e Varela rompem dualismos como: ser humano *x* natureza, natureza *x* sociedade, razão *x* emoção, objetivo *x* subjetivo, e tantos outros que dicotomizam a união do todo. Loureiro (2006) aponta a *poiesis* como uma dimensão da práxis (sem se esgotar na própria práxis).

No contexto autopoiético e no entrelaçar das relações, viver é conhecer e conhecer é viver (Maturana, *apud* Pellanda 2009). De acordo com as teorias de Maturana e Varela (1995), há um processo de mobilização interna disparado pelo que dizemos que dependerá da percepção de cada um, isto é, cada ouvinte ou leitor vai interpretar as perturbações a partir do seu momento de complexificação (Pellanda 2009). Andrade (2012) enfatiza que o conhecimento é resultado da inter(ação) aliada à reflexão. Por essa razão, Pellanda (2009) afirma que práticas alienantes, que não oportunizam aos alunos refletirem, são inibidoras do desenvolvimento pessoal, bem como o processo de ensino-aprendizagem em ambientes onde as relações humanas são restritas.

Maturana e Varela (1995) discutem, para além de "o que conhecemos", o "como conhecemos". Segundo esses autores, é importante esclarecer que o conhecer está no "fio da navalha", não podemos cair no discurso do idealismo extremado (onde a realidade objetiva é desconsiderada em vista das representações internas), ao mesmo tempo em que não podemos estar ancorados na objetividade extrema, o solipsismo (solidão cognitiva), que impõe uma passividade diante da realidade.

A perspectiva complexa considera que "por trás de uma ação (objetiva) há sempre um significado (subjetivo) construído em um mundo coletivo (intersubjetivo)" (Andrade e Sorrentino 2013, p. 92). Segundo os autores, compreender a complexidade da realidade significa considerar um universo invisível, subjetivo e intersubjetivo, além de multidimensional, sem desconsiderar, é claro, que tais dimensões influenciam diretamente na organização social. Da perspectiva "super-realista" (como se autodeclara Maturana), Andrade (2012, p. 119) conclui que o "conhecimento não é o produto apenas de nossa capacidade de reflexão interna, mas de nossa interação com o meio que nos cerca e da forma como atribuímos significados às coisas".

Em relação aos sistemas autopoiéticos, Maturana e Varela (1995), classificam como: de primeira ordem (que seriam as células), de segunda ordem (os organismos metacelulares) e de terceira ordem (os fenômenos sociais). A relação entre as unidades sociais é denominada de "comunicação" e "toda vez que há um fenômeno social, há um acoplamento estrutural entre indivíduos" (Maturana e Varela 1995, p. 216). Assim, é a transformação nos sistemas de terceira ordem que entendemos como fundamental para ruptura do paradigma disjuntivo, a desconstrução do pensado para pensar o ainda não pensado, como descreve Leff (2016). Buscamos pensar ambientes educativos que proporcionem um reencontro com o natural; como propõe Guimarães (2013b, p. 188), "vivenciar um ambiente em que se permita a consolidação de relações dialógicas [e horizontais] que se contrapõem às relações unidirecionais estruturantes da nossa realidade atual".

Por tudo que foi exposto até aqui, compreendemos a EA crítica, emancipatória e transformadora a partir de processos autônomos e coletivos que contribuem com a redefinição do ser humano como um ser da natureza, sem que este perca o senso de identidade e pertencimento a uma espécie que possui especificidades históricas (Loureiro 2009b). Loureiro e Viégas (2013) ressaltam que, por mais difícil que seja o entendimento das múltiplas relações que nos constituem, em consequência da nossa formação fragmentada, esse é um desafio que precisa ser enfrentado pelos que buscam a consolidação de novas formas de nos relacionarmos na/com a natureza.

Pertencimento: Um elo conectivo entre o ser humano, a sociedade e a natureza

> *Nossas ideias ou conceitos organizam o mundo, tornando-o inteligível e familiar. São como lentes que nos fazem ver isso e não aquilo e nos guiam em meio à enorme complexidade e imprevisibilidade da vida. Acontece que, quando usamos óculos por muito tempo, a lente acaba fazendo parte de nossa visão a ponto de esquecermos que ela continua lá, entre nós e o que vemos, entre os olhos e a paisagem.*
> Carvalho (2012, p. 33)

Renovar nossas lentes é o que nos propõe o autor. O sentimento de pertencimento ainda não é um conceito formalmente definido dentro do campo da EA, mas percebemos um movimento incipiente nesse sentindo. Visamos contribuir com essa discussão, sem a pretensão de esgotar os argumentos sobre esse fenômeno, até porque, diante da complexidade do pertencimento, consideramos reducionista a tentativa de delimitá-lo em uma caixinha. Queremos pensar "fora da caixa", pensar contra a correnteza do "caminho único" (Guimarães 2006a). Neste capítulo, elaboramos alguns indicativos da relação entre a construção do sentimento de pertencimento e o processo formativo para a consolidação de uma EA crítica, emancipatória e transformadora. Para *sulear*[2] esta discussão, utilizamos os elementos destacados com base na análise e interpretação dos dados coletados da pesquisa de Santos (2018), como: amorosidade, respeito, dialogicidade, acolhimento, solidariedade, vivência, convivência, cooperação, reflexão, identidade, tempo, criatividade, entres outros.

---

2. Inspirados por Paulo Freire, assim como pelo nosso amigo e companheiro de caminhada Celso Sanchez e seu Grupo de Estudos em Educação Ambiental desde el Sur (GEASur/Unirio), optamos por utilizar o termo *sulear* e não nortear. SULear é uma tentativa de dar visibilidade ao Sul, contrapondo-se às narrativas dominantes do Norte.

Pensar a relação entre o sentimento de pertencimento e o processo formativo de EA nos permite pensar em práticas de transformação social, pautadas em emoções que constituem o nosso "ser" humano e natural. O pensamento moderno dicotomizou a razão e a emoção; de acordo com Maturana (2002, p. 15), "não vemos o entrelaçamento cotidiano entre razão e emoção, que constitui nosso viver humano, e não nos damos conta de que todo sistema racional tem um fundamento emocional". Para o autor, a emoção determina nosso "domínio de ação", isto é, nossas ações são guiadas pelas nossas emoções, sejam elas boas ou ruins. Por isso, como já dito antes, Maturana descreve: "O amor é a emoção que constitui o domínio de ações em que nossas interações recorrentes com o outro fazem do outro um legítimo outro na convivência" (*ibidem*, p. 22). Ele diferencia emoção de sentimento, afirmando que não necessariamente um sentimento gere uma ação. Então, poderíamos dizer que o sentimento de pertencer pode potencializar a *emoção do pertencer*.

Pertencer, para além da lógica simplista e reducionista, requer do educador uma *postura conectiva*[3] consigo mesmo, com o outro e com o universo. Lestinge (2004) utiliza a expressão "ser-com-os-outros", de Heidegger. Essa conexão só pode ocorrer com o rompimento das relações culturais e historicamente construídas de poder, dominação e opressão presentes na sociedade moderna. Para a postura conectiva, torna-se fundamental a compreensão da complexidade parte-todo e da complementaridade entre autonomia e coletividade. Não podemos ignorar que somos seres formados por conexões múltiplas; somos natureza com singularidades que nos definem como espécie humana; somos, ao mesmo tempo, biológicos e sociais, emocionais e racionais (Morin 2000). Não podemos conhecer as partes sem conhecer o todo, muito menos conhecer o todo sem conhecer particularmente as partes, como descreve Morin (2000, p. 37).

---

3. A *postura conectiva*; a *intencionalidade transformadora*; a *reflexão crítica*; a *indignação ética* e a *desestabilização criativa* são princípios formativos presentes na "*com*vivência pedagógica", que vêm sendo descritos e formulados pelo coletivo de pesquisadores do Grupo de Estudos e Pesquisa em Educação Ambiental, Diversidade e Sustentabilidade (Gepeads/PPGEduc/UFRRJ).

A autonomia e a coletividade possuem uma relação de interdependência a partir da perspectiva sistêmica; pela óptica da simplificação/redução, na maioria das vezes, são considerados meros conceitos antagônicos. Essa relação de interdependência, corroborando o pensamento de Morin, significa que "o êxito do sistema como um todo depende do êxito de cada parte e, ao contrário, o êxito de cada parte depende do êxito do sistema como um todo" (Gutiérrez e Prado 2000, p. 20). A postura conectiva possibilita o "reencontro com o natural", como demonstra Granier (2017). No contexto escolar, já nos anos iniciais de ensino, aprendemos a compartimentar e não a unir as diversas áreas do conhecimento, com isso, como aponta Morin (2000), o mundo nos parece um grande quebra-cabeça com peças incompreensíveis e não percebemos o que está tecido junto, isto é, a complexidade insimplificável. Os educadores, geralmente, mesmo bem-intencionados, ao trabalharem as questões ambientais reproduzem práticas que reforçam a racionalidade hegemônica (Guimarães 2013c).

Romper com a "armadilha paradigmática" é uma das questões centrais dessa proposta de formação por uma educação ambiental crítica, como descrevem Guimarães e Granier (2017). Nesse sentido, a EA crítica é atrelada à *intencionalidade transformadora*. Compreendemos que a ação educativa não é neutra, mas permeada por sentimentos, crenças, desejos, teorias, valores e/ou outros estados intencionais éticos, filosóficos, políticos e culturais. Logo, sendo a EA crítica uma ação intencional de ruptura, está atrelada à promoção da *reflexão crítica*. Com base nos estudos freirianos, a *reflexão crítica* que se dá pela práxis, isto é, na relação reflexão-ação-reflexão, possibilita ao educador ambiental uma intervenção educacional processual ultrapassando o "agir no automático" (Guimarães 2015). Diferentemente da intervenção pontual (ainda que sequencial), a intervenção processual (no sentido de movimento coletivo conjunto) cria uma sinergia (1 com 1 > 2), como descreve Guimarães (2004). Esse movimento de ruptura com as relações verticais tradicionais de ensino propicia outras relações, horizontais e dialógicas.

Guimarães (2004) afirma que a ação de educar se dá na relação. Para Salke (*apud* Gutiérrez e Prado 2013, p. 19), "a relação é o fenômeno mais importante do universo", sendo assim, é fundamental compreender a relação que se estabelece no contexto empírico da construção do sentimento de pertencimento. De acordo com Grün (2010), a nossa "pertença" está diretamente ligada à nossa compreensão de mundo. Por isso, os conflitos socioambientais só podem ser resolvidos através dos "sentidos existenciais" (Leff 2011, p. 318), visto que tais conflitos, segundo Barcelos (2012), são criações autônomas e ao mesmo tempo dependentes do nosso existir. Diante disso, compreendemos que o sentimento de pertencimento compõe a identidade do educador, em especial do ambiental; é a essência do nosso "ser" humano. O pertencer, mesmo que possa estar esquecido/invisibilizado na sociedade atual, representa um sentido existencial, uma filosofia de vida que pode ser aflorada por atitudes básicas de solidariedade, cooperação, diálogo e outros.

Portanto, provocar nos processos formativos a postura conectiva em que o *dialógico* enseja um ambiente educativo onde as emoções (como o amor) possam ser vivenciadas. Para Barcelos e Maders (2016, p. 31) "vivemos em um ambiente cultural que fala o tempo todo do amor, contudo, as nossas ações fazem a negação deste amor". De acordo com os autores, nos acostumamos a falar sobre, a teorizar sobre, mas temos dificuldades de viver esse amor. Interessantemente, Catherine Walsh (2009a, p. 39; grifo do original) compreende o sentimento

> (...) como aparato político e existencial, como componente central de uma consciência dissidente e criativamente insurgente que pode intervir (e *insurgir*) tanto no interior como nas relações modernas/coloniais/neoliberais que mantêm a dominação e desumanização.

Inspirados pela autora, consideramos que práticas pedagógicas pautadas na amorosidade potencializam o "in-surgir", o "re-existir" e o "re-viver" (Walsh 2009a, p. 37), fundamentais para a construção de ambientes educativos radicais (não no sentido de radicalismo, mas no sentido de buscar raízes). O processo formativo de EA passa pela radicalidade (Guimarães e Granier 2017). De acordo com Morin (2003), frequentemente os problemas da educação são quantificados como a necessidade de mais ou menos algo, mais conteúdos e menos rigidez, por exemplo, o que não significa que não sejam importantes de serem pensados, entretanto são modificações pontuais e reducionistas que camuflam a verdadeira necessidade: a "reforma de pensamento". O autor revela que no enfrentamento das incertezas a reforma do pensamento é paradigmática. E ressalta que nenhuma grande reforma é feita de uma só vez, a mudança começa por uma minoria que sente necessidade de mudar, por isso:

> É preciso saber começar, e o começo só pode ser desviante e marginal. (...). E a reforma também começará de maneira periférica e marginal. Como sempre, a iniciativa só pode partir de uma minoria, a princípio incompreendida, às vezes perseguida. Depois, a ideia é disseminada e, quando se difunde, torna-se uma força atuante. (Morin 2003, p. 101)

Para a reforma do pensamento, a radicalidade torna-se fundante. Impregnados do/pelo desejo de mudança, educadores militantes radicais da causa socioambiental, transformados e transformadores, dinamizadores de movimentos contra-hegemônicos em suas esferas de atuação, são como semeadores de novas relações e formas de viver (Guimarães e Granier 2017). Essa força em oposição aos paradigmas hegemônicos da modernidade é entendida como resistência. O "*imprinting* cultural" (termo proposto por Konrad Lorenz),[4] de acordo com Morin (2000), marca os seres humanos desde o nascimento e prossegue ao longo da vida, normalizando um estado de aceitação, um conformismo cognitivo, nos fazendo acreditar que "as coisas sempre foram assim" e, por isso, determinações econômicas, políticas, sociais e culturais são incontestáveis como um "caminho único". Nesse sentido, a resistência representa uma emoção essencial contra nossas próprias inércias existenciais. Cabe ressaltar que resistir está intimamente atrelado a refletir criticamente.

Como já indicado por outros pesquisadores, a transversalidade da temática ambiental não garante a sua inserção e integração no contexto

---

4. Konrad Zacharias Lorenz (1903-1989), zoólogo, etólogo e ornitólogo austríaco, descreveu o processo de aprendizagem dos ganso e criou o conceito de *imprinting*.

escolar. Considerando a escola como uma instituição social em disputa, como descrevem Guimarães e Pinto (2017), torna-se fundamental no movimento contra-hegemônico a *indignação ética*. Diante do cenário de injustiças que vivemos, a *indignação ética* impulsiona o enfrentamento das "cegueiras" impostas pela sociedade moderna, proporcionando assim a "ousadia para inovar" (Guimarães 2004). A ética é inseparável da prática educativa e precisa ser vivenciada a partir da *reflexão crítica* (Freire 1996). Sendo a história tempo de possibilidade e não de determinismo, vale destacarmos um clássico freiriano:

> (...) inacabado, sei que sou um ser condicionado, mas, consciente do inacabamento, sei que posso ir mais além dele. Esta é a diferença profunda entre o ser condicionado e o ser determinado. A diferença entre o inacabado que não se sabe como tal e o inacabado que histórica e socialmente alcançou a possibilidade de saber-se inacabado. (Freire 1996, p. 23)

Somos seres inacabados, além disso, Paulo Freire alerta que precisamos reconhecer que somos seres condicionados, mas capazes de ultrapassar o próprio condicionamento. Portanto, retrocessos políticos e econômicos no contexto brasileiro e mundial podem até nos condicionar, porém, não nos imobilizar, não devemos ser apáticos perante esse cenário, ainda que, cruelmente, estejamos tensionados entre "o feijão e o sonho". Daí a importância da *indignação ética*. Cabe ressaltar que "não há ética nem política possível onde não há história como processo constitutivo que forma os padrões culturais que orientam nosso agir moral" (Grün 2010, p. 106). Freire é enfático sobre a importância de intervir e lutar e, para o autor,

> (...) não há prática social mais política que a prática educativa. Com efeito, a educação pode ocultar a realidade da dominação e da alienação ou pode, pelo contrário, denunciá-las, anunciar outros caminhos, convertendo-se assim numa ferramenta emancipatória. O oposto de intervenção é adaptação, é acomodar-se, ou simplesmente adaptar-se a uma realidade sem questioná-la. (Freire, *apud* Walsh 2009a, p. 29)

A intervenção que nos propõe Freire perpassa pela *desestabilização criativa*. Sendo a criatividade uma ação autônoma e coletiva (Maturana 2001), em relação às questões socioambientais, representa também uma possibilidade propulsora na ruptura da armadilha paradigmática. Na biologia do conhecer, criar é uma atividade biológica cognitiva e, ao mesmo tempo, um fenômeno social. Já desestabilizar quer dizer estar aberto ao novo, sair da zona de conforto. Compreendemos que a desestabilização ocorre a partir de um estranhamento inicial que permite uma desconstrução e posteriormente uma (re)construção que consequentemente gera uma nova (des)(re)construção de nossas percepções e práticas. Cabe ressaltar que entendemos que a *desestabilização criativa* não é espontânea, mas ocasionada pela *reflexão crítica* e pela *intencionalidade transformadora*. Como aponta Pellanda (2003), baseada nos trabalhos de Maturana e Varela sobre acoplamento estrutural autopoiético, perturbações (que podemos descrever como interações criativas) podem desencadear um efeito, uma transformação, promovendo o novo por meio de outras relações consigo mesmo e com o outro (social e natural).

Por todos os indicativos já expostos, entendemos que "educar para pertencer" (Lestinge 2004) é uma necessidade urgente. Pertencer a partir de uma perspectiva complexa, autopoiética, constante e dialética contrapõe o pertencer individualista e reducionista enraizado na sociedade moderna. Não defendemos um discurso ideológico antimodernista, não se trata de negar o valor do conhecimento científico e tecnológico, mas compreendê-lo criticamente, como defende Carvalho (2012). Fundamentado na EA crítica, o pertencimento possui um sentido ontológico, "pertencer e ser" (Lestinge 2004; Vieira 2012). Por isso, pertencemos à humanidade porque somos humanos e pertencemos à natureza porque somos natureza. Nessa complexa teia da vida, o sentimento de pertencimento é compreendido como um elo conectivo que nos liga ao todo, capaz de potencializar a autonomia e a coletividade necessárias para a construção da identidade (o eu), a construção da alteridade (o outro) e as interações de relações múltiplas (o universo).

A relação entre o sentimento de pertencimento e a EA só pode ser compreendida por meio de novas "lentes", conforme apontado por

Carvalho (2012). Essa relação representa um movimento de transição paradigmática na desconstrução de sentidos hegemônicos da modernidade. Pertencer é uma filosofia de vida em oposição à lógica do modelo de desenvolvimento atual. Muito mais que fornecer instrumentos para o trabalho com EA, acreditamos que a radicalidade fornece princípios formativos no sentido existencial. Traz-se como princípio formativo o exercício da emoção do pertencer em complementaridade direta à postura conectiva, mas também para com a *intencionalidade transformadora, a reflexão crítica, a indignação ética* e *a desestabilização criativa.*

É claro que é um grande desafio transformar os princípios apontados em atitudes cotidianas, pois, como afirma Barcelos (2012), não há alternativa sem o rompimento com o ideário moderno de sociedade. Mas, conforme ressaltamos, o fazer diferente requer um esforço e, geralmente, começa através de uma minoria motivada por questões diversas. Um passo essencial nesse caminho de ruptura com os paradigmas disjuntivos é a prática pedagógica dinamizadora de ambientes educativos amorosos, dialógicos e horizontais, entendendo o ambiente educativo para além do espaço físico escolar, como descreve Guimarães (2004), mas como o movimento complexo das relações entre o ser humano, a sociedade e a natureza, no fluir do nosso viver e no entrelaçamento do emocionar.

Ao longo da jornada – esse processo prazeroso e cansativo de construção e desconstrução, de certezas e incertezas, de emoções e razões –, buscamos compreender e problematizar o sentimento de pertencimento como um elemento estruturante para o processo formativo de EA. Em um exercício reflexivo constante, ao dialogar com nossas próprias trajetórias de vida, que por diversas vezes nos induzem e conduzem a acreditar que a razão era de fato a solução para todos os problemas, creio que podemos compreender o quão difícil é pertencer. Difícil, mas não impossível. Digo difícil porque exige de nós um esforço contínuo e atento contra as "armadilhas paradigmáticas".

Pertencer no sentido existencial, como descrevemos, para além da lógica individualista, simplista e reducionista, requer um movimento contra a correnteza que nos coloca em ação na desconstrução do caminho único.

Defendemos o pertencer no sentido mais amplo, ao todo, à humanidade e à natureza. Esse sentimento de pertencimento pode potencializar a *emoção do pertencer*, compreendendo que a emoção gera uma ação.

O exercício da "emoção do pertencer", que acredito ser fundamental na desconstrução de sentidos predominantes da modernidade, é apresentado como um princípio complementar aos princípios formativos presentes na "*com*vivência pedagógica". A emoção do pertencer é inerente à nossa essência e pode ser aflorada por atitudes básicas que redirecionem de forma radical nossos sentidos existenciais, o que exige de nós, seres autônomo-coletivos, que vivemos em ritmos frenéticos, tempos de "parada" (dos cinco sentidos), algo que parece, à primeira vista, impossível nos tempos atuais, mas que representa um desafio que nos proporciona o sentir, o pertencer.

Apoiados nos nossos referenciais teóricos, pensamos a relação entre o sentimento de pertencimento e a educação ambiental. Diante da complexidade do pertencimento, achamos reducionista delimitá-lo e categorizá-lo, mas exploramos elementos que nos ajudam a compreendê-lo, como a amorosidade, a solidariedade, a cooperação, o respeito, o cuidado, entre outros. Então, conseguimos entender o sentimento de pertencimento como um elo conectivo entre o ser humano, a sociedade e a natureza. Essa conexão é capaz de potencializar a construção do eu, do outro e do universo, por meio de interações múltiplas.

As reflexões deste estudo representam um olhar entre muitos olhares possíveis. Pensar a relação entre o sentimento de pertencimento e a educação ambiental nos permitiu pensar em práticas educativas de transformação socioambiental, pautadas em emoções que constituem a identidade do nosso "ser" humano e natural. Este livro pretende apresentar reflexões que contribuam na consolidação de uma EA crítica em oposição aos paradigmas disjuntivos da modernidade. Por meio dessas contribuições epistemológicas, esperamos instigar outros pesquisadores na desconstrução do pensado para pensar o ainda não pensado e repensar o já pensado, como nos inspira Paulo Freire, na busca de novos caminhos formativos.

5
A "*COM*VIVÊNCIA PEDAGÓGICA", DIÁLOGOS DE SABERES E COMUNIDADES INDÍGENAS[1]

Noeli Borek Granier
Mauro Guimarães

Trazemos aqui reflexões resultantes da pesquisa "Outras epistemologias no processo formativo de educação ambiental" (Guimarães 2013) e da dissertação "Experiências de *com*vivência pedagógica a partir de outras epistemologias em processos formativos de educadores ambientais" (Granier 2017),[2] pesquisas que se imbricam num esforço comum de criar subsídios para a formação de educadores ambientais, em tempos de uma grave crise socioambiental em escala planetária.

Procuramos investigar as potencialidades das experiências de "*com*vivência pedagógica"[3] entre educadores ambientais em formação, em

1. Texto baseado no artigo de Guimarães e Granier (2017).
2. Projeto de pesquisa coordenado por Mauro Guimarães, que tem na dissertação de mestrado de Noeli Borek Granier (PPGEduc/UFRRJ-2017) um de seus desdobramentos.
3. A "*com*vivência pedagógica" é uma proposta teórico-metodológica, adotada no presente processo formativo, pela qual o ambiente educativo se constrói em uma

espaços revelados formativos, notadamente com comunidades indígenas, com vistas a estudar novas possibilidades metodológicas e epistemológicas para os processos formativos de educadores ambientais. Para o seu desenvolvimento, foram realizadas imersões com os povos Guarani Mbyá (Rio de Janeiro) e Krahô (Tocantins) em suas aldeias, assim como uma imersão com um curandeiro ("jampire") representante do povo Quéchua (Bolívia/Andes), em um sítio na região serrana do Rio de Janeiro.

Partindo da constatação de que o afastamento do indivíduo moderno do meio natural contribui para sua dificuldade em entender a complexidade e processos deste contexto, a pesquisa "Outras epistemologias no processo formativo da educação ambiental" ressalta a relevância pedagógica de se resgatar o sentido de integralidade com o natural. Propõe o estímulo ao diálogo entre diferentes visões de mundo por meio de experiências vivenciais com outras epistemologias, notadamente nas cosmovisões indígenas, onde, centralmente, o sentido de integração do ser humano, coletividade e natureza esteja presente, como forma de oportunizar ao educador ambiental em formação a vivência de práticas individuais e coletivas baseadas em outros padrões relacionais. Os processos formativos nesses ambientes, apoiados por um referencial teórico-crítico e plural, buscam proporcionar o rompimento com o padrão de pensamento dicotômico dos indivíduos modernos, por meio de experiências de diversidade de formas de ler, compreender e estar no mundo, para assim subsidiar a práxis dos educadores ambientais.

Identificamos nas experiências de "*com*vivência pedagógica" em contextos interculturais, uma possibilidade formativa, capaz de oferecer ao sujeito alternativas para um reencontro com o natural, da mesma forma que oportuniza a construção de conhecimentos empíricos, através das observações e interações no espaço proposto. Acreditamos revelar-se como importante contribuição para a construção epistemológica do

---

práxis pedagógica de educadores ambientais em formação, na convivência com outros grupos humanos silenciados na modernidade. Propõe-se, pela radicalidade de experiências vivenciais de imersão em outros referenciais epistemológicos, o exercício da dialogicidade de novas relações conectivas com o outro e com o mundo.

campo da educação ambiental (EA) e, especificamente, no que concerne à formação de educadores ambientais.

O grupo de educadores ambientais em formação participantes desse projeto esteve constituído por docentes e discentes dos grupos de pesquisa: Grupo de Estudos e Pesquisa em Educação Ambiental, Diversidade e Sustentabilidade (Gepeads/PPGEduc/UFRRJ); Grupo de Estudos dos Povos Tradicionais (Geopovos/IM/UFRRJ) e Grupo de Estudos em Educação Ambiental desde el Sur (GEASur/PPGEdu/Unirio). Nesse coletivo, as relações foram propositalmente estabelecidas de forma não hierárquica durante o processo. Intencionalmente dialógica, essa abordagem proporcionou maior aproximação e espontaneidade entre os participantes, facilitando interações e trocas de saberes.

Essa pesquisa qualitativa se utilizou de metodologias participativas de uma "pesquisa-formação" (Santos 2005), tendo produzido dados pela observação participante, por meio de registros de caderno de campo, entrevistas e a realização de grupo focal.

O reencontro com o natural

A gravidade e a urgência da crise socioambiental da atualidade, amplamente reconhecida no mundo acadêmico, preconiza uma EA que seja capaz de contribuir no processo de transformação dessa realidade. Tal crise, acreditamos ser reflexo da crise do modelo civilizatório da sociedade moderna e, portanto, de seus paradigmas, denominados por Morin (1999) de paradigma da disjunção e de redução. Uma de suas graves consequências é a desconexão entre seres humanos, sociedade e natureza, que provoca a degradação de todos.

Defendemos que a fragilidade pedagógica que predomina ainda hoje nas ações de EA tem como uma de suas principais causas a "armadilha paradigmática"[4] a que os educadores estão sujeitos. Uma das possibilidades

4. "Esses professores foram ou estão sendo formados, em sua maioria, na mesma perspectiva conservadora de educação que reproduz *a* e se reproduz *na* armadilha

de ruptura e superação dessa armadilha passa pela radicalidade da formação do educador ambiental. Radicalidade que se dá para além da hegemonia da formação tradicional cognitivista, centrada na primazia da razão; comportamentalista, focada na mudança da atitude individual e descontextualizada da realidade local; ação educativa referenciada pelo paradigma disjuntivo e simplificador da modernidade.

> Aprendemos e ensinamos, separando. Entre tantas outras disjunções separamos a razão do sentimento, o sujeito e o objeto, o social e o natural, o indivíduo e o coletivo (...) a problemática ambiental que hoje enfrentamos nos remete a pensarmos, no mínimo, sobre uma realidade que é social e ambiental (ao mesmo tempo); que não pode ser pautada na separação do sujeito (ser humano que conhece e explora) e objeto (natureza conhecida e explorada); que necessita mobilizar razão (conhecimento) e sentimentos (amor, respeito pela natureza). Esta breve análise (...) nos ajuda a perceber o quanto precisamos avançar para além de um paradigma que reduz e simplifica (...). (Viégas e Guimarães 2004, p. 59)

Observamos nesse estudo que duas perspectivas essenciais, inerentes à racionalidade urbano-industrial, têm profundo impacto na forma como o ser humano concebe a realidade. A visão dicotômica, que separa o que está naturalmente unido, e a ótica antropocêntrica de mundo. A primeira provoca a fatídica disjunção ser humano e natureza. E a segunda coloca hierarquicamente o ser humano acima, numa posição utilitarista e de direitos sobre a natureza. Com forte poder de hegemonização, esse sistema consolidou uma visão de mundo ditada como "caminho único" (Guimarães 2011, p. 31), em que grande parte da população mundial, absorvida pelos processos produtivos/especulativos e pelos sedutores objetos de consumo, aliena-se progressivamente da natureza.

---

paradigmática. Ou seja, dada uma compreensão de mundo moldada pela racionalidade hegemônica, geram-se práticas, entre elas a ação discursiva, incapazes de fazer diferente do "caminho único" prescrito por essa racionalidade, efetivando-se a hegemonia" (Guimarães 2004, p. 124).

Considerando a intensa atividade humana sobre (e não com) o meio natural, esse afastamento desemboca em consequências de diferentes dimensões. Pesquisas recentes revelam que a carência de contato direto com a natureza pode acarretar uma interferência ao equilíbrio físico e emocional do ser humano. O "transtorno de déficit de natureza", termo cunhado por Richard Louv (2005, *apud* Galli 2014, p. 22) para caracterizar esse distanciamento, vem sendo relacionado a "prejuízos cognitivos e sensoriais e a maiores níveis de adoecimento físico e emocional, que podem ser observados em indivíduos, famílias e comunidades". Por outro lado, o afastamento do ser humano de sua essência de ser natural, fatalmente afetará o espaço físico, pois essa desconexão diminui seu sentimento de pertencimento ao meio natural, comprometendo sua capacidade inata de perceber os movimentos da natureza e agir de forma coerente com seus processos. Por essa lógica, Tiriba e Profice (2014, p. 64) ressaltam que tal desconexão "pode contribuir para a formação de gerações pouco comprometidas com os problemas ambientais, pois existe uma relação estreita entre sentir-se parte do mundo natural e protegê-lo".

Partindo dessas constatações, a perspectiva do "reencontro com o natural" no processo formativo de educadores ambientais insere-se num movimento de desconstrução das configurações impressas na dinâmica do mundo moderno, com vistas a uma reconstrução de sentidos na qual esteja presente a introjeção da importância vital dessa conexão. Busca evidenciar a essência da unicidade ser humano e natureza, fazendo emergir um processo de reconexão, no qual, rompendo a dicotomia e as amarras do antropocentrismo hierarquizante, o ser humano assume ser parte da natureza, percebendo-se como um dos tantos elementos que compõem a rede interdependente da vida na Terra e no universo.

O saber racional é insuficiente para captar a multidimensionalidade da natureza, conforme salienta Boff (1999, p. 116), afirmando que para isso importa "desenvolver uma atitude atenta de escuta, um sentimento profundo de identificação com a natureza, com suas mudanças e estabilidades. O ser humano precisa sentir-se natureza". É um reencontro do ser humano consigo mesmo e com o meio do qual naturalmente é parte. Trata-se de reassumir uma identidade, e o compromisso que ela convoca; de uma "re-união", capaz de gerar uma certa simbiose, por onde o ser humano moderno redescobre sua capacidade de desenvolver uma relação saudável com a natureza.

Nesse sentido, práticas simples realizadas com amorosidade podem ser incorporadas ao cotidiano, proporcionando diferentes formas de interação, experimentando novas relações e contribuindo para a construção de valores menos materialistas e mais orgânicos com o ambiente. A infinidade de detalhes que se expressam na criatividade da natureza impressiona, quando nos mantemos receptivos para enxergar (não só olhar) e ouvir suas manifestações, receptivos à sensação conectiva de experiências amorosas de uma práxis com seu entorno. Entender esses sinais é um dos grandes desafios atuais da humanidade.

O "reencontro com o natural" é a possibilidade de restituição ao ser humano do seu ambiente vital, de sua capacidade ancestral de sentir-se em comunhão com o todo e, com isso, prontamente "ouvir" a natureza; de se reencantar pela força conectiva da amorosidade com outros seres e elementos com quem coabitamos no planeta; de sacralização da vida (incluindo a morte) como um bem maior. É uma proposta otimista, que evoca uma libertação, tanto para si como para a Terra, das ameaças representadas pelos incessantes equívocos e descontrolada ganância que vêm caracterizando as atividades humanas no planeta, priorizando os interesses econômicos acima de tudo.

A aposta do "reencontro com o natural" nos processos formativos de educadores ambientais desponta como potencial vetor para a desconstrução das referências predominantes nas relações sociedade e natureza. Pode desencadear no sujeito reflexões críticas acerca dos efeitos inconscientes que o modo de vida da sociedade moderna exerce sobre sua maneira de conceber a realidade, estimulando-o a encontrar recursos internos para a desconstrução dos padrões que interferem em suas possibilidades inatas de conectividade com a natureza.

A interculturalidade no reencontro com o natural

O diálogo intercultural emerge como um rico campo de inspiração e aprendizado, ao proporcionar a vivência com outras formas de ver e viver o mundo. Pela perspectiva da interculturalidade crítica, que tem no centro de suas preocupações o histórico de "exclusão, negação e subalternação ontológica e epistêmica-cognitiva dos grupos e sujeitos racializados" (Walsh 2012, p. 66; trad. nossa), esse diálogo permite dar visibilidade e empoderamento a conhecimentos ancestrais, que vêm sendo sistematicamente invisibilizados pela hierarquização do conhecimento, imposta pelos padrões hegemônicos.

A vivência de saberes ancestrais em seus contextos propicia que o reencontro com o natural aconteça espontaneamente, pois a natureza, normalmente farta, ocupa um papel central nos sentidos vividos em atividades cotidianas das comunidades. O entendimento de coparticipação dos movimentos da natureza e de conexão com o todo é bastante presente nesse contexto. Da mesma forma que o sentimento de pertencimento à natureza lhes é frequentemente inerente, em especial nas culturas indígenas, seus modos de organização social normalmente são calcados no sentimento de coletividade e solidariedade em integração com o natural.

O prisma da interculturalidade crítica, adotado na organização das experiências de vivência, nos ajuda a pensar formas de desconstrução dos padrões colonialistas implicados nas construções do ser e do saber ocidentais. Sustentadas por esse referencial crítico, essas vivências interculturais buscam proporcionar interações baseadas na horizontalidade das relações, na receptividade mútua para outras formas de ver/viver o mundo, no total respeito ao contexto e a seus atores. São naturalmente pedagógicas para os dois grupos, pois ambos interagem num sentido de troca, e não como dominação, com outras visões de mundo na formação de um novo sujeito.

O "reencontro com o natural" oportuniza ao educador ambiental em formação a experiência de reconexão nos universos interno e externo, contextualizadas em cotidianos nos quais a natureza permeia, objetiva e subjetivamente, integralmente as relações. Nessas vivências, ele tem a oportunidade de perceber a dimensão complexa da dependência, em relações antagônicas, concorrentes e complementares, que o ser humano tem com a natureza. O sentido do cuidar, a importância de respeitar, a necessidade de se conectar e o senso de intervir integradamente na relação, para melhor compreender e viver a natureza em equilíbrio com ela e, consequentemente, consigo mesmo.

A ausência de integração leva ao não enraizamento e ao descompromisso com o todo, o que dificulta o desenvolvimento do sentido coletivo, de relações solidárias e de cuidado entre os habitantes e destes com o espaço. Fazendo um paralelo entre ajustamento e integração, Freire (1967, p. 74) ressalta que, no ajustamento, "o homem não dialoga, não participa. Pelo contrário, se acomoda a determinações que se superpõem a ele". Já a integração, diferentemente da acomodação, "exige um máximo de razão e consciência".

O exemplo em escala micro ajuda-nos a pensar em macro. A falta do sentimento de pertencimento à natureza e, consequentemente, ao meio ambiente, repercute na ausência do sentido de integração do ser humano com o planeta Terra. Essa deficiência fundamental, em qualquer escala, acaba afetando o ambiente. Isso pode ser percebido pelo descaso generalizado diante das agressões de todos os tipos que o atingem. Grande parte dos seres humanos, absorvidos pela engrenagem do mundo moderno e sua racionalidade, desenvolveu uma noção de ambiente separado de si. O ambiente, por estar alheio, muitas vezes não entra em seu círculo de afeição e, consequentemente, de cuidado.

A dimensão afetiva pode representar um potencial vetor para o desenvolvimento de melhores relações com a natureza, conforme salientam alguns autores. Gutiérrez e Prado (2008, p. 44) ressaltam que "não podemos continuar excluindo, como até agora, toda retroalimentação ao sentimento, à emoção e à intuição como fundamento da relação entre os seres humanos e a natureza". Para Serres (1991, p. 62), "devemos aprender e ensinar à nossa volta o amor pelo mundo ou pela nossa Terra, que agora podemos contemplar por inteiro".

Tais constatações levam-nos a inferir que os esforços educacionais para a construção de relações mais saudáveis com a natureza devem levar em consideração que o ser humano terá que encontrar formas de abrir um espaço receptivo em seu interior, para o acolhimento afetivo da Terra, externando em ações propositivas de novas relações conectivas. Para lograr estabelecer uma ligação amorosa, de empatia e união fraternal com ela, enquanto fonte geradora de toda a vida existente. A construção de espaços afetivos que contribuam para o despertar da "com-paixão", da vontade, e compromisso de cuidado para com o outro, humano-natureza. Corroborando, Boff diz que o cuidado pede uma relação centralizada mais pelo sentimento do que pela razão:

> Cuidar das coisas implica ter intimidade, senti-las dentro, acolhê-las, respeitá-las, dar-lhes sossego e repouso. Cuidar é entrar em sintonia com, auscultar-lhes o ritmo e afinar-se com ele. (...) Este modo de ser-no-mundo, na forma de cuidado, permite ao ser humano viver a experiência fundamental do valor, daquilo que tem importância e definitivamente conta. (...) A partir desse valor substantivo emerge a dimensão de alteridade, de respeito, de sacralidade, de reciprocidade e de complementaridade. (Boff 1999, p. 96)

A dimensão sentimental nas relações com a Terra não nos é totalmente estranha, já que, pela natural indissociabilidade, possuímos registros acumulados ao longo do nosso processo evolutivo, marcados por configurações relacionais repletas de sentido. Podemos observar com frequência essa característica ainda viva em populações que não se afastaram da natureza, como povos indígenas. Na cultura andina, a Terra é Pachamama, a grande e generosa Mãe. De fato, a relação maternal com a Terra comporta grande coerência, uma vez que é ela quem, originalmente, gera a vida e provê o necessário para sua manutenção. A vida dos povos antigos, conforme observam Gutiérrez e Prado (2008, p. 121), "é um claro testemunho da consciência planetária: sua vida cotidiana, seu trabalho, suas celebrações, sua visão da divindade e da morte, e sua produção artística e científica assim demonstram".

A conexão com nossa essência de ser natural contribui para a conexão com a Terra, nossa "casa", compartilhada com a imensa sociobiodiversidade com a qual coabitamos. Perceber que fazemos parte de uma complexa rede de interdependência, ou seja, de "dependência mútua de todos os processos vitais dos organismos" (Capra 1996, p. 231), é perceber a "alma" da Terra. Se precisamos desenvolver outros padrões relacionais nesta enorme comunidade planetária, no sentido de estabelecer um equilíbrio para o benefício do planeta em sua integralidade, é vital reconhecermos o pertencimento à "teia da vida" (*ibidem*, p. 174) e a responsabilidade que nos toca na construção do novo paradigma.

Percebemos que, pelo viés do resgate de valores capazes de firmar uma aura menos materialista, mais orgânica e humana, nas relações entre humanos e destes com a natureza, o reencontro com o natural e o desenvolvimento do sentido de pertença à Terra imprimem, de certa forma, uma dimensão espiritual a essa conexão. Assumir o nosso pertencimento primordial, concebendo a Terra como um organismo vivo, que pulsa em sintonia com um todo de dimensões infinitas, é "uma experiência mística que modifica em profundidade nossas relações com a Terra" (Capra 1994, *apud* Gutiérrez e Prado 2008, p. 99).

Dessa forma, os processos formativos podem proporcionar, ao educador ambiental, a apreensão de que "reencontrar o natural" é também admitir a integralidade do ser humano, enquanto ser racional, sensitivo, espiritual e de que as diferentes dimensões do ser nos constituem naturalmente diversos, múltiplos, plurais, no entanto, unificados por uma "identidade terrena" (Morin 2007, p. 63). O "reencontro com o natural" pode contribuir para despertar essa planetariedade quando, ao olhar para um céu estrelado, lembrarmos e sentirmos que nossa origem também é cósmica, tendo em mente e coração que, sem a nossa "nave Terra" nada somos, pois nela estamos embarcados, sem nenhuma reserva exterior. Portanto, "somos obrigados a obedecer às leis de bordo (...)" (Serres 1991, p. 55). O sentimento de pertencimento, no "reencontro com o natural", nos dá a oportunidade de reconhecer as limitações humanas essenciais, mas também sua inerente capacidade de transcendência.

Assim, desenvolver o sentimento de pertencimento à natureza do planeta Terra é uma perspectiva que pede a mobilização de uma dimensão sensitiva. Essa dimensão contribui para que o educando perceba que, no esforço de cuidar da natureza, toda a "teia" deve ser considerada, pois o equilíbrio do planeta está intimamente vinculado às interações que nela acontecem, interagindo nesta rede em relações sustentáveis. Dessa forma, esse cuidar requer atenção especial às relações entre todos os seres, que igualmente pertencem a essa "casa comum", a Terra. Capra (1996, p. 29; grifo do original) diz: "Se temos a percepção, ou a experiência, ecológica profunda de sermos parte da teia da vida, então *estaremos* (em oposição a *deveríamos estar*) inclinados a cuidar de toda natureza viva".

O ser mais ambiental

A engrenagem do mundo moderno provoca o afastamento do ser humano de seu ser natural, consolidando o estabelecimento de relações com a natureza, mediadas pela técnica. Ajustado, adaptado e acomodado a essa racionalidade, e sua trama consumista propositalmente sedutora, o ser humano foi adquirindo bens, valores e comportamentos adequados aos ditames hegemônicos, e progressivamente embotando seu ser natural, tolhendo-lhe espaço e liberdade. Pela ótica freiriana, nessa situação o ser humano estaria apenas *no* mundo e não *com* ele. Um ser acrítico, não integrado, somente ajustado e acomodado e, portanto, desumanizado, numa alienação que o oprime como um ser menos, em uma dimensão ontológica.

Essa desconexão essencial coloca o ser humano numa situação de vulnerabilidade, pois diminui suas potencialidades naturais de entendimento da natureza, pelo esvaziamento do senso de pertença, que consequentemente interfere na percepção da dimensão da problemática ambiental em sua complexidade. Esse ser humano, impotente e cego, "oprimido, reprimido e deprimido" (Leff 2016, p. 379) por uma crise socioambiental de dimensões civilizatórias, vê-se na urgência de encontrar recursos internos para libertar-se da jaula da racionalidade moderna.

Freire ressalta que o ser humano alienado, "coisificado", autômato, estaria negando seu direito e "sua ontológica vocação de Ser Mais" (Freire 1987, pp. 85 e 112). A luta pela humanização, que impõe a superação da alienação (*idem* 1967), é uma aptidão essencialmente humana (*idem* 1987), decorrente do constante movimento pela busca de ser mais (*ibidem*). Entretanto, essa busca "não pode realizar-se no isolamento, no individualismo, mas na comunhão, na solidariedade dos existires" (*ibidem*, p. 105). O ser mais se expressa como ser sujeito, que se sabe no mundo numa presença ativa. Presença "que se pensa a si mesma (...) que intervém, transforma, (...) valora, que decide, que rompe. E é no domínio da decisão, da avaliação, da liberdade, da ruptura, da opção, que se instaura a necessidade da ética, e se impõe a responsabilidade" (Freire 1996, p. 18). É o décimo primeiro eixo formativo em Guimarães (2011, p. 174): "Estimular a coragem da renúncia ao que está estabelecido, ao que nos dá segurança, e a ousadia para inovar".

Na corrente de se pensar a noção de sujeito, numa perspectiva diferente da individualista, construída pela modernidade, Leff (2016, p. 370; grifo do original) ressalta que a crise ambiental convida à desconstrução desse marco epistemológico nessa edificação e "a repensar as categorias de análise sociológica do 'sujeito social'". Propondo sua dissolução e uma nova reflexão sobre ele, postula sua "refundição no magma do pensamento ecológico", na qual o sujeito, para reconstruir-se, precisa estabelecer "um '*self* ecológico' e o reverdecimento de um eu" (*ibidem*, p. 386; grifos do original). O autor afirma que, para isso, é necessário que o sujeito esteja "disposto e capaz de abandonar a segurança de sua autorreferencialidade, de dissolver a separação do mundo objetivado e de restaurar seus vínculos com a natureza (...) de restaurar-se na trama da vida" (*ibidem*, p. 386).

Fazendo um paralelo entre as abordagens aqui expostas, podemos perceber que, expandindo o prisma humanista de Freire para o sentido do humano como natural, o "reencontro com o natural", além de contribuir para o desabrochar do ser natural, possibilita uma reconfiguração do *self*, pois redimensiona sua relação com o mundo, sob a ética da Terra, enquanto o processo de reconexão com o ser natural proporciona o rompimento com o "caminho único" (Guimarães 2011, p. 31), revelando um caráter emancipatório, que torna o ser humano "mais". Agora, "percebendo a reciprocidade entre o Ser Mais e o Ser Natural, através da qual ambos se potencializam e se complementam, vemos emergir aí a possibilidade de um novo sujeito em exercício, um Ser Mais Ambiental" (Granier 2017, p. 58).

Na construção do ser mais ambiental, o ser humano oportuniza o exercício de sua emersão como um sujeito capacitado, no sentido de ter consciência, domínio e decisão de usar suas capacidades naturais de superação – integral – pois sapiente de sua multidimensionalidade; integrado com o mundo, já que não mais sensível somente consigo, mas com o equilíbrio da teia inteira; resignado do "ter mais", para o "ser mais" de uma vida mais simples e, no entanto, mais rica, já em sintonia com as necessidades e limites do planeta, e intensificada por relações mais orgânicas com os outros seres da natureza.

Ainda que o ser mais ambiental represente uma construção, um exercício, que entendemos ser pertinente ao processo formativo de educadores ambientais, podemos pensar nesse sujeito que, com o "*self* ecológico" (Leff 2016, p. 386) constituído, estaria, enfim, estruturado, consolidado na identidade de "sujeito ecológico" (Carvalho 2008, p. 65), para decisivamente enfrentar o movimento de transformação e reconfiguração de sua atuação com o mundo, de acordo com a sustentabilidade da vida no planeta.

Dessa forma, entendemos que o ser natural, na qualidade de elo essencial, que evidencia a conectividade inata do ser humano com a teia da natureza, é uma peça central no "quebra-cabeças" da problemática socioambiental que vivenciamos. Apartado pela racionalidade moderna, agora está sendo solicitado a reconstituir a imagem do ser humano, para reintegrá-lo com o mundo. Por sua importância, o ser natural, na complementaridade do ser mais ambiental, já não pode mais ficar isolado no esquecimento. Precisa se redescobrir "em casa", completar-se pelo sentimento de pertencimento, estar *com o mundo* (Freire 1967) e não apenas nele, comprometendo-se com a existência e o sentido do caminhar humano.

Diálogo de saberes

O conceito de colonialidade do saber traz um olhar crítico e esclarecedor sobre a hierarquização do conhecimento, provocada pelo processo de colonização. A supervalorização do conhecimento científico ocidental, instituída nesse processo, "invisibilizou" conhecimentos populares, leigos, camponeses e indígenas, assim como seus autores. Esses saberes "desaparecem como conhecimentos relevantes ou comensuráveis por se encontrarem para além do universo do verdadeiro e do falso" (Santos 2007, pp. 72-73).

Sintonizamo-nos com a afirmação de Santos em que "a experiência social em todo mundo é muito mais ampla e variada do que o que a tradição científica ou filosófica ocidental conhece e considera importante" (*idem* 2002, p. 238). O saber ambiental, com o propósito de ir além da racionalidade científica e da objetividade do conhecimento (Leff 2008), centraliza a revalorização de saberes "outros", para a construção de uma nova racionalidade,

> (...) sustentada por valores (qualidade de vida, identidades culturais, sentidos da existência) que não aspiram alcançar um estatuto de cientificidade. Abre-se aqui um diálogo entre ciência e saber, entre tradição e modernidade. Este encontro de saberes implica processos de hibridação cultural (...), onde se revalorizam os conhecimentos indígenas e os saberes populares produzidos por diferentes culturas em sua coevolução com a natureza, e onde estes se amalgamam com formações discursivas, teorias científicas (...). O saber ambiental levanta a questão da diversidade cultural no conhecimento da realidade, mas também o problema da apropriação de conhecimentos e saberes dentro de diferentes ordens culturais e identidades étnicas. (*Ibidem*, p. 231)

Situando esses conhecimentos tácitos como patrimônio intelectual de seus autores, constituintes essenciais de suas estratégias de sobrevivência, o campo da EA crítica insere-os em seus debates epistemológicos, num esforço de dar-lhes visibilidade e fortalecimento.

Na contracorrente da monocultura do saber, ressaltamos sua potencialidade como referenciais para a construção de uma racionalidade contra-hegemônica, que propicie outras leituras de mundo, para subsidiar o estabelecimento de relações menos danosas com a natureza, e de valores que logrem a manutenção sustentável socioambiental. Nessa direção, Walsh ressalta que a contribuição das epistemologias críticas, para o aprofundamento da discussão em torno da política epistêmica da interculturalidade, no campo educativo, permite considerar a construção de novos marcos epistemológicos,

> (...) que pluralizam, problematizam e desafiam a noção de um pensamento e conhecimento totalitários, únicos e universais, partindo de uma política e ética que sempre mantêm como presentes as relações do poder às quais foram submetidos estes conhecimentos. Assim, alenta novos processos, práticas e estratégias de intervenção intelectual que poderiam incluir, entre outras, a revitalização, revalorização e aplicação dos saberes ancestrais, não como algo ligado a uma localidade e temporalidade do passado, mas como conhecimentos que têm contemporaneidade para criticamente ler o mundo, e para compreender, (re)aprender e atuar no presente. (Walsh 2009a, p. 25)

Leff (2008, p. 430) diz que o conhecimento hegemônico, caracterizado pela ciência moderna, "já não representa a realidade". Nessa lógica, o autor diz que o saber ambiental, além de articular as ciências existentes,

> (...) forja novas ideologias e teorias que geram novas solidariedades e sentidos, que mobilizam ações sociais orientadas pelos princípios de racionalidade ambiental. Esta racionalidade não só gera novos conhecimentos, mas *produz um diálogo de saberes* onde se forjam novas formas de organização social e apropriação subjetiva da realidade (...) o saber ambiental se produz numa relação entre teoria e práxis. O conhecer não se fecha em sua relação objetiva com o mundo, mas se abre à criação de sentidos civilizatórios. (*Ibidem*, p. 235; grifo do original)

Cabe sinalizar que, entre as construções dos saberes indígenas e das ciências modernas, ocorrem diferenças essenciais, decorrentes dos padrões relacionais estabelecidos com a natureza. As primeiras são comumente elaboradas num ambiente regido por uma visão de mundo, marcada pela percepção da indissociabilidade ser humano e natureza, da interdependência e valorização da diversidade, da solidariedade entre os demais seres no espaço compartilhado. A Terra e seus elementos ganham valores sacralizados, que permeiam os códigos de conduta e, consequentemente, as formas de exploração dos meios de subsistência. Essas características proporcionam relações socioambientais impregnadas de sentido, gerando um saber integrativo, complexo e não fragmentado, ao contrário da perspectiva disjuntiva e antropocêntrica da ciência moderna, cujo alinhamento com a visão dominante tende a situar a natureza como objeto do ser humano.

*A "*com*vivência pedagógica" como processo formativo: Considerações em construção*

O enfoque nos povos indígenas Guarani Mbyá, Krahô e Quéchua, adotado no projeto ao qual se insere este estudo, deve-se à ocorrência de um diálogo já consolidado entre seus coordenadores e lideranças dessas comunidades. Mediadas por esse relacionamento, as imersões nas aldeias foram organizadas por convites dessas comunidades ao grupo de educadores ambientais em formação. Essa espontaneidade e confiança foram essenciais para o desencadear de relações dialógicas, uma das principais intencionalidades do projeto, entre os participantes das vivências. A dialogicidade viabiliza a construção de relações pautadas na horizontalidade e reciprocidade, onde as experiências convivenciais se desdobram em momentos de reflexão individual e coletiva, proporcionando a práxis.

Uma das propostas centrais da EA crítica é oportunizar uma formação emancipatória, que possa trazer a consciência da "armadilha paradigmática" (Guimarães 2011, p. 124), para a desconstrução dos padrões dominantes e a construção de outros referenciais, que subsidiem uma prática educativa diferenciada em uma *reflexão crítica*, entendendo que, para alcançar esta ruptura com os padrões conservadores, a práxis é instrumento essencial.

A perspectiva de compromisso com o mundo, que, seguindo a inspiração freiriana, é intrínseca ao trabalho do educador, se evidencia de forma muito clara na EA. As injustiças socioambientais são o próprio cenário de atuação do educador ambiental, o que demanda um posicionamento ético definido, mobilizado por uma indignação que possa alicerçar suas ações. Para Freire (1996), a dimensão ética é inseparável da prática educativa.

A intencionalidade que se expressa nessa abordagem formativa, complementada pela perspectiva de "ser mais ambiental" no exercício da postura dialógica, possui caráter pouco convencional, requerendo a construção de um ambiente educativo propício. Freire nos ajuda a refletir sobre mais esse aspecto do trabalho educativo, ao dizer que "o espaço pedagógico é um *texto* para ser constantemente 'lido', 'interpretado', 'escrito' e 'reescrito'". Nesse sentido, quanto mais solidariedade entre os educadores em formação e os indígenas em diálogo "no 'trato' deste espaço, tanto mais possibilidades de aprendizagem democrática se abrem" (Freire 1996, p. 89; grifos do original). Ser solidário em exercício de amorosidade resulta de uma *reflexão crítica*, de uma *indignação ética* numa *postura conectiva.*

Em sintonia com essa orientação freiriana, a presente investigação sobre o processo formativo está pautada em experiências de vivências coletivas entre educadores ambientais em formação, em espaços revelados formativos por oportunizarem um reencontro com o natural e por apresentarem características societárias pouco influenciadas pela lógica hegemônica, como aldeias indígenas. Nessa "*com*vivência pedagógica", os educadores ambientais em formação puderam vivenciar juntos outras formas de relações em sociedade e desta com a natureza. Tais experiências coletivas nesses ambientes foram consideradas, portanto, significativamente pedagógicas.

A "*com*vivência pedagógica" é uma proposta teórica e uma estratégia metodológica, adotada no presente processo formativo, pela qual o ambiente educativo se constrói na convivência entre educadores ambientais em formação, em uma práxis pedagógica. Propõe-se, pela vivência da dialogicidade, o reconhecimento do outro, a partir de referenciais integrativos de novas relações. A experiência proporciona o aprendizado vivencial de forma coletiva, pela experienciação entre os participantes, na interação com o contexto proposto por essa intencionalidade educativa de formação. Através dessas experiências, os educadores ambientais em formação têm a oportunidade de experienciar a ruptura da "armadilha paradigmática", ao estabelecer, pela práxis e na vivência da amorosidade, novas relações com o outro e com o mundo.

Sem a pretensão de pontuar essa perspectiva formativa como um método, mas apenas descrevê-la para sua melhor compreensão, como estratégia utilizada especificamente nesse processo formativo, destacamos que a práxis e a amorosidade são elementos essenciais em sua abordagem. Foram os fios desses fundamentos que teceram nossas experiências de reencontro com o natural e de "*com*vivência pedagógica" com outros referenciais. Percebemos que tais elementos têm a potencialidade de imprimir orientações emancipadoras particularmente relevantes, tanto para a construção da autonomia crítica do educador ambiental, como para sua construção como ser coletivo que é.

Essas considerações se fundamentam no princípio de que a transformação do mundo acontece pelas relações. Ou seja, é a forma como nos relacionamos com o outro e com o mundo, e com isso o modo de organização social que estabelecemos, que irá determinar nossa interferência na realidade e a possibilidade de sua transformação. É um processo que vai além da perspectiva individual, levando em consideração que a transformação individual ocorre *no* e *com* o coletivo. Nessa lógica, os coletivos em transformação, ao estabelecerem novas relações e formas de viver fundadas em outros referenciais, fazem uma contraposição à dinâmica hegemônica, desencadeando um movimento de transição paradigmática. A potencialidade desses coletivos em transformação emerge como uma possibilidade de transformação significativa do mundo.

> Resgatar esse sentido de integralidade da humanidade com o natural parece colocar-se como uma das prioridades pedagógicas a se propor em processos formativos de professores(as). (...) que passam ontologicamente por uma nova experienciação existencial que poderia se potencializar pedagogicamente, se estimularmos em ambientes educativos novas conexões entre visões de mundo construtoras de epistemologias outras (...). (Guimarães e Prado 2014, p. 93)

Assim, o espaço educativo tem especial destaque na organização das experiências de "*com*vivência pedagógica". Ele precisa contribuir para o desvelamento e a percepção das implicações dos padrões hegemônicos na problemática socioambiental, desencadeando um movimento de desconstrução de sentidos em direção à construção de outros referenciais, para o estabelecimento de relações mais equilibradas entre seres humanos e destes com a natureza, num esforço de romper com o "agir no automático" da "armadilha paradigmática". Da mesma forma que esse contexto vivencial deve oportunizar a experienciação do sentimento coletivo entre os participantes, que, construído na amorosidade, promove interações dialógicas e solidárias que poderão facilitar o estabelecimento de um movimento sinérgico e o desencadear de ações cooperativas em contra-hegemonia.

Esse espaço que se constitui ambiente educativo pode ser pensado com base em diferentes possibilidades, contanto que ele seja formativo. Ou seja, tal ambiente deve propiciar condições materiais e subjetivas necessárias para que essas novas relações se efetivem na vivência, para que os educadores possam levar consigo essa experiência formativa, como possibilidade de intervenções pessoais e profissionais, considerando que essas dimensões não se dicotomizam.

Vale lembrar que, ao longo desse processo de formação, foram oportunizadas igualmente, vivências fora de contextos indígenas, em ambientes considerados formativos por responderem à abordagem da "*com*vivência pedagógica". Diferentemente da perspectiva educativa conteudista e cognitivista dominante, é uma proposta pedagógica que envolve "um processo sensibilizador do ambiente educativo, em que indivíduos em relação, numa práxis de conscientização individual e coletiva, possam elaborar e realizar novas relações com o outro (...) na germinação de outro modo de organização social" (Guimarães e Prado 2014, p. 94). Assim, ao desvelar resistências ao modo dominante de organização social, o processo educativo se potencializa, revelando e possibilitando novos fazeres (*ibidem*).

Os relatos nas entrevistas realizadas com educadores ambientais em formação e nas conclusões dos estudos de Granier (2017) mostram que a participação nesse processo formativo em "*com*vivência pedagógica", com outras epistemologias, desencadeou relevantes transformações em suas formas de perceber e estar no mundo. Percebemos, assim, a potencialidade da proposta, para que esses educadores possam adquirir e difundir um fazer pedagógico criativo, numa perspectiva de sujeitos individuais e coletivos. Constituem-se como dinamizadores de movimentos capazes de semear o novo, na emergência de uma transição paradigmática, germinando novas relações sustentáveis de indivíduos com o mundo. Consolida-se assim a identidade de "sujeitos ecológicos" no exercício de "ser mais ambiental" desses educadores.

Acreditamos que a radicalidade dessa formação, necessária em tempos de crise, se realiza no desenvolvimento de alguns princípios formativos que identificamos nesses estudos: *promoção da reflexão crítica*; *provocação da indignação ética*; *o exercício de posturas conectivas*; *de desestabilização criativa e intencionalidade transformadora*; princípios formativos que iremos melhor desenvolver mais à frente.

6
CRISES DO SÉCULO XXI E A RADICALIDADE DA FORMAÇÃO[1]

Pablo Ángel Meira Cartea
Mauro Guimarães

Crise socioambiental, paradigmática e civilizatória

Para pensarmos a educação ambiental, seus educadores e os caminhos a seguir, o contexto histórico de uma crise sem precedentes na história da humanidade torna-se estruturante do devir.

Edgar Morin afirma, em sua vasta obra, que fomos construindo, ao longo da história, uma forma de compreender o mundo que referenciou o modo de viver da sociedade moderna. Forma de compreender estruturada por "paradigmas disjuntivos" (Morin 1999), que trazem como uma das consequências a fragmentação do conhecimento da realidade, assim como estrutura uma visão reducionista, que simplifica a complexidade do real. Entre as muitas dimensões que poderíamos exemplificar nessa

1. Texto baseado no artigo de Guimarães e Meira (2020).

discussão trazida por Morin e tantos outros, vamos explorar um pouco a dimensão cartesiana que consolidou a ciência moderna.

O método cartesiano, que validou a forma científica de produzir conhecimento na modernidade, tem como uma de suas primeiras etapas na sistematização da produção do conhecimento a delimitação do objeto de estudo como forma de aproximação com a realidade. Esse esforço analítico de se aproximar para conhecer uma parte delimitada de uma realidade mais ampla (totalidade) induziu a um direcionamento focado do olhar da modernidade, especificando e especializando a compreensão sobre essa parte e suas particularidades. Esse processo gerou a produção de áreas do conhecimento e sua disciplinarização por uma abordagem de especialização do conhecimento. Sem desconsiderar os grandes avanços na ciência e produção de tecnologia pelo cartesianismo mecanicista, a busca pelo conhecimento de realidades cada vez mais complexas na contemporaneidade, em suas multidimensionalidades, tem encontrado importantes limitações pela fragmentação e pelo reducionismo na compreensão dessas realidades complexas (totalidades), como é a questão da atual crise socioambiental.

Essa perspectiva disjuntiva paradigmática construiu uma estrutura na forma de pensar individual e coletivo, que tem como ponto de partida uma visão social de mundo particularista (focada na parte) e que gera todo um modo de estar no mundo, na qual se torna basilar a centralidade no indivíduo para se entender a sociedade. O indivíduo como sua parte fundante, a célula *mater*. Assim, entende-se a sociedade (totalidade) como resultado da soma dessas partes (indivíduos). Seguindo essa mesma estrutura de pensamento, a propriedade da parte (particular) se sobrepõe à dimensão coletiva do bem comum, o que a faz parte primeira, prioritária. É, portanto, essa perspectiva estruturante que hegemonizou o modo de vida da sociedade moderna, em que o sistema político e econômico do capitalismo se globalizou. Junta-se a essa perspectiva disjuntiva fragmentária a visão de separação, segregação e exclusão que se interpõe na relação entre as partes, com base em relações assimétricas de poder, em que a dominação e exploração de uma parte sobre outra se constitui em um padrão organizativo das relações da modernidade; seja nas relações de classe, gênero, étnicas, coloniais, entre norte-sul e entre sociedade e natureza que se consolida em uma perspectiva antropocêntrica.

Como nos diz Morin em suas reflexões, os paradigmas são referenciais historicamente tão construtores de um modo de conceber a realidade, que essas referências entranhadas nas estruturas de pensamento dos indivíduos e da sociedade constituem um modo dominante de pensar e fazer, o que consolida, assim, um modo de vida constituído por esses paradigmas. Referências que vão se repetindo e que passa a ser tão normal o assim fazer, que nem mais pensamos nelas, fazemos. São referências que se introjetam em nosso inconsciente, promovendo em nosso viver cotidiano, na maior parte do tempo, práticas não refletidas. Práticas essas que, baseadas nessa forma "normal" e dominante de fazer, tendem a reforçar inconscientemente esse modo de vida, no caso da modernidade, disjuntivo, particularista, individualista, que resultam em posturas individuais e coletivas de dominação, exploração e exclusão. Isso reforça e reproduz um modelo de organização social, em um modo de fazer e pensar presente no inconsciente coletivo, que reflete o modo de produção e consumo, é reflexo dele e que, historicamente, se faz hegemônico. Entretanto, é esse modelo de sociedade em suas relações socioambientais que tem levado ao colapso as condições de sustentabilidade da vida, em que as mudanças climáticas e suas drásticas consequências são as evidências mais contundentes de que vivemos uma crise em escala planetária. Crise essa provocada pela forma predominante de pensar e viver, de um modo de produzir e consumir que se globalizou em sua economia exploratória e de degradações socioambientais, que mostra agora seus claros limites planetários para se reproduzir. É, portanto, uma crise de um modelo civilizatório, de seu padrão de desenvolvimento e de seus paradigmas.

Portanto, continuar pensando e vivendo referenciado por esse paradigma disjuntivo da modernidade é alimentar e intensificar a crise em que estamos mergulhados. Buscar soluções para essa crise reforçando o fazer disjuntivo é propor que, como disse Löwy (2009), alguém que afunda na areia movediça saia dela puxando o próprio cabelo. Focar uma parte do problema para solucioná-lo, descontextualizando essa parte de uma realidade maior, que ilustra o que estamos chamando de postura disjuntiva particularista, é o que vem sendo feito predominantemente referenciado por essa forma de pensar e fazer disjuntiva, simplificadora e reducionista. Quando temos um "ataque de pragas" na agricultura, busca-se cientificamente o domínio de identificar a espécie e o veneno mortífero para eliminá-la. Joga-se o veneno na parte (a praga) que está atrapalhando essa produção específica, só que essa parte está inserida em um todo maior (natureza) e o veneno contaminante intoxicará outros seres vivos em relação nessa teia. É com essa perspectiva simplificadora e reduzida de se aproximar da realidade, focado na parte, que aqui exemplificamos didaticamente, que se estrutura o nosso modo de viver e nos relacionarmos com o outro (indivíduo e natureza); sempre com a tendência de reproduzir um padrão de se relacionar com o outro, dominando-o para explorá-lo em favor da parte dominadora. Eis o padrão de relação dualista e dicotômico da modernidade: dominação e exploração de um sobre o outro e que está presente nas relações coloniais de opressor e oprimido; entre nações do Norte e do Sul; entre classes sociais; nas relações étnicas, de gênero, nas relações entre sociedade humana e natureza, como já dissemos. O paradigma disjuntivo da modernidade que estrutura esse modo de vida, ao focar sua forma de olhar o mundo e buscar sua compreensão e ação na parte, na particularidade, no privado, tende, muitas das vezes inconscientemente, mas de outras ideologicamente, a priorizar a parte sobre o todo, o individual sobre o coletivo, o privado sobre o público, a competição sobre a colaboração, o egoísmo sobre a solidariedade.

Somos seres vivos individualmente muito frágeis, comparados a outras espécies muito maiores, mais fortes, mais ágeis e biologicamente adaptáveis. Como conseguimos, ao longo da história da evolução das espécies, chegar até aqui? O escritor israelense Yuval Noah Harari (2017), nos diz que certamente a inteligência, como praticamente todos responderíamos, mas não somente. Segundo ele, somos seres sociais em que a importância da ação colaborativa no coletivo foi também fundamental. A solidariedade está no cerne de nossa sobrevivência e essa parece que foi sendo posta como algo secundário no modo de vida da modernidade. A competição entre partes, em que o interesse particular, da propriedade privada, de uma parte prevalece sobre outra, de um indivíduo poder mais que outro, da prevalência do individual sobre o coletivo, cria um campo fértil para se estabelecer o padrão relacional de dominação e exploração, que veio estruturando o modo de organização social da modernidade e seu modo de produção e consumo capitalista. A competição, o indivíduo, a propriedade particular, a dominação e a exploração tornam-se referências estruturantes da organização social desse modo de vida da modernidade e das relações que se estabelecem entre as partes viventes desse modelo civilizatório.

Dessa perspectiva, o neoliberalismo não é apenas uma "estrutura ideológica" ou uma "forma de organização social e/ou econômica"; indo além, o neoliberalismo foi afirmado e consolidado por meio da colonização de subjetividades, principalmente por promover a competitividade entre os indivíduos e a primazia de interesses particulares sobre o bem comum. Como afirmam Laval e Dardot (2013),

> o que é (...) é sobre a construção de uma nova subjetividade, o que chamamos de sujeição contábil e financeira, que não é senão a forma mais bem-sucedida de sujeição capitalista. É, de fato, produzir uma relação do sujeito individual consigo mesmo que seja homóloga à relação do capital consigo mesmo: uma relação, precisamente, do sujeito consigo como "capital humano" que deve aumentar indefinidamente, isto é, um valor que temos que aumentar cada vez mais.

Uma das grandes dificuldades da mudança que requer a transição para sociedades mais equitativas e sustentáveis é que é necessário rebelar-se, não contra o sistema, mas contra si mesmo. Ou seja, questionando nossa identidade neoliberal.

A exacerbação por esse modo de pensar e viver do poderoso indivíduo humano (alguns), tem levado ao extremismo do individualismo, do sectarismo, do fundamentalismo. Vivemos um momento de crise aguda, em que as referências disjuntivas e simplificadoras não conseguem dar conta de problemas cada vez mais complexos da modernidade, como as questões socioambientais, o que gera nas pessoas grande instabilidade psicológica e medo diante de uma nova realidade desconhecida. Diante desse estado de grande insegurança, há uma forte tendência inata de se buscar referências e valores do passado, que psicologicamente nos dão a sensação (simplista) de segurança do já conhecido. Isso tem levado à valorização das soluções nesse mesmo modo de pensar e agir já conhecido, reproduzindo percepções e valores espelhados nos paradigmas da modernidade. Tudo isso vem recrudescendo os sentidos de um nacionalismo disjuntivo dicotômico, do individualismo do "meu primeiro", do *America First*, de Donald Trump, pelo mundo afora; do conservadorismo de valores de uma volta ao passado conhecido; do fascismo autoritário dos autoeleitos superiores e de outras manifestações que recorrem a posturas particularistas excludentes disjuntivas reacionárias, que dicotomicamente separam e excluem pela dominação. Modos de agir e viver que justamente vêm produzindo a degradação em escala planetária da gravíssima crise socioambiental da atualidade.

Dimensões da crise

Diante da crise em sua complexidade civilizatória e da respectiva crise paradigmática que a acompanha, têm-se difundido no mundo as orientações políticas e econômicas do neoliberalismo, em consonância ao paradigma disjuntivo, o que dificulta perceber soluções que sejam amplas, voltadas para a inclusão numa totalidade societária socioambientalmente sustentável e, portanto, acentuando a crise.

O neoliberalismo é uma proposta que busca respostas, recorrendo e acirrando os paradigmas disjuntivos, quando aposta que o que deve motivar e mover as relações socioeconômicas são os estímulos dados às iniciativas privadas (dos indivíduos, do particular), regulados centralmente pelas leis de mercado, sem a interferência estatal. O Estado mínimo defendido é o enfraquecimento desse ente coletivo, público, na regulação das relações econômicas e sociais. É deixar que os entes privados e seus interesses econômicos particulares sejam os definidores das relações estruturantes do modo de viver dessa sociedade. É fazer com que a meritocracia prevaleça, em que cada um por si, com sua "livre iniciativa" e a "livre concorrência" privilegie o mais capaz, o mais forte (mesmo que essa competição se dê em uma sociedade com pontos de partida tão desiguais). Acredita-se que, com isso, se levará a promover o desenvolvimento das forças produtivas geradoras de riqueza do sistema e seus mecanismos de acumulação. Certamente, com a "liberdade" da iniciativa privada, sem a regulação de um ente público, que visa à moderação de desequilíbrios nas relações sociais, os indivíduos (partes), os segmentos mais fortes que constituem uma elite fazem com que os interesses particulares dessa elite se sobreponham ao interesse coletivo popular. Se o resultado esperado é o crescimento da economia, poderão até obter bons números econômicos, mas as relações de poder que dominam e exploram o outro, indivíduo, classe, nações periféricas, natureza, serão acirradas com a consequente intensificação das degradações socioambientais. Não há políticas neoliberais para combater a desigualdade social e delimitar a degradação do meio ambiente; pelo contrário, essas são vistas como gastos e empecilho ao crescimento econômico. Tudo isso agrava a imensa crise que estamos vivendo, como reflexo de sua dimensão paradigmática.

Tudo isso é reforçar a perspectiva excludente, disjuntiva e fragmentária que está no cerne da crise civilizatória, que tem, na ideia da prevalência do mais forte, da particularização dos interesses, do "cada um por si", a exacerbação do egoísmo narcisista de um indivíduo ensimesmado em um egocentrismo. Valores de uma modernidade líquida[2] e efêmera, como diria Bauman (2001), estruturantes da dissolvência da noção de comunidade, do coletivo, de uma sociedade que tenha um propósito comum, do público, da solidariedade como fundante das relações. A princípio, pode parecer um paradoxo a noção de nacionalismo, como espaço identitário de um coletivo comum, sendo propagada junto à efetivação desse neoliberalismo no mundo. Porém, o que referencia esse nacionalismo (de extrema-direita) em curso é a mesma perspectiva

2. "O conceito de modernidade líquida nasce de um diagnóstico de época, em que a contemporaneidade é construída através dos pilares frágeis da insegurança e do consumo. Assim, a vida se torna líquida, ausente de referenciais morais e políticos, um mundo de consumidores, de indivíduos atomizados responsáveis solitários pelo sucesso e fracasso de suas próprias vidas." [Disponível na internet: https://colunastortas.com.br/modernidade-liquida/.] Ver, também, Siqueira (2015).

disjuntiva e excludente do neoliberalismo. A mesma que historicamente sustenta os poderosos e a predominância de seus interesses particulares, como o de "meu país/eu primeiro" que está implícito no *America First*, que faz inimigos os refugiados e imigrantes de outras nações. É a defesa dos "meus" valores tradicionais, o que faz com que alguns entendam os outros como diferentes e inferiores. Essas diferenças, para eles, destroem seus valores, e assim os "diferentes" devem ser perseguidos e marginalizados, como os que têm diferentes orientações sexuais, os que reivindicam igualdades nas relações étnicas, de gênero, de outras crenças religiosas. Como também os que defendem regulações para uma sociedade mais igualitária, que são extemporaneamente estereotipados como "comunistas antipatriotas". Ou seja, tudo e todos que questionam uma ordem historicamente hegemônica instituída por meio da imposição dos interesses econômicos, valores e costumes de uma elite dominante.

Ao neoliberalismo, que favorece a predominância do mais forte e que detém, portanto, o poder, se junta uma visão nacionalista. Visão essa de que a nação deve estruturar-se a partir dos valores dos dominantes, "tradicionais", e que, portanto, os interesses privados, dos poderosos, certamente, devem ser privilegiados sem a presença de um Estado regulacionista. Para esses, o Estado quando cumpre a função distributivista, retira recursos do mercado, o que "pesa" no crescimento econômico e, assim, na geração e acumulação da riqueza dos mais fortes, a elite político-econômica de cada nação. Dessa forma, neste mundo globalizado em que o capital (principalmente financeiro especulativo) se transnacionalizou, os interesses privados das elites das diferentes nações se interligam pelo mundo transnacionalizado, não se limitando aos interesses nacionais. Porém, Estados em que o neoliberalismo predomina, a sua presença mínima, mas regida pela elite e seus representantes, é garantidora dos mecanismos de uma economia de livre mercado com mínima interferência do Estado. Assim fecha o ciclo que potencializa as boas condições para as elites econômicas, em sua bidimensionalidade nacional e transnacional, reproduzirem esse modo de acumulação econômica globalizado. Porém, ao mesmo tempo, a manutenção desse processo de reprodução e acumulação crescente do capital vem, exponencialmente, acentuando a postura excludente nas relações sociais, que degrada as condições de vida da grande maioria, assim como intensifica a destruição do meio ambiente; moto contínuo das relações de degradação socioambiental, que intensificam a grave crise mundial.

Tudo isso serve de contexto para uma grave denúncia de Bruno Latour (2019, p. 12; trad. nossa):

> Tudo parece indicar que uma boa parte das classes dirigentes (o que hoje se chama, de forma muito imprecisa, as "elites") chegou à conclusão de que já não há suficiente espaço na Terra para elas e para o resto de seus habitantes. Por conseguinte, as elites concluíram inútil a ideia de que a história se dirige a um horizonte comum onde "todos os homens" poderemos prosperar de igual maneira.

Considerar a possibilidade de descarte, pela exclusão do seu semelhante, pelo abandono à própria sorte de um náufrago refugiado, ou de uma esquálida criança a morrer de fome, ou pelo cultivo de sentimentos de ódio ao vulnerável, às minorias, essa perspectiva aponta a dimensão de mais uma grave crise, a crise ética de perda de fundamentais valores humanos. Aponta para o descompromisso com a manutenção da vida, do cuidado com o outro como garantia da própria continuidade da vida humana, como na força maternal diante do perigo para sua cria; da ação solidária nas relações, como forma e estratégia de sobrevivência dos indivíduos e da espécie. O ataque e dissolvência ética desses valores, fundamentais para garantir os humanos em sua humanidade até os dias atuais, nos coloca a barbárie no horizonte. Esses são fortes indicadores de que vivemos uma gravíssima crise de um naufrágio civilizatório.

A grande ameaça da morte trágica é o que verdadeiramente nos une. O risco da extinção da vida humana ou até mesmo a vida como um todo, a vida de Gaia,[3] é o grave cenário que o câmbio climático nos

---

3. Muitos advogam que a vida de Gaia é bem mais resiliente que a Humana. Referimo-nos ao planeta Terra como Gaia, assim como Lovelok e Margulis (1974) em sua "hipótese Gaia".

apresenta. Hoje, agora, vivemos essa grande ameaça e olhamos para ela como se não fosse algo tão grave assim, que está longe de nossa vida. Entretanto, estamos todos em grande risco.

O que a ciência mundial coloca como emergência climática, com um quase consenso absoluto, é que a degradação do meio ambiente, na escala planetária que alcançou, está em ponto de colapsar o equilíbrio ecológico que mantém as atuais condições que conhecemos para a reprodução da vida na biosfera; ou seja, em todo o planeta Terra.

Costumamos pensar que os fenômenos se desenrolam numa sequência progressiva e que, com o tempo, com a acumulação dos impactos, é que chegaremos a uma grande situação caótica. Acreditamos que, nessa acumulação, teremos tempo e que a tecnologia resolverá tudo. Os estudos nos mostram cada vez mais que esses não são os fatos.

Realmente, o dinâmico equilíbrio ecológico tem a capacidade de reter uma progressiva tensão, o que os ecólogos chamam de resiliência, sobre suas flexíveis redes de relações, mas a teia da vida um dia pode se romper. A ruptura desse equilíbrio provoca de imediato uma forte reação em cadeia, que produz um caos na ordem anterior, na forma como os fios eram tecidos e sustentavam aquelas condições de vida. Nessa ruptura, quem permanecer viverá o caos. Uma situação de tal magnitude que, ao vivê-la, os que sobreviverem conhecerão algo, talvez, próximo às alegorias do que se chama de inferno!

E a educação ambiental diante de tal cenário?

Mudança climática não existe... Mas é real

Se as pessoas definem uma situação como real, ela acaba sendo real nas suas consequências.
William I. Thomas (1928)

A mudança climática não existe, pelo menos não como um fenômeno específico ou um conjunto de fenômenos concretos que são claramente discerníveis para as pessoas em seu espaço-tempo diário.

Podemos perceber o tempo meteorológico, mas não o clima, sem falar nas flutuações de seus parâmetros ao longo de períodos de décadas, séculos ou milênios. A mudança climática – como o clima – é uma representação científica. Ao mesmo tempo, apenas no aparente paradoxo, a representação científica sintetizada no conceito "mudança climática" – ou no "clima" – nos ajuda a entender a realidade, interpretá-la e, na medida em que consideramos essa interpretação compreensível, ela permite orientar nosso comportamento em relação a essa realidade, principalmente se ela estiver ameaçando a nós, como indivíduos, como sociedade e como espécie.

Brincando com o chamado Teorema de Thomas: quando interpretamos e valorizamos "objetos" que apenas a ciência pode representar em sua complexidade, se definirmos uma situação como irreal, ela acaba sendo real em suas consequências. Ou seja, se na luta social para determinar se a mudança climática é real ou se é causada ou não pela interferência humana no balanço de radiação da atmosfera, são impostas teses negacionistas ou céticas (em suas diferentes versões), essa representação (social) não nos livrará das consequências que a mudança climática tem e, acima de tudo, se projetará a médio e longo prazo para toda a humanidade.

Estamos em plena época em que negacionistas de diferentes sinais e estratégias argumentativas disputam os sentidos com a ciência em relação às questões ambientais que nos afligem. Como Ulrich Beck (2000) previu, "a crise ecológica está sendo questionada. Um dia alguém vai querer argumentar que essa crise só existe na mente das pessoas".

Há crise ambiental? A sociedade humana, em seu atual modo hegemônico de produzir e consumir, é a grande responsável por essa crise? Ela é grave como afirma a grande maioria dos cientistas debruçados sobre essa problemática? As mudanças climáticas são os sinais mais presentes, imediatos e emergenciais, como se propala no meio científico? Essas questões, se aceitas como reais, significam a necessidade de grandes rupturas e transformações no modo de vida atual, o que certamente acarretará grandes mudanças nas atuais estruturas sociais. Mudanças e transformações radicais não são situações muito assimiláveis pelas elites beneficiárias desse modelo, que mantêm esses privilégios pela relação de poder, exercendo domínio das dinâmicas sociais e econômicas para se favorecer, inclusive com o domínio sobre as narrativas que prevalecem sobre as pessoas em geral e suas representações. Ou seja, estão fortemente interessadas em que a crença na gravidade dessa situação não seja tão real assim.

Neste momento histórico, a crise aponta para graves repercussões na própria continuidade da vida no planeta. A ciência sinaliza com limites e pontos de não retorno para o processo de degradação das condições de manutenção da vida nos atuais padrões. Sendo assim, a forma como a população percebe e representa este momento e reage a ele é de extrema importância para demarcar a atuação do educador ambiental. De fato, assumir essa condição póstuma (Garcés 2017) e lidar com ela pode nos colocar na frente de uma nova geração de educadores ambientais, uma geração que terá que enfrentar o colapso da civilização ao se conformar à modernidade e se tornar hegemônica em sua fase do capitalismo global de mercado. Se a educação ambiental (EA) apareceu nos anos 1960 e 1970 como uma ferramenta para reduzir os efeitos degradantes na biosfera de uma civilização que absorve cada vez mais recursos e emite mais e mais detritos, com um viés claramente reformista e voluntarista, agora terá de se reinventar, colocar o cenário educacional no contexto de um colapso socioambiental que já podemos estar enfrentando, sem estarmos totalmente cientes de sua radicalização e seu momento.

Uma das características mais paradoxais dessa condição póstuma é o que Marina Garcés chama de analfabetismo ilustrado, ou seja, "sabemos tudo, mas nada podemos fazer. Com todo o conhecimento da humanidade à nossa disposição, só podemos restringir ou acelerar nossa queda no abismo" (Garcés 2017). A mudança climática é a melhor expressão da condição póstuma em que a EA terá que operar à medida que o século XXI progride: enquanto a representação científica objetiva representa a crise climática e a mudança global que implica – mais ou menos catastrófica segundo agirmos na próxima década –, a civilização humana continua a operar dentro da estrutura estabelecida pelo capitalismo de mercado global.

A Conferência do Clima Paris 2015 (Conferência das Nações Unidas sobre Mudança Climática – COP21) estabelece, em suas resoluções, parâmetros acordados como forma de enfrentar, para remediar e adaptar as condições do desenvolvimento a limites climáticos suportáveis, que o aumento da média do aquecimento global é de + 1,5 °C a + 2 °C até o final do século. Exceder esse limite de temperatura colocaria a humanidade na zona de sofrimento. De acordo com os cenários tratados pelo Painel Intergovernamental sobre Mudanças Climáticas (IPCC 2018), para atingir esse objetivo, será necessário seguir um caminho para reduzir as emissões de gases de efeito estufa que nos leve a meados de século com a metade das atuais emissões, com a possibilidade de chegar ao final do século com a emissão zero (é dizer, tantas emissões anuais como são capazes de absorver os sumidouros naturais de CO_2). Nesse caminho, os próximos dez anos, com o ano 2030 como horizonte imediato, serão cruciais. Infelizmente, quatro anos depois, em 2019, pouquíssimo se avançou na COP25, de Madri.

Atender esse caminho de redução de emissões requer mobilização global e uma ruptura profunda com os modos atuais de produção e consumo, principalmente nos países mais desenvolvidos. Para que haja motivação e mobilização para iniciativas que levem a essas rupturas, a crença compartilhada entre indivíduos e sociedade de que é real a gravidade da crise será fundamental.

Como a educação ambiental, por intermédio de seus educadores, pode contribuir com as mudanças no juízo de valor da população, de modo que se coadune com o processo de transição para um outro modo de vida?

A pesquisa social identificou algumas barreiras que dificultam o trabalho educacional, especialmente quando há poucos recursos e não há políticas públicas de educação e meio ambiente que considerem transversalmente o papel da educação institucionalizada e não formal no enfrentamento da crise climática.

As primeiras barreiras estão associadas a déficits e distorções na compreensão da mudança climática antrópica por toda a sociedade, aos processos biofísicos envolvidos, à maneira como ela interfere na atividade humana, às consequências de alterar a atmosfera para a humanidade e a biosfera e as implicações econômicas, políticas, energéticas e referentes a políticas sociais para adaptação e mitigação. As barreiras ao conhecimento derivam de duas características da crise climática. Em primeiro lugar, a mudança climática é um fenômeno hipercomplexo e abstrato do ponto de vista da cultura comum, na medida em que só pode ser entendida levando-se em consideração a representação da ciência pela ciência. De fato, um número significativo de pessoas acredita que a mudança climática é real sem acreditar que a comunidade científica tenha plena certeza de que é assim (Meira 2013). Em segundo lugar, também é um fenômeno contraintuitivo que tende a ser confundido com aspectos relacionados à natureza caótica – ou aparentemente caótica – da percepção da cultura comum – do tempo e da confusão entre o tempo e o clima. Sempre que uma onda de frio afeta o sul dos Estados Unidos, associada à desestabilização de correntes no aquecimento do Ártico, a mídia negacionista é preenchida com vinhetas supostamente bem-humoradas que procuram demonstrar a aparente contradição entre um planeta em aquecimento e o gelo cobrindo os pântanos da Flórida ou as praias da Califórnia. O mesmo ocorre quando chuvas torrenciais atingem locais tradicionalmente secos, enquanto a suposição comum da cultura é que os processos de desertificação são exacerbados.

Um segundo conjunto de barreiras dificulta que as pessoas avaliem a gravidade e o imediatismo das ameaças associadas às mudanças climáticas. Estudos de opinião pública mostram que as mudanças climáticas geralmente não são um dos problemas que mais inquietam e preocupam uma sociedade, tendo uma relevância social relativamente baixa. Em sua hierarquia de problemas e necessidades, as pessoas frequentemente apresentam as dificuldades que têm a ver com a satisfação imediata de suas necessidades, economia, bem-estar, saúde e segurança a curto prazo. Diante dessas prioridades, as mudanças climáticas e suas consequências são frequentemente percebidas como distantes no espaço – afetam ou afetarão outras pessoas em outros lugares – e no tempo – seus impactos ocorrerão no futuro, a médio ou longo prazo e, em todo caso, fora da expectativa de vida da população com mais capacidade de tomar decisões de resposta diante da ameaça. Essa distância psicológica é alimentada pelo lugar secundário da crise climática na agenda pública (social, política, cultural, educacional etc.), que alimenta a irrelevância e inibe o impulso individual e coletivo de agir.

Um terceiro tipo de barreira para lidar com a crise climática decorre da dificuldade de traduzir a consciência de sua existência e seu potencial de ameaça, em ações de resposta coerentes e eficazes, individual e coletivamente. Uma primeira barreira é a sobredeterminação que cria a ameaça da crise climática nas pessoas. A sobredeterminação é uma emoção mista, que combina o medo que inspira um mundo degradado pela alternância do clima e a impotência percebida do indivíduo, que entende que sua resposta é insignificante diante da magnitude e da globalidade da ameaça. A sobredeterminação é uma emoção paralisante que muitas vezes leva à inibição: de que serve se preocupar com um problema diante do qual a ação individual é percebida como irrelevante, ineficaz ou inútil? Outras barreiras à ação decorrem da dificuldade em encontrar microcontextos e macrocontextos que facilitam comportamentos coerentes com o conhecimento do problema e a conscientização de que ele é relevante. Essas barreiras situacionais atuam como obstáculos estruturais: por exemplo, de pouco serve apostar no nível individual no uso de transporte público se residirmos em uma sociedade em que a infraestrutura de transporte e a organização urbana são projetadas para favorecer o transporte privado. Nos cenários da vida cotidiana, são impostas as rotinas associadas ao modelo energético determinado pelo uso intensivo de combustíveis fósseis, desde o âmbito das tecnologias até o dos estilos de vida (alimentação, consumo, mobilidade, lazer, relações sociais, cultura etc.). Apesar de tomar consciência da crise climática e assumir formalmente valores e padrões comportamentais alternativos, com o objetivo de reduzir a pegada de carbono individual e coletiva, os contextos em que vivemos – principalmente nas sociedades mais desenvolvidas – continuam a operar com a lógica estrutural de um mundo alimentado por energia fóssil. São contextos determinados por orientações políticas e econômicas que continuam a operar sob o mito do crescimento como premissa para o desenvolvimento humano sustentável. De fato, como destacado por González-Gaudiano (2019), pode-se afirmar que a principal "barreira cultural" para a transição ecológica necessária é a natureza estrutural da crise climática: suas implicações naturais e humanas, seus efeitos agregados e complexos, sua expressão espacial e temporal, seus medos de incerteza científica, suas implicações políticas e éticas, sua complexidade multicausal, a incoerência entre mensagens científicas e as políticas de resposta, o culto ao progresso e aspirações ao "desenvolvimento", otimismo tecnológico etc.

A necessidade de superar essas barreiras para responder à crise climática na janela temporal de oportunidade que a ciência identifica na próxima década obriga a estabelecer estratégias educacionais de emergência a serem adaptadas a cada contexto social, centradas na mitigação nas sociedades com mais emissões de gases de efeito estufa e na adaptação nas sociedades com menos carga nas emissões, mas geralmente mais vulneráveis aos seus efeitos, com três desafios principais:

- Em primeiro lugar, é preciso que a população considere a relevância das mudanças climáticas, perceba seu potencial de ameaça, coloque-a no centro de sua agenda pessoal e seja capaz de valorizá-la como um risco iminente. Essa conscientização será fundamental para indivíduos e sociedades apoiarem políticas de mitigação e adaptação mais radicais e se envolverem em sua implementação. Esse processo de conscientização deve evitar sobredeterminação; ou seja, a paralisia individual e coletiva que leva aos piores cenários da crise climática quando se apresentam, sem propor alternativas para evitá-los e sem oferecer formas eficazes pelas quais as pessoas possam participar da realização de políticas de mitigação e adaptação.
- Em segundo lugar, e paralelamente à tomada de consciência, é necessário desenvolver processos educacionais que estabeleçam conexões significativas entre indivíduos e as comunidades com as mudanças climáticas. Diante de um problema que parece representar-se como abstrato e ser percebido como psicologicamente distante, é necessário

estabelecer vínculos entre as mudanças climáticas e as dimensões da vida cotidiana que mais preocupam as pessoas e comunidades: saúde, alimentação, segurança, economia (concreto), moradia, acesso a água potável, qualidade do ambiente nas proximidades etc. Nesse sentido, é necessário que as pessoas deixem de ser consideradas indefesas e alheias às causas dos problemas, identificando e assumindo suas responsabilidades e corresponsabilidades em causas e soluções, para que deixem de ser vistas apenas como vítimas passivas e impotentes, e possam adotar um papel cidadão proativo.

- Em terceiro lugar, é preciso internalizar a urgência de agir, dadas a inércia do sistema climático e a magnitude das mudanças necessárias para limitar a mudança para + 1,5 °C ou + 2 °C até o final deste século. Essa urgência em agir deve ser internalizada em todos os níveis e instituições sociais. Precisamos articular, por exemplo, um currículo de emergência climática. Um programa que coloca a crise climática entre as prioridades de todos os níveis de ensino, principalmente no obrigatório. As mudanças climáticas têm de deixar de ser consideradas um tema a mais no currículo, para serem tratadas como um problema cuja resolução marcará o futuro da humanidade. Estudantes que estão agora no sistema educacional ou na escola nesta década serão a geração da mudança climática: a qualidade de suas vidas será determinada pela eficácia das respostas que sejamos capazes de dar agora.

A descarbonização acelerada de nossas sociedades exige que todos os recursos institucionalizados de socialização operem com esse objetivo. O artigo 12 do Acordo de Paris convida os países signatários a alinhar suas políticas educacionais à política climática, mas sua transposição para a prática curricular e a ativação de recursos educacionais não formais foram praticamente nulas. Quantos sistemas educacionais atuais incorporaram a resposta à crise climática como pedra angular e objetivo primordial da política educacional? Quantos países vincularam diretamente suas políticas de mitigação e adaptação às políticas nacionais de educação?

O que se verifica até aqui são a gravidade e a urgência da crise, e o ano de 2030 é sinalizado como decisivo para os rumos da humanidade. Para nós, essas referências caracterizam o câmbio climático como sendo gerado pela forma como o modo de produção e consumo globalizado demonstra sua insustentabilidade, resultando na crise do modelo civilizatório da modernidade. É nesse contexto adverso que pensamos na urgência de uma educação ambiental crítica, transformadora e emancipatória, que contribua no processo de construção da transição para uma sociedade socioambientalmente sustentável.

A essa urgência cabe adicionar a necessidade de uma resposta global; pouco serve que uma sociedade ou um grupo social empreenda o caminho da transição ecológica, se não se produz uma articulação concertada em nível global, tal e como pretende o Acordo de Paris. A maior responsabilidade reside, porém, nos grandes emissores dos gases de efeito estufa. O Climate Action Tracker e o Climate Transparency analisaram nos países do Grupo dos 20 (G20) a contribuição nacional projetada (INDC) – o que os governos propõem mitigar – e as políticas efetivas implantadas (em 2017) – o que realmente estão fazendo – para a redução das emissões de gases de efeito estufa, tendo como horizonte seu alinhamento ao cumprimento do Acordo de Paris. O resultado dessa avaliação é mostrado no Gráfico 1: com exceção da Índia, as políticas climáticas propostas e implementadas nos países do G20 são insuficientes e, em alguns casos, criticamente insuficientes, para atingir as metas estabelecidas em Paris para limitar o aumento da temperatura abaixo de 2 °C e, obviamente, 1,5 °C (Sachs *et al.* 2018). O que realmente preocupa nesse gráfico é que as sociedades representadas nele somaram mais de 80% das emissões globais de gases de efeito estufa de origem fóssil no ano de 2017.

O que a ciência nos diz é que estamos vivendo hoje um grave dia da história da humanidade, e que em poucas horas essa teia da vida irá se romper. A reação em cadeia que virá, com megaimpacto sobre as condições ambientais que mantêm as atuais formas de vida, inclusive a nossa humana, é imprevisível e aterradora. Temos, todos, poucas horas. O que fazer? Fios isolados não formam uma teia. No naufrágio civilizatório, tentar se safar cada um por si? *America First*? Será a confirmação da denúncia de Latour de uma rota de fuga, em que as elites mundiais estão correndo para pegar os poucos botes salva-vidas do Titanic para se salvarem, deixando à própria sorte os não privilegiados? Grande ilusão; somos todos vulneráveis passageiros em uma nave muito maior e, nesta forte tormenta, esses botes são muito mais frágeis, reduzidos e limitados para enfrentá-la. Essa postura individualista e excludente é que tem nos levado a todos a essa situação de degradação social, ambiental, ética. Continuar buscando a rota de fuga, reproduzindo o mesmo caminho que nos trouxe até aqui, isso é continuarmos vivendo o naufrágio, presos na armadilha paradigmática.

Gráfico 1: Contribuições nacionais previstas e políticas concretas aplicadas (2017)

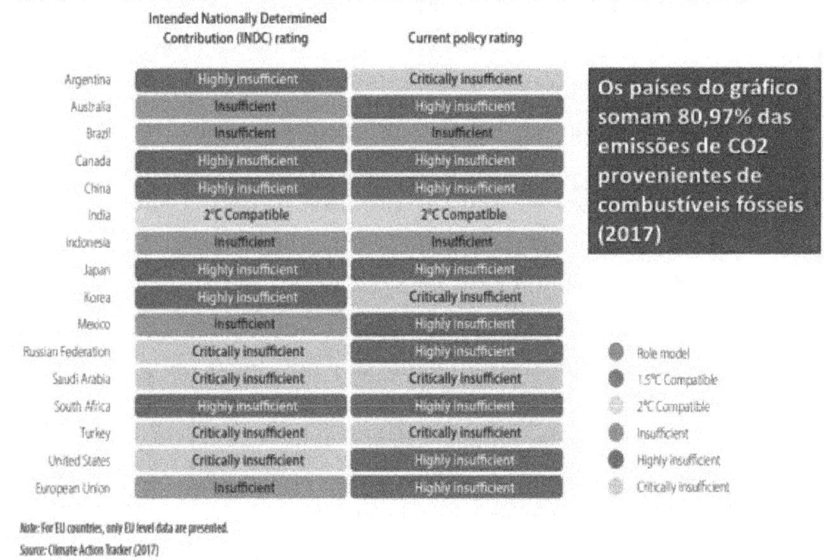

Diferentemente de Latour, apostamos otimistamente que apenas parte das elites mundiais manifesta essa postura excludente da estrutura de pensamento disjuntivo da modernidade, por se encontrar presa inconscientemente à armadilha paradigmática. A cegueira produzida por essa armadilha é o naufrágio de todos, porque somos vulneráveis quando buscamos enfrentamentos particularizados. Individualmente, somos frágeis, e na busca histórica da sobrevivência, sempre fomos seres sociais colaborativos. Os botes salva-vidas são muito mais frágeis para enfrentar a tormenta – o navio tem maiores possibilidades. A diversidade e a sinergia de todos embarcados no navio é que poderão potencializar a superação da tormenta.

Estarmos como educadores ambientais conscientes desse risco e enfrentá-lo com todas as nossas forças é estarmos juntos investindo, com prioridade absoluta, no que pode nos levar a mudar a tensão que se faz sobre a teia da vida. Como sociedade, temos que estar abertos e fortemente intencionados a buscar viver novas relações entre nós e com o meio ambiente. Isso significa termos que abrir mão do atual modo de vida, das expectativas e desejos que alimentam nossos atuais sonhos de futuro, trocando-os por outros, de nos atrever diante do medo que o desconhecido nos traz, para a construção de outro mundo possível, simples e feliz.

Fortalecer e potencializar visões e ações que se contraponham a essa realidade na práxis dos educadores ambientais, capazes de dinamizar o enfrentamento dos três grandes desafios descritos anteriormente, propiciará que ganhe amplitude o movimento de construção de uma sociedade socioambientalmente sustentável.

A prioridade para as transformações significativas que precisamos implementar passa fundamentalmente por pressionar os tomadores de decisão para políticas de investimento em educação, ciência e preservação ambiental, assim como de combate à desigualdade social. Transformações que se voltem para criar as condições de um novo modo de vida, em que as relações em equilíbrio das partes com o todo estruturem dialogicamente um novo modo de organização social em um novo modo de produzir e consumir na relação com a natureza. Relações que distensionem a teia da vida e permitam, na resiliência, trançarmos nela novos fios.

O caminho negacionista de atacar e desacreditar a educação, a ciência e a necessidade de preservação ambiental, como também o incentivo à concentração de renda das políticas neoliberais – como tem acontecido em movimentos reacionários de conservação do *status quo* que se empoderam no Brasil e outros lugares do mundo –, nos aproximam cada vez mais desse ponto de ruptura, do caos e da barbárie, e isso afeta a todos, sem exceções para privilegiados.

Porém, diante de uma catástrofe como as mudanças climáticas nos anunciam, na vivência de uma experiência significativa transformadora, o espírito humano solidário sempre se apresenta. Estarmos conscientes da grande ameaça da morte e da barbárie é o que verdadeiramente nos une, e como a sabedoria popular nos indica, "a união faz a força". Eis um bom e novo caminho a seguir, a conquistar e a transformar.

Radicalidade, transformações significativas e educadores ambientais

Há uma ideia predominante na modernidade disjuntiva de que, para se chegar a uma totalidade, somamos as suas partes, como já dissemos antes. Isso não é errado, mas é uma possibilidade reduzida e simplificadora. Por exemplo, a ideia da ação coletiva como sendo a soma das partes, do 1 + 1 que é realmente 2 (que é melhor e maior do que apenas 1), no entanto isso não supera a perspectiva disjuntiva do paradigma da modernidade, que se estrutura a partir do "um" fundante, por exemplo, do neoliberalismo, do individualismo, da parte, do particular no capitalismo. Para pensarmos para além disso, podemos usar a analogia de que a superação se dá na ideia do 1 com 1 > 2,[4] porque aqui pode ocorrer, na interação das partes, a sinergia (força resultante que vai além da soma das partes), numa relação integrativa de complementaridade, importante força para a pressão social no confronto pelo surgimento de um outro modo de vida. O 1 + 1 pode se restringir à ideia reduzida da participação das redes sociais, em que 1 por trás do computador isolado do outro 1 são 2 (que é melhor e maior do que apenas um); cada um assina o manifesto de protesto e ao final temos a soma dos "participantes"

4. O maior que dois como uma possibilidade mais complexa e ampliada de totalidade do que a totalidade igual a dois, como resultado da soma das partes.

protestando. Mas o resultado disso em maior interação, por exemplo, das pessoas juntas se manifestando nas ruas, é bem maior pela sinergia, que se dá pela interação que se fortalece na relação autovigorante do 1 com 1. Essa sinergia é fundamental para dinamizarmos e potencializarmos os movimentos que se contraponham na construção de outros modos de vida, de produzir e consumir, que sejam sustentáveis. Podemos usar dessa analogia para problematizar uma ideia que muito se repete em educação ambiental, a de "cada um fazer sua parte"; se for pensado apenas cartesianamente na parte, ela reforça a perspectiva disjuntiva, voltada para a ação individual. É essa concepção que faz com que nós, professores, aceitemos, por exemplo, um trabalho de grupo (coletivo) com cada um fazendo uma parte e reunindo-as num somatório de trabalhos individuais.

Na práxis desses educadores ambientais é imperativo superar essa armadilha do paradigma que tende a nos colocar numa postura conservadora reprodutivista de uma educação comportamentalista do indivíduo. Pela radicalidade dos desafios que a ciência nos apresenta, faz-se necessário promover, nos processos formativos de educação ambiental, uma constante postura reflexiva crítica. Isso passa pela reforma de um pensamento disjuntivo para um pensamento complexo (Morin 1999) em que se desfoca da parte unicamente e se percebem as relações entre as partes, das partes com o todo e do todo com as partes, em relações que são conjuntamente antagônicas, complementares e concorrentes.

Acreditamos na importância de potencializar movimentos que busquem a emergência de outros modos de vida na sociedade, que tragam essa perspectiva crítica, transformadora e emancipatória, que promovam o enfrentamento dos três grandes desafios apresentados rumo a uma transição civilizatória e que os educadores ambientais possam ser agentes dinamizadores desse movimento.

Portanto, a superação dessa armadilha em nosso cotidiano, para nós, educadores ambientais, por tão inconsciente e automatizada que está em nossas práticas, requer uma atenção constante certamente predisposta por uma postura reflexiva crítica que favorece uma práxis transformadora. Entretanto, percebemos que nós, como seres individuais e sociais complexos que somos, necessitamos ir além de uma percepção cognitiva que nos alimente, pela *reflexão crítica*, a razão. Somos seres integrais em que razão e emoção, corpo e espírito, indivíduo e sociedade interagem e isso se realiza na relação com o outro, com o mundo.

Em função disso, estamos desenvolvendo estudos que nos forneçam indicadores de uma formação mais radical de educadores ambientais. Entendemos que a gravidade e a urgência da crise que vivemos requerem educadores comprometidos, como militantes radicais (que vão à raiz) dessa causa, como "sujeitos ecológicos" (Carvalho 2004) transformados e transformadores, capazes de superar as armadilhas paradigmáticas, dinamizando movimentos sociais que se contraponham a esse modo de vida em crise em suas esferas públicas de atuação.

Desse modo, nessa proposta consideramos importante pesquisar ambientes educativos[5] que possam propiciar experiências significativas[6] de ruptura da armadilha paradigmática, promovidas por convivências de práticas individuais-coletivas em outros modos de vida, baseadas em padrões relacionais e referências epistemológicas diferentes da modernidade. Nessas pesquisas, valorizamos as comunidades e culturas locais, seus saberes tradicionais e ancestrais, assim como outras iniciativas comunitárias, realidades outras, diferentes do modo de vida da modernidade, vivenciadas em experiências significativas.

---

5. O ambiente educativo que buscamos constituir nesta proposta é de um espaço-tempo dinamizado por relações provocativas, incentivadas por princípios formativos para potencializar experiências significativas sincronicamente vivenciais, do indivíduo, de um com outro (indivíduo/sociedade), de um com o mundo (natureza).
6. Compreendemos, assim como Jorge Larrosa Bondía (2002), que a experiência "é o que nos passa, o que nos acontece, o que nos toca", o que preenche de sentido significativo no processo formativo do educador em transformação e transformador em sua práxis. Entende-se como significativo que o religar a natureza em um sentido sacralizado leva a vivenciar e perceber essa relação como uma interação vital, não somente para a sobrevivência física, mas em seu sentido de transcendência e realização da humanidade em um fazer integrado aos movimentos da natureza. Um saber vivencial (de experiência em Bondía) em construção que contemple essa experienciação de estar no mundo em busca da completude do ser, em uma religação imanente com algo maior que nos transcende.

Assim é que estamos desenvolvendo uma proposta teórico-metodológica, essa que denominamos de "*com*vivência pedagógica", que busca evidenciar um processo formativo de imersão[7] em intensa vivência com outras epistemologias e modos de vida, potencializando experiências significativas demarcadas pela centralidade no convívio dialógico entre indivíduos, sociedade e natureza. Esse processo formativo propõe imersões em ambientes educativos que provoquem um choque de realidade por experiências vivenciais dos princípios formativos. Fundamentos que são entendidos como provocadores da dinâmica e orientadores das atividades vivenciadas nos ambientes educativos, constituindo-se como indicadores metodológicos da proposta.

Princípios que estamos delineando na proposta e que interagem:

- *Desestabilização criativa*: elemento que provoca uma desestabilização das certezas impostas pelo determinismo da modernidade cientificista, rompendo com uma falsa segurança e estabilidade de algo já percebido como conhecido. Essa falsa sensação de segurança e de estabilidade decorre de referenciais introjetados em nosso inconsciente individual e coletivo (paradigma disjuntivo da modernidade). Pelo reconhecimento da crise paradigmática vivida (*reflexão crítica*) provoca-se o movimento de superação do pré-determinismo, que pouco contempla as incertezas do real, ainda mais em tempos de graves crises (*indignação ética*). As posturas possibilistas (que se opõem ao determinismo) potencializam que o novo possa surgir. Tudo isso é vivenciar relações de renúncia ao conhecido e a abertura para o novo (*intencionalidade transformadora*/*postura conectiva*).[8]

7. Entendemos que a imersão é uma estratégia que favorece a ruptura com as referências da modernidade tão impregnadas em nosso cotidiano, em que, ao vivenciarmos no dia a dia um outro modo de vida bem diferente da vida moderna, isso possa provocar uma desestabilização (choque) a ser trabalhada reflexivamente para um desvencilhamento e ressignificação dos paradigmas da modernidade.
8. Na *desestabilização criativa*, para que não se reforce o sobredeterminismo da sensação de impotência diante do desconhecido, ressalta-se o otimismo do novo

- *Reflexão crítica*: princípio que provoca uma postura problematizadora e de apropriação dos conhecimentos científicos diante de uma realidade em que a gravidade e a urgência da crise potencializam uma sensação de inquietude (*desestabilização criativa*). Sensação essa motivadora da não aceitação da realidade dada como tal (*indignação ética*) e mobilizadora na intervenção para uma realidade outra (*intencionalidade transformadora*) a qual se realiza no movimento transformador para além do individual (postura conectiva).
- *Postura conectiva*: princípio que provoca uma ruptura com o modo de vida disjuntivo da modernidade (*desestabilização criativa/intencionalidade transformadora*). Esse modo de vida é calcado na hierarquização do poder que favorece relações reducionistas de dominação e exploração de um sobre o outro (*reflexão crítica/indignação ética*). Ao se romper com essa disjunção, a postura conectiva se torna possível pela vivência experiencial de relações dialógicas horizontalizadas, de sentimentos conectivos de pertencimento em suas complementares dimensões, social (sentido de comunidade), cultural (sentido de interculturalidade), espiritual (sentido de *religare*), ambiental (sentido planetário – Gaia).
- *Indignação ética*: princípio que provoca a percepção existencial da indignidade da vida submetida a relações de opressão e submissão, contrárias aos princípios de sua livre expressão. Relações essas impostas por forças que obscurecem a manifestação da vida em sua plenitude singular, diversa e complementar ao outro. Conhecer a história das dominações opressoras (*reflexão crítica*) motiva um sentimento de ruptura com essas situações. Isso

nas possibilidades do processo de superação do que está em crise. O foco é no processo e nas possibilidades de construção de novas relações individuais e coletivas e não na busca de um resultado finalístico predeterminado, que nos leva à busca de referências anteriores, conhecidas e pré-ditas de um passado construtor da crise do presente. É vivermos criativamente a utopia do "inédito viável" freiriano e não projetarmos um futuro distópico deste mundo em crise.

mobiliza a vivência de outras relações de dialogia não opressora, que superam a negação do outro. Essa superação, experienciada pela força da amorosidade (*postura conectiva/intencionalidade transformadora*), se dá pela inversão da prioridade do "eu" pelo "outro" que me antecede (sujeito ético).

- *Intencionalidade transformadora*: princípio que provoca a construção do sentido na práxis do educador para a transformação da realidade. Práxis motivada pela percepção da crise civilizatória de um modo de vida disjuntivo, opressivo e degradante socioambientalmente (*reflexão crítica*), mobilizada (*indignação ética*) para intervir na superação dessas condições, pela vivência experiencial da amorosidade de novas relações conectivas (*desestabilização criativa/postura conectiva*).

Esses princípios certamente se interpenetram, como, por exemplo, na busca de uma "intencionalidade conectiva"[9] para que a práxis do educador ambiental promova uma postura pra fora, voltando-se, entre outras possibilidades, para a esfera pública do viver. Mesmo que seja a princípio uma ação individual, de cada um fazendo sua parte, porém com postura para fora. Um bom exemplo é o da jovem Greta Thunberg.[10] Ela começou protestando sozinha na frente do parlamento sueco e juntou multidões. Isso quando ela, anteriormente, já não andava de avião, tinha mudado alimentação e hábitos de consumo, fazendo sua parte. Dessa forma, sua ação, até então, voltava-se para dentro, numa real e importante mudança de sua esfera privada de vida. No entanto, enquanto reduzida a uma ação privada, sua atitude teve pouca repercussão para transformações significativas da realidade coletiva, pois era uma ação ainda referenciada pelo paradigma disjuntivo que leva a ações individuais, particularizadas,

9. Se dá na interseção dos princípios formativos: *intencionalidade transformadora* e *postura conectiva.*

10. Jovem sueca que, aos 15 anos, em outubro de 2018, passou a fazer greve escolar todas as sextas-feiras, se postando diante do parlamento com seu cartaz de protesto contra a passividade dos políticos em relação às mudanças climáticas. Sua iniciativa gerou hoje um movimento global entre os jovens, que se denomina *Friday for Future*.

voltadas para a mudança de comportamentos individuais somente em sua esfera privada de vida. O que se espera a partir dessa lógica disjuntiva hegemônica é que, como resultado dessas mudanças individuais de crianças e jovens, quando se tornarem adultos transformados, como resultado do 1 + 1, teremos uma sociedade transformada. Já discutimos antes como isso é uma visão simplificada e reduzida da complexa realidade socioambiental. Mas foi realmente quando Greta assumiu uma intencionalidade conectiva e se colocou diante do parlamento, num espaço público, é que ela revelou uma postura para fora de atuação na esfera coletiva de vida. A postura para fora propicia potência a essa ação para um "bom encontro",[11] porque tendem a se juntar 1 com 1, o que pode ser maior que 2.

Pelo sentido da interconexão parte-todo, a manifestação da intencionalidade conectiva de se fazer diferente rompe com o "agir no automático", despertando para o consciente uma práxis que, ao se realizar conjuntamente, reforça sinergicamente um movimento de ações objetivas e subjetivas, que se ampliam para além de uma ação particular de uma esfera privada, em uma realidade local, o de "cada um fazer sua parte". Essa intencionalidade conectiva se propaga para além da comunicação direta do fato, mas também pela difusão imaterial e subjetiva dessa intencionalidade em um etéreo movimento consciente em uma "transição paradigmática",[12] constituinte de um inconsciente coletivo, demarcados por um outro padrão

11. Para Espinosa, "a potência do meu ser se expressa através dessas relações de proporção entre velocidade e repouso. Tal como a música, tal como a dança, a potência do ser é sua capacidade de gerar bons encontros e suportar maus encontros sem perder suas proporções. Somos corpos que vibram ao som da música divina". [Disponível na internet: https://razaoinadequada.com/2014/08/07/espinosa-a-potencia-do-ser/, acesso em 6/6/2019.]
12. Para Boaventura de Sousa Santos (2000, p. 52), "(...) é simultaneamente um processo de superação e um processo de obsolescência. É superação na medida em que a modernidade cumpre alguma de suas promessas, em alguns casos até em excesso. É obsolescência na medida em que a modernidade já não pode cumprir outras. Tanto o excesso como o déficit do cumprimento das promessas históricas explicam nossa presente situação, que aparece superficialmente como um período de crise, mas que, a um nível mais profundo, é um período de transição paradigmática".

relacional e civilizatório. É assumirmos em nossos "atos"[13] uma postura para fora, para a dimensão da esfera pública, superando uma forte tendência que o paradigma disjuntivo nos impõe de nos enclausurarmos para dentro da dimensão da esfera privada de vida. Isso levaria a nos isolar do debate público[14] e a não participar nos rumos da sociedade, reforçando uma posição disjuntiva ensimesmada. Ao nos encontrarmos na relação com o outro, posturas igualmente conectivas, buscando outros padrões relacionais, estaremos sinergicamente atuando em bons encontros nos movimentos contra-hegemônicos de transição paradigmática.

Enfrentar a crise socioambiental, desta perspectiva de uma crise civilizatória, requer uma ruptura com o modo de produção e consumo dominante e em seu modo de pensar e viver o mundo da modernidade, o que nos impõe uma educação ambiental crítica, transformadora e emancipatória. Requer a afirmação de um outro modo de ser e estar no mundo, um modo dialógico, amoroso, inclusivo e solidário.

Não há uma rota de fuga para alguns em um naufrágio civilizatório, pois somos todos vulneráveis; juntos, somos mais fortes na construção de novos caminhos. É, portanto, pela urgência e pela gravidade da crise que acreditamos importante a radicalidade da formação e atuação dos educadores ambientais. Um novo mundo urge, exige muitas Greta Thunberg no 1 com 1, eis o educador ambiental transformado e transformador.

---

13. Para Espinosa, todo ato é potência. "Efetuar sua potência é necessariamente agir para gerar bons encontros, ou seja, compor com o mundo. Pense em um quarteto de cordas: eu tenho a capacidade de tocar violino, mas se estiver nervoso, eu posso tocar fora do tom e arruinar a música. Eu posso também tocar isolado de outros instrumentos, e neste caso nada aconteceria. Ou este ato de vibrar cordas do meu violino pode se compor com a harmonia da música que está sendo tocada pelos meus companheiros. Neste caso, as cordas ressoam entre si, isto é o aumento da potência. Há ressonância. Eu atuo no mundo." [Disponível na internet: https://razaoinadequada.com/2014/08/07/espinosa-a-potencia-do-ser/, acesso em 6/6/2019.]

14. Mesmo que o debate hoje seja uma tônica das redes sociais, a virtualidade desse espaço inebria e confunde o privado com o público, fazendo que a ideia de debate público e coletivo seja apenas o somatório dos *likes* e *dislikes* diante de uma opinião do indivíduo.

7
A "*COM*VIVÊNCIA PEDAGÓGICA" DO CAMINHO DE SANTIAGO[1]

Noeli Borek Granier
Angela Luciane Klein
Luciana Guedes Guimarães
Mauro Guimarães

A experiência que relatamos neste capítulo insere-se na proposta formativa da "*com*vivência pedagógica" que estamos desenvolvendo para a formação de educadores ambientais. Confluem nessa investigação pesquisas de doutorado e mestrado de integrantes do Grupo de Estudos e Pesquisa em Educação Ambiental, Diversidade e Sustentabilidade, da Universidade Federal Rural do Rio de Janeiro (Gepeads/UFRRJ), assim como de uma pesquisadora em educação ambiental da Universidade Federal do Paraná (UFPR). Essa pesquisa tem, entre seus desdobramentos, a tese de doutorado de Noeli Borek Granier, em processo de elaboração.[2]

---

1. Texto baseado no artigo de Granier *et al.* (2020).
2. Com o apoio da Coordenação de Aperfeiçoamento de Pessoal de Nível Superior (Capes).

A "*com*vivência pedagógica" é uma proposta teórico-metodológica para a formação de educadores ambientais, na qual o ambiente educativo se constrói na convivência entre educadores ambientais em formação, em uma práxis pedagógica. Propõe-se, pela radicalidade de experiências vivenciais de outros referenciais epistemológicos e modos de vida, o exercício da dialogicidade de novas relações conectivas com o outro, com o mundo (Guimarães e Granier 2017, pp. 1.576-1.577), buscando a ruptura com os referenciais paradigmáticos da modernidade. Os tempos de emergência climática requerem a radicalidade de educadores ambientais transformados e transformadores da realidade em crise.

Por sua importância nessa proposta, especial atenção é dada ao ambiente educativo. Sua escolha e elaboração se orientam pela potencialidade que as características do contexto oferecem, no sentido de oportunizar ao sujeito em formação experiências vivenciais radicais, que vão à raiz das questões, que proponham um "choque de realidade", para que sejam experiências significativas e que contribuam para o rompimento da "armadilha paradigmática", descrita em Guimarães (2007), imposta pela perspectiva hegemônica e estruturante do mundo moderno. Consideramos que a vivência dessa radicalidade é essencial à formação do educador ambiental, em sua vida e práxis educativa transformada e transformadora, haja vista a necessidade do enfrentamento da gravidade e da urgência da crise socioambiental atual, que tem nas mudanças climáticas sua maior expressão.

Essa proposta vivencial coaduna com a perspectiva significativa de "experiência" em Bondía (2002, p. 21), para quem "a experiência é o que nos passa, o que nos acontece, o que nos toca. Não o que se passa, não o que acontece, ou o que toca. A cada dia se passam muitas coisas, porém, ao mesmo tempo, quase nada nos acontece". Nessa linha, a experiência refere-se a algo que nos marca, nos impacta, tornando-se indelével, impregnando-se em nossa memória e em nossos sentidos. Contudo, para que algo nos aconteça e nos toque, de fato, é necessário:

> (...) parar para pensar, parar para olhar, parar para escutar, pensar mais devagar, olhar mais devagar, e escutar mais devagar; parar para sentir,

> sentir mais devagar, demorar-se nos detalhes, suspender a opinião, suspender o juízo, suspender a vontade, suspender o automatismo da ação, cultivar a atenção e a delicadeza, abrir os olhos e os ouvidos, falar sobre o que nos acontece, aprender a lentidão, escutar aos outros, cultivar a arte do encontro, calar muito, ter paciência e dar-se tempo e espaço. (Bondía 2002, p. 24)

Experimentar as possibilidades pedagógicas de ambientes educativos para a realização da "*com*vivência pedagógica" por essa perspectiva está no cerne de nossas investigações e, em seus desdobramentos, a consolidação de princípios formativos em desenvolvimento. São eles: *reflexão crítica*, *posturas conectivas*, *indignação ética*, *desestabilização criativa* e *intencionalidade transformadora*. O principal objetivo deste relato é apresentar a experiência do caminho de Santiago como um ambiente educativo dentro da proposta da "*com*vivência pedagógica", suas possibilidades e limites, de forma a aportar subsídios para a consolidação da proposta e aplicabilidade em processos formativos de educadores ambientais em contextos diferenciados.

As vivências efetuadas em investigações anteriores foram realizadas em diferentes ambientes educativos, dentre eles aldeias indígenas e outros contextos diversos do modo de vida da modernidade. Ambientes em que houvesse uma centralidade na relação dialógica entre esses modos de vida e a natureza, facilitando um reencontro do humano com o natural, considerados processos formativos de acordo com a proposta da "*com*vivência pedagógica".

Percorrer o caminho de Santiago, tradicional percurso de peregrinação que se dirige à Galícia, no noroeste da Espanha, identificado como potencialmente condizente, foi o ambiente educativo da experiência vivencial que aqui relatamos, realizada de 19 a 26 de setembro de 2019. O percurso a pé de 114 km, percorrendo bosques em áreas rurais, cruzando pequenos *pueblos*, foi feito a partir da cidade de Sarria até Santiago de Compostela e teve como participantes: Mauro Guimarães (UFRRJ), Luciana Guedes Guimarães (Fundação Osório), Noeli Borek Granier (UFRRJ) e Angela Klein (UFPR); o primeiro, em estância de pós-doutorado; a segunda, professora e coordenadora pedagógica; e as duas últimas, em "doutorado sanduíche" na Universidade de Santiago de Compostela (USC).

Observamos em realizações anteriores que uma etapa preparatória à experiência de imersão é essencial na abordagem da "*com*vivência pedagógica", pois é o momento oportuno para discussões e dinâmicas de alinhamento do coletivo, conhecimento e adequação à realidade esperada, assim como a preparação para a radicalidade da vivência. Essa formação iniciou-se ainda em Santiago de Compostela, com estudos preparatórios sobre o caminho, planejamento, visualização e debate de vídeos para *reflexão crítica* sobre a crise civilizatória, assim como dinâmicas de grupo e vivência da *postura conectiva* para a preparação da *intencionalidade transformadora* da experiência.

A formação completa realizou-se em nove encontros presenciais e a distância, anteriores e posteriores à realização do caminho de Santiago, com a participação de oito educadores, sendo quatro a distância no Brasil (pesquisadoras do Gepeads), e contando com o apoio do Grupo de Investigación Sepa/USC. Paralelamente à experiência vivencial que aqui relatamos, realizaram-se duas imersões no Brasil, com as educadoras participantes da formação a distância, cujas investigações também confluem na temática da proposta formativa da "*com*vivência pedagógica" e serão apresentados no próximo capítulo.

Na experiência do caminho tivemos a oportunidade de vivenciar e refletir, provocados pelos cinco princípios formativos da proposta, pelas dinâmicas intencionais e interação com elementos presentes no espaço. O espaço-tempo, ajustado às metas de caminhantes e a um "caminhar" externo, mas sobretudo, interno, nos deu oportunidade de experienciar uma ruptura com o tempo hegemônico da modernidade, o sem tempo para nada, do estresse de uma dinâmica alienante. A prática de silenciar a mente, abrindo espaço para a escuta e a observação, gerou a experiência de serenidade e clareza mental, potenciais antídotos para a hiperatividade do mundo moderno, assim como o estreitamento das relações de afetividade entre os integrantes do grupo, que vai também contra a liquidez das relações na modernidade.

Nesse processo, receptivo ao diferente e diverso, caminhar reflexivamente entre bosques, hortas, pomares e campos faz emergir o sentimento de pertencimento a um todo maior e a convivência com as grandes árvores das belas florestas locais, o admirar-se e o vincular-se, pouco lembrados e vividos pela sociedade moderna, nos conscientiza da vital dependência dos humanos com esses seres. Sua imponente beleza desperta sentidos de sacralidade, acentuando a conectividade espiritualizada que permeia o caminho.

Concomitantemente, este caminhar instiga o uso dos cinco sentidos em sua plenitude, em uma conexão sensorial mais direta com a natureza que a vida tecnológica nos embota, levando os participantes a vivenciar sensações e emoções tanto individual quanto coletivamente. Ver, ouvir, sentir, tocar e saborear emergem, assim, como ações indissociáveis entre si e que, dentro desse espaço-tempo, adquirem significativa relevância na medida em que despertam em cada sujeito um olhar mais sensível e reflexivo sobre nossa condição de ser humano e natural reciprocamente. Assim, aos poucos, os ruídos do vento, das matas, dos pássaros cantando, da chuva caindo, das águas correndo entre as pedras ou dos passos produzidos por outros peregrinos misturam-se com o sabor e o aroma das amoras e das maçãs; com o cheiro da terra molhada e das plantas; com as imagens das paisagens, cujas belezas se revelam a cada curva do caminho, a cada novo amanhecer e entardecer nos sensibilizando diferentemente da vida cotidiana da modernidade.

Nesse processo, entre momentos de solidão e situações de diálogo, memórias relacionadas ao nosso eu de ontem foram pouco a pouco emergindo, trazendo para o agora aspectos de nossa individualidade que nos fazem refletir sobre nossa própria trajetória existencial e sobre as incertezas do amanhã. Em face desse rememorar, novos sentimentos surgem, acompanhados de uma sensibilidade perceptiva singular. E, de repente, o que antes possivelmente passaria despercebido diante de nossos olhos, no decorrer do caminho começa a ganhar importância em nossas reflexões: o ritmo dos peregrinos solitários e daqueles que andavam em grupo; o gesto de cumprimentar cada caminhante que passa com um "*buen camiño*"; o significado dos termos abundância e escassez ao caminharmos por tantos trajetos repletos de árvores frutíferas; a importância de sabermos vivenciar na prática a palavra tolerância diante de situações de adversidade ou daquelas às quais não estávamos acostumados – como a dor física do longo deslocamento a pé sem recorrer a um transporte; o inevitável caminhar no frio e chuva; dormir em albergues, cujos quartos são compartilhados com pessoas de diferentes culturas e hábitos.

Destaca-se ainda o valor do tempo que, nesse caminhar, nada tem a ver com o ritmo frenético da modernidade, cujos dias passam demasiadamente depressa. O anoitecer e o amanhecer passam a ser, de fato, percebidos e vividos em sua essência, assim como os dias ensolarados e os dias chuvosos. Sol, lua, estrelas, nuvens, tudo passa a ser vislumbrado dentro de um tempo marcado pela natureza e não mais pelo tempo do mundo moderno. As horas, nessa jornada, têm como principal função marcar o tempo percorrido a cada dia, assim como o horário de despertar e de dormir, ou, então, o tempo para silenciar-se. Vivenciar a ruptura do tempo hegemônico da modernidade, marcado pelo tempo técnico mercantil desse ritmo de vida tão tecnologicamente dependente, é uma significativa experiência.

Com efeito, esse cotidiano requer, *a priori*, simplicidade e "novas" posturas por parte dos caminhantes: desapego aos bens materiais, pois a caminhada exige poucos pertences – levar somente o necessário, o que podíamos carregar em nossas mochilas era uma regra básica e que deveria ser colocada em prática durante todo o percurso; solidariedade, uma vez que tudo é compartilhado com quem se encontra pelo caminho, tempo, espaço, reflexões, ajuda e alimento; capacidade de observação aos detalhes, à vida que acontece em tudo o que se vê e que requer um conectar-se consigo e com o entorno, cujo pensar, sentir e agir caminham juntos; superação dos limites, sem promessa de recompensa material; acostumar-se com o silêncio e com uma rotina diária cujo objetivo se centra no chegar ao lugar onde se deseja pernoitar; desconectar-se tecnologicamente, distanciando-se do mundo virtual, vivendo uma escala humana em que o alcance das pernas e do esforço físico é que nos acerca dos limites e superações possíveis no dia a dia vivido da caminhada.

Nesse caminho da "*com*vivência", percorremos distâncias a pé que jamais imaginamos e que colocavam à prova, a todo momento, a nossa capacidade física, emocional e espiritual. Aprender a conviver com as dores nas costas, nas pernas, nos pés tornou-se, assim, tão importante quanto aprender a ter paciência com certas situações, contextos e, sobretudo, pessoas, nos abrindo humildemente para uma postura mais dialógica.

São esses elementos pouco valorizados e vividos pela lógica e pelo modo de vida da modernidade, que nos distanciam de uma realização mais direta dos nossos fazeres. Nessa experiência, o alcance do sucesso de nossas metas está atrelado às nossas próprias capacidades, numa relação mais natural, pouco mediada pela vida tecnológica. Um estranhamento do cotidiano da modernidade que muito provoca e contribui para reflexões críticas e desconstrução/construção de sentidos que remetem à constituição da crise civilizatória atual, das relações disjuntivas da modernidade (Morin 1999) e da constituição da identidade de um sujeito ecológico (Carvalho 2004) dos educadores ambientais em formação.

Revelou-se significativa pedagogicidade na abordagem da "*com*vivência pedagógica" contextualizada no caminho de Santiago, subsidiando o desenvolvimento dos cinco princípios formativos da proposta. Complementares e inter-relacionados, os princípios formativos em construção demonstram-se provocadores da dinâmica formativa. A interseção entre eles se realiza e realiza o ambiente educativo, onde acontece a possibilidade de vivenciá-los e onde a "*com*vivência pedagógica" se potencializa. Essa potencialização se dá através das provocações que os princípios formativos exercem, ao desencadearem reações nos educadores ambientais em formação. E é na vivência individual e coletiva dessas reações e interações, provocadas pelos cinco princípios, que se encontram a sua pedagogicidade e o potencial formativo dessa vivência.

Assim, o princípio formativo da *reflexão crítica* atua como provocador de uma postura problematizadora, um olhar complexo sobre a realidade, que possa desvelar a "cegueira" imposta pela lógica predominante e pelo reconhecimento do contexto científico da gravidade e da urgência da crise socioambiental, desencadeador de um sentimento de inquietude potencializado pela *desestabilização criativa* da desconstrução das certezas e potencializando a germinação do novo. Ao sentir-se concernente ao que passa pelas injustiças e degradações do mundo, gerando uma *indignação ética* de tocar-se com o outro, emerge o sentimento de pertencimento a um todo maior por uma *postura conectiva* de ruptura do particularismo, facilitando o envolvimento e a mobilização para além do individual, manifesto em uma *intencionalidade transformadora* do mundo e de cada um. Concomitantemente, o sentir-se tocado internamente pode propiciar ao sujeito um "olhar para dentro" e a percepção de que suas ações e escolhas afetam o meio da mesma forma que são por ele afetadas, o que o predispõe simultaneamente a "um olhar para fora". *A reflexão crítica*, em conjunto com os demais princípios, pode ser um estímulo a uma maior conectividade consigo mesmo e com o todo, no sentido de despertar o senso de responsabilidade e vínculos coletivos eticamente criativos e transformadores.

Pela abordagem do princípio *posturas conectivas*, são oportunizadas no ambiente educativo vivências experienciais de conectividade, de busca e de encontro com o mundo e consigo mesmo, nas dimensões interna (autoconexão) e externa (reconexão com o todo), que provoquem a percepção da multidimensionalidade do ser e da realidade e, simultaneamente, o rompimento com a perspectiva disjuntiva da modernidade (*intencionalidade transformadora*). Pela experiência do sentimento de pertencimento ao todo, surge a percepção-compreensão da interdependência (*reflexão crítica*), a transcendência do humano, a compreensão e a solidariedade para com os outros seres (*indignação ética*), na emergência do sentido espiritual do *religare*, de reconexão com a Terra e o próprio eu. Com efeito, estar em *postura conectiva* é estar aberto ao novo, às possibilidades de novas relações (*desestabilização criativa*).

O princípio *indignação ética* é provocador de um sentimento "visceral" de oposição às situações de injustiça, indignidade e degradação, presentes nas relações de opressão e exploração (*reflexão crítica*). Consideramos que a força da vivência que esse "sentir" que algo está errado provoca (indignar-se), tendo a ética como base desse sentimento, é um potente elemento mobilizador para re-ações sobre a problemática socioambiental (*intencionalidade transformadora*). Ética essa que, na percepção de que o outro me antecede (Lévinas 1980), leva em consideração o direito de existir (Jonas 2015) de todas as formas de vida (*postura conectiva*), no presente e no futuro.

Desestabilização criativa é o princípio que irá provocar no sujeito em formação um movimento desestabilizador das certezas prescritas pelo determinismo da modernidade e a desconstrução dos padrões ilusórios consolidados, para que possa surgir a abertura de um espaço interno para novas possibilidades de relações dialógicas no mundo (*posturas conectivas*). Esse processo de rompimento com o "caminho único" (Guimarães 2004) passa pela vivência da renúncia a uma falsa segurança e estabilidade difundida pelos conhecidos referenciais paradigmáticos hegemônicos e pelo reconhecimento da gravidade e da urgência da crise socioambiental (*reflexão crítica/indignação ética*), para que, através da "*com*vivência" - vivência com –, outras visões de mundo em um diálogo de saberes resultem em experiências significativas que germinem a potencialidade criativa para que a superação da crise possa ocorrer (*intencionalidade transformadora*).

Na intencionalidade, cada um é diferente. A provocação que o princípio *intencionalidade transformadora* propõe é a de estimular o educador ambiental em formação a transformar recursos internos para uma atuação transformadora de si e do mundo, a partir da construção de sentidos da práxis de intervenção da realidade. A *intencionalidade transformadora* se manifesta quando há uma abertura para o novo e pela inter-relação entre os outros princípios, que atuam como motivadores para que a transformação aconteça. A transformação interna na ação transformadora da práxis dá força e sentido autêntico à intencionalidade expressa, fazendo emergir o sujeito transformado e transformador, que se percebe capaz de intervir nas mudanças do mundo, "para fazê-lo menos feio, mais humano, mais justo, mais decente", no entendimento de que "o amanhã não é algo 'pré-dado', mas um desafio" (Freire 2000, pp. 36-52).

Apesar de termos experimentado aspectos muito positivos na formação como um todo, tivemos também experiências que poderiam ser consideradas negativas para a eficácia da formação, mas que, para a investigação da proposta, nos trouxeram importantes observações. Escolhemos, por questão de logística, o trecho final do caminho francês para Santiago, que é o mais percorrido e, portanto, o mais estruturado. Mesmo tendo aspectos materiais e objetivos muito desejados para a vivência, como a presença pujante da natureza preservada, com muitos pequenos *pueblos* com seus casarios e igrejas antigas, vividos por seus moradores em uma cultura de um mundo rural histórico – e que nos remetia a um passado medieval –, um aspecto subjetivo e não tão imaterial se fez presente. A grande afluência de peregrinos nesse caminho criou uma demanda turística e uma estrutura que por vezes tornava o modo de vida moderno muito presente na vivência, o que pode gerar uma distração não desejada na imersão.

Da mesma forma, outra questão que foi motivo de reflexão foi a pertinência na imersão do caminho do afastamento das comunicações (celular e TV), a necessidade de um silenciamento profundo e, principalmente, o afastamento das redes sociais, algo tão estruturante da vida moderna hoje. A crescente vivência do mundo virtual, cada vez mais dicotomizado do mundo real, é um forte indutor de vivermos disjuntivamente o nosso cotidiano. A ponto de as novas gerações estarem, como seres virtuais, cada vez mais identificadas com o mundo virtual em detrimento do real, em que as relações se fazem crescentemente mediadas pelos meios tecnológicos. Certamente, a radicalidade da imersão deve ser buscada na ruptura dessas mediações, o que potencializa a reconexão do ser humano como ser natural.

Isso nos trouxe, como significativa observação, a importância da radicalidade da ruptura com o modo de vida moderno no espaço vivencial, o que potencializa a formação do educador ambiental numa reflexão existencial de ressignificação do seu modo de vida. As referências da modernidade estão tão impregnadas em nosso cotidiano que, ao vivenciarmos no dia a dia uma experiência bem diferente da vida moderna, essa ruptura pode provocar um choque de realidade (*desestabilização criativa*) para ser trabalhado reflexivamente, para desvencilhamento e ressignificação dos paradigmas da modernidade.

A radicalidade do "choque de realidade" proposto na *com*vivência pedagógica potencializa a significância da experiência existencial ao ir fundo no inconsciente, desvelando e desconstruindo os referenciais disjuntivos da modernidade lá introjetados, desmontando as armadilhas paradigmáticas do "agir no automático". Isso possibilita ressignificar referenciais de visão de mundo, dando novos sentidos vivenciados intensamente imersos em outras relações com o mundo, em um processo formativo de exercício de ser mais ambiental, dialógico, ético, solidário, amoroso, espiritualizado, o que consolida a identidade de sujeito ecológico em sua práxis de educador. Quanto mais significativa for a experiência do processo formativo, mais potencialidade transformadora do exercício de ser mais ambiental na formação da identidade de sujeitos ecológicos, assim como mais potencialidade transformadora resultará da práxis desse educador transformado e transformador.

Portanto, o que nos parece diferenciar o processo formativo de educação ambiental do processo de formação de educadores ambientais é a potencialidade de o ambiente educativo possibilitar, pela radicalidade da significação da experiência no exercício de ser mais ambiental, a introjeção da identidade de sujeito ecológico dos educandos participantes do processo formativo, o que os consolida como educadores transformados-transformadores.

Se tivermos como educadores restrições para a construção de ambientes educativos mais radicais para a condução de experiências mais significativas, acreditamos que os princípios formativos podem contribuir para provocar ambientes educativos na condução de processos formativos de educação ambiental, em que o educando pode se sensibilizar e despertar para a gravidade e a urgência da questão ambiental, compreendendo a necessidade do exercício de ser mais ambiental em sua atuação cidadã, abrindo-se para o processo de construção de sua identidade como sujeito ecológico, colocando-se receptivo e favorável ao fluxo da contracorrenteza no caminho de um outro mundo possível.

Tivemos, portanto, como importante resultado dessa investigação no caminho de Santiago, a indicação de ser essa radicalidade um relevante aspecto a ser considerado para dar maior potencialidade à proposta da "*com*vivência pedagógica". Destacou-se, assim, a importância do se fazer no processo formativo anterior à realização da experiência vivencial, a preparação e a construção do sentido de radicalidade da experiência, que passa por se apropriar do contexto científico da gravidade e da urgência da crise, mas também para que essa predisposição de vivenciar essa radicalidade da formação fosse significada individual e coletivamente. O estabelecimento de acordos prévios; o tornar consciente o sentido de estabelecer novas relações com o outro: indivíduos e natureza; reforços desse sentido de radicalidade ao longo da vivência em momentos reflexivos e dialógicos, mostraram-se relevantes para potencializar durante a vivência o máximo de imersão possível na realização de um cotidiano diferenciado do modo de vida moderno. Todo esse processo preparatório e de realização da experiência consiste no ambiente educativo que se pretende na proposta da "*com*vivência pedagógica".

Assim, acreditamos que a vivência da experiência do caminho de Santiago nos permitiu apontar que uma forma de ruptura com as armadilhas paradigmáticas é, no processo formativo, promover ambientes educativos de estranhamento do que se pensa e se faz normalmente. É ressignificar o cotidiano, trabalhando a construção de novos sentidos que se contraponham aos hegemônicos, os quais encontram-se por trás de ideias forças (dominantes) em nossa forma de pensar (visão de mundo) e que se reproduzem em nosso "agir no automático".

Caminhar por dias, juntos e afetivamente, com o tempo de reflexão, rompendo mesmo que parcialmente com um viver tecnológico, nos conectando a uma natureza intensa e vivificada em nosso cotidiano e estabelecendo com ela uma relação sacralizada, certamente representou uma experiência extremamente significativa e pedagógica para a nossa formação como educadores ambientais e de grande contribuição para o processo de consolidação da proposta da "*com*vivência pedagógica".

8
EXPERIÊNCIAS FORMATIVAS NO CAMINHO DAS DISTÂNCIAS[1]

Jeniffer de Souza Faria
Sofia Eder
Cassia Carla Viana
Mauro Guimarães

Conforme já explicitado no capítulo anterior, a abordagem teórico-metodológica da "*com*vivência pedagógica" busca instituir um ambiente educativo intencional para formar educadores ambientais a partir de uma visão crítica da problemática socioambiental e, pela convivência com outros grupos humanos silenciados na modernidade, desencadear um

1. A narrativa que este texto apresenta é um recorte da tese de doutorado em processo de elaboração de Jeniffer de Souza Faria, que se desdobra da proposta formativa da "*com*vivência pedagógica", que está sendo desenvolvida para a formação de educadores ambientais e que serviu de base para a elaboração do trabalho aprovado a ser apresentado ao XVII Congresso Nacional e IX Ibero-americano de Pedagogia em julho de 2020, na Universidade de Santiago de Compostela, Espanha (transferido para 2021 em virtude da pandemia).

movimento de desconstrução dos padrões estabelecidos para a construção de outros referenciais epistemológicos (Guimarães e Granier 2017).

Como autores e coparticipantes de uma pesquisa-formação (Josso 2007), temos a pretensão de narrar e fomentar reflexões sobre uma parte da experiência formativa que ocorreu em setembro e outubro de 2019, envolvendo um grupo composto por oito pessoas geograficamente dispersas (Brasil e Galícia), entretanto conectadas virtualmente.

Essa proposta formativa se insere no contexto das iniciativas de ensino *on-line*, compreendidas como uma realidade da era digital cada vez mais reconhecida e globalizada junto com o crescimento da *web* e dos recursos próprios da internet favoráveis à interatividade. Portanto, concebemos que, nessa modalidade, a aprendizagem é fundamentalmente colaborativa.

Vale ressaltar que, de acordo com Silva *et al.* (2010), essa modalidade difere da educação a distância (EaD), ou seja, não são sinônimos ou possuem uma relação de evolução. Nesse sentido, defendemos que o *on-line* não pode ser entendido apenas como tecnologia, mas refere-se a um "conjunto de ações de ensino e aprendizagem (...) mediados por interfaces digitais que potencializam práticas comunicacionais interativas e hipertextuais" (Santos 2010, p. 37).

A partir desse entendimento, evidenciamos outro caminho possível para desenvolver, ao menos, parte da proposta formativa da "*com*vivência pedagógica", na medida em que pode recorrer às possibilidades do virtual para proporcionar comunicação e interação síncrona e assíncrona entre grupos de pessoas que possuem interesses afins (Santos 2010 e 2014). Desse modo, observamos que sujeitos buscam, cada vez mais, se aproximar uns dos outros instituindo redes ou comunidades de aprendizagem que ocupam o ciberespaço "com fins educacionais, vinculados ou não a instituições educativas, mas que apresentam um objetivo educativo explícito" e que correspondam às suas necessidades reais e/ou à especificidade da história de vida de cada um (Carvalho 2011, p. 41). É a partir dessa ideia que caminhos, aparentemente distantes, se cruzam em experiências formativas significativas.

De acordo com Santos (2010 e 2014), os processos de ensino e aprendizagem foram potencializados pelo uso de ambientes virtuais, pois esses são capazes de mesclar várias mídias (sons, imagens, gráficos, textos etc.) para organizar e socializar a informação (interface de conteúdo) e promover comunicação/interação síncrona e assíncrona (interface de comunicação).

A aprendizagem colaborativa assistida pelo computador se coloca, nesse contexto, como uma possibilidade para promover a troca de saberes. Conforme Lévy (2010, p. 169) coloca, "as novas técnicas de comunicação favorecem o funcionamento dos grupos humanos em inteligência coletiva,[2] mas não determinam automaticamente usos positivos". Afinal, a tecnologia é eminentemente ambígua e, apesar de prevalecer assustadoramente à dimensão da adaptação e dominação do homem sobre o próprio homem e da natureza, ela pode ser utilizada para trazer mais benefícios do que malefícios (Pucci 2010, pp. 52-53).

Assim, partimos do pressuposto de que, para proporcionar experiências significativas que superem uma perspectiva de formação de instrutores com base em uma teoria e prática superficial, acrítica e fragmentada das questões socioambientais, as ambiências potencialmente formativas por meio dos dispositivos digitais devem estar adequadas e respaldadas metodologicamente, a fim de produzir conhecimentos em processo de autoria e cocriação. Somente assim, a aprendizagem colaborativa pode ocorrer nesse contexto, como uma possibilidade para promover a troca de saberes e o funcionamento dos grupos humanos em inteligência coletiva (Santos 2014; Lévy 2010).

Os coletivos inteligentes parecem ser o meio favorável à socialização, seja para finalidades lúdicas, econômicas ou intelectuais, pela qual a humanidade pode se articular e não apenas acessar, de qualquer

2. Inteligência coletiva é um conceito desenvolvido por Pierre Lévy (2010, p. 133), em que as inteligências individuais são compartilhadas, colocando em sinergia os saberes, as imaginações, as energias espirituais dos indivíduos que estão conectados por meio da tecnologia.

lugar, as invenções organizadas no ciberespaço (Lévy 2010, p. 135). Esse novo paradigma tecnológico liberta o usuário da lógica da distribuição unilateral comum aos sistemas de massa (Silva 2010).

Atualmente, há no ciberespaço comunicação original e interativa em um contexto comum (todos-todos) por meio dos dispositivos, especificamente projetados para as relações em grupo assistida por computador ou outros recursos "que permitem à discussão coletiva, a divisão de conhecimento, a troca de saberes entre indivíduos, o acesso à base de dados, dentre outros" (Lévy 2010, p. 103). Nesse sentido, a escolha por uma ou outra tecnologia vai depender dos objetivos interativos do grupo.

De tal modo, para desenvolver o curso de Formação para Educadores Ambientais utilizamos a videoconferência como principal recurso de comunicação, pelo aspecto visual ser predominante, todos podem se ver e conversar, e pela experiência, geralmente, aproximar mais os participantes. Além disso, seu potencial interativo está no fato de favorecer uma educação dialógica e polifônica em tempo real (Cruz 2010). Com a comunicação em tempo real é possível

> disponibilizar e incentivar conexões lúdicas, artísticas, navegações fluidas e simulações, bem como criar ambiências formativas onde os saberes são construídos em um processo comunicativo de negociações em que as tomadas de decisão sejam uma prática constante para a ressignificação processual das autorias e coautorias. (Santos 2010, p. 40)

As propostas educativas ou de formação via videoconferências têm sido adotadas como mídia principal ou complementar e podem permitir participação ativa de todos ou não, pois isso depende da concepção educacional do professor ou da instituição. Aqui reiteramos o cuidado com o uso tradicional do recurso tecnológico, subutilizando o seu potencial interativo e audiovisual para "ensinar" (EaD instrucional). A educação *on-line* que se pauta numa perspectiva dialógica polifônica entre os seres humanos permite a alternância dos sujeitos falantes em uma relação horizontal por meio de múltiplas linguagens, bem como espaço para a polêmica, busca e construção de sentidos e significados sobre a prática pedagógica (Cruz 2010, p. 283).

Nesse sentido, na abordagem dialógica só há comunicação de fato quando os polos do diálogo se ligam com amorosidade e criticidade na busca de algo. "Instala-se então uma relação de simpatia" entre duas ou mais pessoas envolvidas no ato educativo com foco na aprendizagem, troca de experiências, conhecimentos, informações e cultura (Freire 2000, p. 115).

Partindo desse conceito dialógico, os participantes da formação elaboraram conjuntamente e seguiram um cronograma (Figura 1) para estabelecer as leituras prévias e as atividades virtuais que seriam realizadas com o objetivo de sistematizar as reflexões e os novos saberes, "a partir do momento em que interlocutores produzem novo sentido e significados via interface" (Santos 2010, p. 39).

FIGURA 1: CRONOGRAMA DA FORMAÇÃO

Encontro 1: Planejamento
Encontro 2: História de Vida
Encontro 3: O saber da Experiência
Encontro 4: Princípios Formativos (parte 1)
Encontro 5: Princípios Formativos (parte 2)
Encontro 6: Orientações para imersão
Imersão Brasil: 21 e 22 de setembro – Solstício de Primavera
Imersão Galícia: 20 a 26 de setembro – Caminho de Santiago
Encontro 7: Compartilhando a experiência do Brasil
Encontro 8: Compartilhando a experiência do Caminho de Santiago

Fonte: Elaborado pelos autores.

Assim, podemos dizer que um dos objetivos ao longo da formação foi romper com o uso tradicional de mera transmissão de conhecimento a distância. Dessa perspectiva, a dinâmica da formação esteve pautada em encontros virtuais dialógicos entre os participantes para nos preparar e estabelecermos vínculos antes do momento da imersão (encontro presencial).

Os traços essenciais, que caracterizam o momento escolhido para nosso relato nesse texto, fazem referência ao segundo encontro[3] do curso de Formação para Educadores Ambientais quando compartilhamos, pela primeira vez, virtualmente, a história de vida dos participantes. Por meio desse recurso, uma pessoa seleciona alguns acontecimentos mais relevantes ao longo de sua existência e narra suas experiências, saberes, modos de pensar e agir cotidianamente.

Da perspectiva de alguns autores, como Josso (2007) e outros que relacionam autobiografia e formação, ressaltam as potencialidades das narrativas no percurso formativo como uma abordagem de valorização do sujeito singular e criativo, mas também para transformação de si. Nas palavras de Souza (2006, p. 27),

> se revela como pertinente para a autocompreensão do que somos, das aprendizagens que construímos ao longo da vida, das nossas experiências e de um processo de conhecimento de si e dos significados que atribuímos aos diferentes fenômenos que mobilizam e tecem a nossa vida individual/coletiva.

Portanto, o movimento imbricado na escrita narrativa implica no sujeito uma tomada de consciência sobre si e suas escolhas pessoais, sociais e políticas ao se debruçar sobre sua trajetória de vida, bem como encarar as formas de sentir e viver, os encontros e desencontros, os objetivos, as experiências formadoras, os grupos de convívio, os valores, os comportamentos e as atitudes que emergem desse mergulho interior. Nas palavras de Josso (2007, p. 415), "permite colocar em evidência a pluralidade, a fragilidade e a mobilidade de nossas identidades ao longo da vida". Assim, a transformação acontece por meio dessa conscientização, na medida em que vamos criando e entendendo os sentidos e significados da nossa vida, bem como das práticas do cotidiano em processo de formação (Souza 2006).

3. Realizado no dia 6 de setembro de 2019.

Com esse entendimento, nos debruçamos sobre as narrativas dos participantes, as quais foram apresentadas individualmente por diferentes linguagens (texto, oral, poema, fotografia, desenho) e recursos (Prezi, Word) com o objetivo de compartilhar sua trajetória abastecida de sentidos e significados, encontros e desencontros, desafios, escolhas e, sobretudo, experiências e, além disso, transparecer as motivações para participar da formação de educadores e educadoras ambientais.

Organizadas como uma linha do tempo, das histórias emergiram elementos sobre uma infância próxima à natureza, fortemente marcada pela simplicidade numa relação de conivência com o mundo externo, mediada por adultos que possuíam alguma forma de aproximação com o ambiente. Aos poucos, a dialética de identificação e de diferenciação aflora "conhecimento de si, conhecimento sobre o meio ambiente humano e natural ou de saber-fazer", bem como (...) "alimenta o questionamento e a aproximação do percurso dos outros" (Josso 2007, p. 421).

Essas semelhanças, perdidas no tempo e espaço, se encontravam de maneira muito espontânea em nossas falas, gestos e sentimentos. Memórias de um tempo vivido e revivido no contar de cada um, a partir da percepção do adulto, portanto, "norteada pela ação presente e [que] quando se volta para o passado é para buscar nele o que se relaciona com suas preocupações atuais" (Bosi 1994, p. 76).

Dentre essas preocupações, podemos citar a degradação do meio ambiente e todas as suas consequências. Podemos perceber isso ao traçarmos esse caminho por meio das "árvores dos nossos quintais", uma lembrança recorrente nas nossas vivências infantis. O relato dos pés descalços subindo nas árvores, mexendo na terra, entrando na água, seja ela do mar, do rio ou mesmo da chuva, revelou um passado semelhante que provocou mais e mais reflexões sobre as afinidades em nossa existência e formação, conforme coloca Josso (2007, p. 419):

> A história de vida é, assim, uma mediação do conhecimento de si em sua existencialidade, que oferece à reflexão de seu autor oportunidades de tomada de consciência sobre diferentes registros de

> expressão e de representações de si, assim como sobre as dinâmicas que orientam sua formação.

Portanto, podemos inferir que a nossa forma(ação) aconteceu muito antes de entrarmos para o espaço da universidade, mas se deu na relação com o ambiente em sua significação afetiva no qual somos criados. Mesmo em tempos e espaços diferentes, tivemos uma vivência estreita com a natureza e essas lembranças reconstruídas a partir do tempo presente, compartilhadas por outrem, falam muito de nós hoje. Contudo, conforme Bosi (1994, p. 407),

> é preciso reconhecer que muito de nossas lembranças, ou mesmo de nossas ideias, não são originais: foram inspiradas nas conversas com os outros. Com o correr do tempo, elas passam a ter uma história dentro da gente, acompanham nossa vida e são enriquecidas por experiências e embates. Parecem tão nossas que ficaríamos surpresos se nos dissessem o seu ponto exato de entrada em nossa vida. Elas foram formuladas por outrem, e nós, simplesmente, as incorporamos ao nosso cabedal. Na maioria dos casos creio que este não seja um processo consciente.

Desse modo, há uma dinâmica pessoal, social, cultural, familiar, religiosa ou simplesmente uma filosofia de vida consciente e inconsciente que nos inspira e forma, e, ao ouvirmos as histórias dos outros, nos identificamos e acabamos por reconstruir a nossa própria história. Por isso, os sentidos construídos de cada memória narrada pelos participantes encontravam eco dentro de nós e, como uma teia, seguia buscando significados interligados para o que tínhamos vivido, simultaneamente nos interligando, dando sentido existencial de identidade e pertencimento.

Talvez, as histórias contadas naquele momento não sejam exatamente como foram, mas sim, uma releitura do que vivenciamos na nossa infância, demonstrando o que nos fez escolher o caminho que seguimos, justamente pelo entrelaçar dessas memórias com as nossas experiências e embates, como escreve Bosi (1994). O fato de nossas vivências na infância terem sido significadas de forma tão parecida nos fez trilhar um caminho que nos trouxe hoje ao encontro dentro desse grupo em uma identidade comum. Essa constatação nos chama a atenção para a importância de uma relação mais próxima e afetiva com a natureza na infância, o que deve ser considerado de grande relevância nos processos formativos de educação ambiental para essa faixa etária.

Outra constatação sobre a narrativa no percurso formativo que vivenciamos se aproxima do conceito de formação experiencial de Josso, pois ela permitiu "manifestar a singularidade de cada um e perceber o caráter processual da formação e da vida, relacionando espaços, tempos e as diferentes dimensões dos sujeitos, em busca de uma sabedoria de vida" (Maestri e Mindal 2013, p. 14.559).

No processo dialógico em que a formação se deu, o saber da experiência (Bondía 2002) aparece e o valida como enredo que conduz à vida, e nos torna sujeitos que partilham de um mesmo momento no presente. Assim, trazer a história de vida das pessoas que fazem parte de um grupo se mostra um instrumento interessante para criarmos uma atmosfera mais humana, mais calorosa no ambiente virtual, tantas vezes tachado como frio. Apesar da distância física, nossas narrativas de vida nos aproximaram em uma identidade comum e nos fizeram entender que essa distância, na realidade, era muito menor do que parecia ser, em um sentimento de pertencimento a esse coletivo, nos abrindo a um diálogo franco e sincero.

Nesse encontro virtual e não menos real, a empatia foi-se construindo a cada palavra. Aproximamo-nos com delicadeza e amorosidade uns dos outros. Desenvolvendo, inconscientemente, o pertencimento ao grupo Gepeads. Ter consciência do estado de pertença é se sentir parte de um todo maior e mais complexo, seja uma família, uma sociedade ou um ambiente, que abrange desde o próprio corpo humano até o planeta.

> Pertencer é uma necessidade humana, bem como para os demais animais. É um sentimento inconsciente e subjetivo. No sentido inconsciente nos organizamos e convivemos em sociedade, compartilhando uma cultura, tecida por uma determinada visão de

mundo. Pertencemos a uma família, a um time de futebol, a um contexto de trabalho, a um bairro... E assim, criamos uma identidade a partir das nossas vivências. O pertencimento é constituído em uma relação mútua. Sentir-se como pertencente a um grupo, uma comunidade, um lugar e etc. é ao mesmo tempo saber que tal grupo, comunidade, lugar e etc. também lhe pertencem. Em resumo, o sentimento de pertencimento possui um sentido de participação. (Pieper 2012, *apud* Santos 2018, p. 42)

De acordo com Santos (2018, p. 109), esse sentimento também pode ser compreendido como "um elo conectivo que nos liga ao todo, capaz de potencializar a autonomia e a coletividade necessária para a construção da identidade (o eu), a construção da alteridade (o outro) e as interações de relações múltiplas (o universo)", e que também pode emergir pelas e nas redes/comunidades de aprendizagem.

Entretanto, para a construção da identidade planetária é essencial o desenvolvimento do sentimento de pertencimento contrapondo-se às relações disjuntivas e individualizadas estabelecidas no mundo moderno ocidental. Capra e Steindl-Rast (1991, p. 27) colocam que "quando digo: 'eu pertenço', não quero dizer com isso que alguma coisa me possui, mas que eu faço parte de, e estou intimamente envolvido com uma realidade maior do que eu mesmo".

Nesse sentido, quando Sá (2005) diz que o modelo de desenvolvimento capitalista estabelece relações artificiais[4] no e com o mundo, estamos sujeitos a nos esquecermos e nos afastamos da capacidade intrínseca do ser humano de pertencer, reforçando "a coisificação de tudo e de todos, a banalização da vida, o individualismo exacerbado e a dicotomização do

4. Na transição para um outro mundo, buscamos romper com essas relações artificiais, como a postura de autonomia absoluta do paradigma disjuntivo. Postura que nos põe como indivíduos confinados numa atitude particularista e privada, que nos leva a uma relação com o outro numa atitude de posse, diferente de pertencimento, que exerço pelo poder de dominação. A ruptura em mim para com essa postura se dá em nossa proposta formativa, pela experienciação da práxis solidária e amorosa pretendida na "*com*vivência pedagógica".

humano como ser descolado da natureza" (Loureiro 2009a, p. 94). Por isso, independentemente de a relação se estabelecer de maneira presencial ou virtual, a transparência e a horizontalidade são importantes para instituir redes ou comunidades de aprendizagem com sinergia. Desse modo, Santos (2018, p. 105) reforça:

> Pertencer, para além da lógica simplista e reducionista, requer do educador uma postura conectiva consigo mesmo, com o outro e com o universo. (...) Essa conexão só pode ocorrer com o rompimento das relações culturais e historicamente construídas de poder, dominação e opressão presentes na sociedade moderna. Para a postura conectiva torna-se fundamental a compreensão da complexidade parte-todo e da complementaridade entre autonomia e coletividade.

Morin (2005) coloca que um dos princípios da teoria da complexidade é a incompletude, e mostra que é necessária a compreensão da complexa relação entre a unidade do múltiplo e a multiplicidade do uno. Na mesma linha, Freire (2016) diz que é importante tomar consciência do próprio inacabamento, ou seja, da própria complexidade e incompletude, onde "cada indivíduo é a síntese singular das relações sociais" (Labica, *apud* Loureiro 2006, p. 45). Portanto, ter consciência do próprio inacabamento é compreender que o que nos cerca também nos completa, também nos pertence, assim como pertencemos a ele e o completamos. É uma relação complexa, dialógica e de amorosidade em um pertencimento mútuo, como síntese de uma *postura conectiva*, um dos nossos princípios formativos.

Assim, Santos (2018, p. 45) completa que "quanto mais complexos, mais autônomos e mais dependentes das relações que estabelecemos com os outros seres e com o universo. Cabe aqui ressaltar que essa autonomia é diferente da autonomia da razão, pautada no pragmatismo e no individualismo". Gutiérrez e Prado (2013, p. 20) concluem que "o êxito do sistema como um todo depende do êxito de cada parte e, ao contrário, o êxito de cada parte depende do êxito do sistema como um todo", o que está presente no conhecimento ancestral andino do *buen vivir*.

Ao ressaltar a importância do sentimento de pertencimento na práxis educativa e nas relações, é inevitável falar do sentimento que traz essa coesão aos grupos. Pellanda (2009) ressalta que Maturana compreendia o amor como uma força conectiva que nos liga ao todo. "O amor é a emoção que constitui o domínio de ações em que nossas interações recorrentes com o outro fazem do outro um legítimo outro na convivência" (Maturana 2002, p. 22).

Santos (2018, p. 112) explica que pertencer requer um movimento, como diz Guimarães (2004), contra a correnteza daquele que nos aprisiona no *caminho único*. E completa que "defendemos o pertencer no sentido mais amplo, ao todo, à humanidade e à natureza. Esse sentimento de pertencimento pode potencializar a emoção do pertencer. Compreendendo que a emoção gera uma ação" (Santos 2018, p. 112).

Com base nessas reflexões, podemos inferir que ambientes virtuais podem tanto gerar conexão como desconexão, assim é importante ter em mente que eles podem ser caracterizados como dispositivos com um forte potencial educacional, inclusive sob a lente de uma educação ambiental, pois vence distâncias, mostra a diversidade do mundo e, principalmente, conecta as pessoas resgatando nosso sentido de pertencimento planetário.

Cabe destacar que a experiência aqui relatada também contrapõe práticas hegemônicas, pois se apropria de um ambiente virtual para criar conexão, estabelecer laços, aprofundar relações, ouvir e ser ouvido, ou seja, estabelecer um ambiente educativo para se trabalhar a *postura conectiva* nos participantes. Exercita assim um dos princípios formativos imbricado no ambiente educativo proposto pela "*com*vivência pedagógica" e que remete a estar ativo e disponível, presente no e com o mundo, com o outro e consigo mesmo na busca por um estado de presença em múltiplas dimensões. Um despertar para o corpo de forma a se integrar com o meio ambiente e com os demais corpos sutis que nos formam ao prover um encontro (ou reencontro) com sua parte mais divina, sua essência. Uma dimensão assumida individualmente, em grupos ou por instituições em prol do cuidado com o/do todo.

Da mesma forma, outros princípios formativos estiveram presentes para que a apropriação dessa virtualidade não se desse pela perspectiva hegemônica: a *reflexão crítica* sobre esse espaço, com a *intencionalidade transformadora* de ocupá-lo com a *indignação ética,* pelo uso do meio virtual reforçando dominantemente o afastamento dos seres humanos entre si e da natureza. Desse modo, nos apropriamos desse ambiente de uma forma diferenciada e, particularmente, provocados por uma *desestabilização criativa* ainda no início do processo (2° encontro), para que expuséssemos nossa história de vida intencionalmente estimulando uma manifestação não acadêmica por meio de relatos livres, o que resultou em apresentações poéticas e literárias com muita emoção manifestada.

Com base nas reflexões tecidas, reiteramos que, ao longo da pesquisa que subsidia esse trabalho, levamos em consideração a perspectiva da educação *on-line* de acordo com as colocações de autores que se preocupam com a qualidade da educação independente da modalidade ou recursos. Contudo, diferenciar e caracterizar a perspectiva de uso das tecnologias para fins formativos permite compreender quais ideias defendemos e de que lugar falamos.

Pela experiência, podemos inferir que não apenas processos de ensino e aprendizagem foram potencializados pelo uso de dispositivos digitais, mas que a interface de comunicação provocou uma transformação na relação entre os participantes. Além de descobrir afinidades desde a mais tenra idade, mexer com as emoções permitiu estabelecer laços de afetividade na construção de sentidos comuns e identidade coletiva.

Nesse sentido, destacamos que não houve distinção entre aluno e professor nos encontros virtuais, a aprendizagem se deu de forma colaborativa assistida pelo computador e, naquele contexto, tivemos oportunidade de fomentar a troca de saberes, participação, socialização e inclusão digital, mas, principalmente, de criar laços com amorosidade a partir de uma experiência significativa que marcou nossa memória afetiva.

Afinal, nos emocionamos ao contar e ao ouvir aquelas histórias/memórias e, à medida que cada voz dava vida às narrativas, nos sentíamos mais acolhidos e aquele momento individual, cada um em sua casa, geograficamente distantes, se transformou em um lugar único, no conforto e aconchego de quem ouve uma boa história juntos.

Ao final da formação, pudemos perceber que isso refletiu de forma positiva, pois embora façam parte do mesmo grupo de pesquisa, as participantes tiveram pouco contato presencialmente antes da formação. Logo, a parte da formação que ocorreu virtualmente intensificou a experiência de imersão tanto dos participantes da Galícia quanto do Brasil, ao definir que se sentiram como "amigas de muito tempo" e, a partir desse sentimento, puderam trocar dilemas pessoais além de fomentar aprendizagem de nossos conceitos.

Apreciar, especificamente, o momento em que compartilhamos as narrativas incide na possibilidade de colocar em evidência o valor da história de cada um e o indispensável movimento para instituir cumplicidade e amorosidade pela descoberta do outro em si, entre similaridades com situações vividas e experienciadas, escolhas, caminhos, práticas, formações, interesses, crenças e posturas que revelam circunstâncias do passado no presente que nos une. Eis que caminhos distantes nos unem!

ÚLTIMA PARADA: O CAMINHO QUE SEGUE

Pude, na trajetória aqui narrada, finalizar estes escritos em uma estada de um ano sabático, junto com o amigo professor Pablo Meira e seu grupo de investigação Sepa na Universidade de Santiago de Compostela, na Galícia-Espanha. Experiência muito significativa, que tanto ajudou a desenvolver a proposta da "*com*vivência pedagógica" e meu próprio processo de formação.

Nesse ano de ruptura com uma intensa rotina acadêmica que tenho em minha universidade, pude, além de realizar a pesquisa, finalizar este livro, que já tinha iniciado há muito tempo. Conhecer lugares reverenciados como sagrados por muitos, como o próprio caminho de Santiago; o Vaticano; Assis, terra de São Francisco e o Santuário de Fátima em Portugal, como forma de também dialogar com minha espiritualidade e vivenciar a sacralidade que humanamente compartilhamos nesses ambientes.

Experiências de muitas belezas naturais, mas também de histórias milenares da engenhosidade e ricas construções humanas, assim como de suas belíssimas e maravilhosas criações artísticas. Mas tudo isso imerso também nas contradições da humanidade em sua busca de ser e ter mais. Contradições que se expressaram para mim na ostentação da suntuosidade dos templos, seus tesouros dourados e riquezas em mármore carrara para reverenciar as mensagens de amor, simplicidade e humildade de Cristo em Francisco de Assis e Maria de Fátima; como também no sacrifício, reverência e desapego dos peregrinos junto à exploração turística e econômica do caminho de Santiago. Forças contraditórias que tensionam o viver ao longo das trajetórias da humanidade e que se fazem muito presentes neste momento de uma crise civilizatória que caminha a passos largos para uma tragédia socioambiental.

Parece-me que a busca de humanamente sermos mais passa por um sentido de realização existencial em que a felicidade passa longe da riqueza da acumulação material. Diante da tamanha desigualdade social que temos historicamente no Brasil, viver esse período de estada na Espanha, uma sociedade em que essa desigualdade não é tão drástica, me mostrou o quanto esse aspecto tem um grande impacto na melhoria da qualidade de vida em sociedade. Acumulação desigual de riqueza gera disputa de poder e a ganância egoísta que nos tem levado a esse estado de violência e sofrimento de tantos desvalidos no mundo. Um estado de degradação moral, ética, ambiental, que está no cerne da crise que vivemos todos.

Não podemos deixar de mencionar também o quanto a realização do sentido de humanidade, como um ser também natural, passa pela reconexão com a vida real em seu sentido biofísico natural. Vivemos hoje, na distopia da crise, um mundo cada vez mais virtual que se aparta da vida real. As redes sociais alimentando posturas egocêntricas e individualistas; a superficialidade e a virtualidade das relações, privando-nos das interações diretas vividas no mundo real, têm estimulado valores alienados dos bons encontros; algo que desconfio, esteja no centro de tantos sofrimentos dos perdidos indivíduos solitários da modernidade. Espero que, na experiência de confinamento da pandemia, possamos despertar o valor da comunhão como central em nossas vidas.

Há neste início de século um mal-estar civilizacional que vem gerando sentimento depressivo de frustração, falta de sentido, desorientação por uma perda de referências que nos permitam viver em comunhão; isso tem propagado um grave sentimento de insatisfação e solidão existencial em meio a relações cada vez mais líquidas, superficiais e opressivas.

O ancestral princípio do *buen vivir* nos ensina que a felicidade individual está atrelada à felicidade de sua comunidade. Como ser feliz em um mundo que gera tanta infelicidade? Para educadores transformados e transformadores, construtores de outros caminhos, de outros significados, de um modo de vida simples materialmente, mas rico em convivência diversa, criativa e direta, em harmoniosas e cuidadosas relações coletivas e com a natureza, isso é viver a construção de outros mundos possíveis.

Mesmo que o poder político, militar e econômico sempre estivesse presente oprimindo e degradando vulneráveis diante de poderosos, juntamente a isso, e justo em situações de perigo extremo, a força de superação pelo amor, paz, e humildade coabitaram a história humana em fortes mensagens de vidas messiânicas, mas também em gestos e ações solidárias das pessoas comuns que nos fizeram mais e melhores.

Vivemos um tempo crucial da caminhada humana diante de um dilema fatal para todos nós como espécie ameaçada. Vivermos o amor, a paz, a humildade solidária da vida simples se mostra como um caminho de superação de um ser mais em comunhão com todos e com o todo de uma Madre Tierra cuidadora. Como humanos, somos capazes de ser mais em movimento de *religare,* em que a sacralidade da vida e do viver se reconecte na ação cotidiana solidária que ampara e cuida do outro, natureza que também somos. Mensagens, exemplos de vida e outros modos de vida estão presentes na história humana; caminhos há para seguirmos e construirmos. Aqui há esperança, otimismo e o investir nas possibilidades no caminho do "inédito viável" (Freire 1992).

No entanto, para enfrentarmos as tormentas desse naufrágio civilizatório, os caminhos para essa transição não estão dados. O que se pode ver é que passos nessa direção se sustentam na aceitação do diverso, na abertura para o novo, no respeito e no cuidado em relação ao outro, na amorosidade que junta tudo isso. Temos que conquistar em nosso meio de vida o espaço político regulador e organizativo dessa transição. Parece-me que o caminho que temos de melhor neste mundo em que vivemos é a afirmação do espaço democrático, participando dos movimentos (políticos e pedagógicos) de pressão social instituintes de políticas públicas em que esses valores e posições possam se manifestar, sendo respeitados.

O espaço democrático que predomina da democracia representativa, porém, também se estrutura numa concepção particularista, em que uma parte representa um conjunto, o que reforça as vinculações em hierarquias verticalizadas e de poder, refletindo um mundo em crise. Nessa transição paradigmática, a conquista do espaço democrático se constituiria por relações horizontalizadas e dialógicas de uma democracia participativa. Na luta para a conquista dessas transformações, porém, por ser contrário à violência da opressão e favorável à amorosidade nas relações, não acredito que um bom caminho a ser buscado sejam as revoluções, que pela força e violência impõem as transformações desejadas. Como dizia Paulo Freire, não é o oprimido querer se transformar no opressor, mas transformar essa relação superando a opressão no mundo. Ou Mahatma Gandhi: "Não existe um caminho para a paz, a paz é o caminho". Portanto, que sejam costurados os meios possíveis e menos traumáticos para essa transição no aprofundamento político de uma democracia participativa capaz de acolher a diversidade e o novo.

Então, neste momento do caminhar, que não é conclusivo, esta obra busca contribuir na consolidação em construção de uma identidade crítica de educação ambiental e de seu educador; entendemos ser esta bem mais do que a promoção do saber e sentir ambientalmente corretos.

Na proposta que apresentamos, o educador responsável pela condução do processo de "*com*vivência pedagógica" será o provocador, para que manifestações dos princípios formativos se realizem no ambiente educativo construído. E para que isso potencialize os participantes na imersão formativa do reencontro com o natural, o exercício de "ser mais ambiental" em uma experiência significativa para a formação de educadores ambientais transformados e transformadores.

É uma proposta educativa que possibilita a participação educando-educador nesse processo de transformação de cada um e da sociedade, potencializando práticas individuais-coletivas conscientes. Essa transformação se estabelece na vivência de novas relações imediatas, do nosso cotidiano, em nossas esferas de atuação, provocando brechas na estrutura que solidifica o modo de vida dominante, de onde germina a semente do novo plantada. Um novo que se manifeste localmente, mas conectado à sustentabilidade global. Educandos-educadores, ao atuarem em movimentos coletivos conjuntos, contribuindo com a transformação da sociedade, se transformam individualmente. De forma recíproca, ao se transformarem como indivíduos, transformam a sociedade. Portanto, a transformação da realidade socioambiental se dá pela intervenção de sujeitos coletivos (indivíduos em relação) políticos e amorosos, construindo movimentos que, ao resistirem, não reproduzindo relações degradantes, produzem a emergência do novo pela práxis da "força coletiva".

Manifestar a amorosidade nas relações cotidianas com o outro ser-mundo significa viver o compromisso ético da não violência e opressão; romper com humildade a arrogância da superioridade; assumir a postura de vida de uma simplicidade voluntária em recusa à suntuosidade materialista no exercício de ser mais ambiental. Esse é o horizonte de vivências transformadoras de sujeitos ecológicos em um mundo em construção.

Viver esse processo é extremamente pedagógico e acreditamos ser um poderoso ambiente educativo de formação da educação ambiental e de seus educadores na radicalidade dos tempos de grave crise, em que urge um novo ser em um novo mundo.

Na infinita possibilidade de caminhar, gostaria de finalizar este livro com um texto, em linguagem poética, que acredito ser síntese da razão-emoção do muito que se relatou dessas trajetórias de vida e que abre para as contradições do que temos ainda que construir pelos caminhos da educação ambiental.

RETRATOS DA ALMA
Do mundo das cores, ao cinza-chumbo.
O mundo de hoje, imagético, na instantaneidade, no ritmo estroboscópio da luz que se acende e imediatamente se apaga.
Luz e escuridão que se invertem, mas convivem. Na dinâmica alucinante, que impregna o efêmero de uma realidade ilusória. Ou então de um olhar inebriado, por vezes iluminado, que olha e não vê. Por vezes, vê por um olhar atravessado por uma história comum e relativa a cada um.
Retratar esse olhar revela a alma que se esconde na pretensa objetividade que encobre o lugar do um e do outro.

O diverso clama a diferença!
Mundo atual objetivado por rotas pré-ditas, de uma materialidade só, única e excludente, fragmenta, disjunta: matéria-espírito; sujeito-objeto; subjetivo-objetivo; humano-natureza.
N'alma retratada, identidades reveladas, vida em construção.
Na inteireza da natureza humana, como resgate do mundo junto, conectivo, o retrato da alma, descritivo e interpretativo, neutro e ativo, vê o mundo e o humano ser pleno em suas diversas dimensões: mente-coração-corpo-espírito; indivíduo e coletivo; humano e natureza; pela fé e conhecimento da unicidade do todo e na singularidade da parte.
Eis um mundo em construção, transformação, ebulição.

Postscriptum (10/4/2020) – Como disse na Introdução, quando já havíamos finalizado a escrita deste livro, uma grande e inesperada crise se abateu sobre o mundo: a pandemia do coronavírus (Covid-19), uma grave crise sanitária, que até aquela data já havia infectado mais de 1,6 milhão de pessoas e causado mais de 100 mil mortes no mundo, e que aponta para uma profunda depressão econômica em todo o mundo globalizado. Essa experiência inédita do isolamento social que ora experimentamos, de uma ruptura repentina do cotidiano em nossos modos de vida de participantes de uma sociedade globalizada, certamente causa impacto e provoca reações diferenciadas naqueles que a vivenciam. Podem ser reações positivas ou negativas, ou ambos, a depender de respostas espontâneas, inconscientes, críticas, alienadas, espiritualizadas, materialistas, ou tantas outras dimensões de cada um. A característica de radicalidade da experiência que estamos vivendo no confinamento aproxima-se das vivências imersivas de formação que propomos na "*com*vivência pedagógica". Porém, acredito que a experiência do confinamento, para ser significativa como propomos, reclama contribuição de uma intencionalidade pedagógica, como num processo de formação constituído de um ambiente educativo em que, pela condução provocativa dos princípios formativos, favorece a potencialização de movimentos individuais e coletivos transformados e transformadores como desejamos. Estamos em nosso grupo de estudos com teses em andamento e que procurarão observar essas condições que se apresentam.

REFERÊNCIAS BIBLIOGRÁFICAS

ABRIC, J. (2001). "O estudo experimental das representações sociais". *In*: JODELET, D. (org.). *As representações sociais.* Rio de Janeiro: Eduerj.

ANDRADE, C.C. (2012). "A fenomenologia da percepção a partir da autopoiesis de Humberto Maturana e Francisco Varela". *Griot – Revista de Filosofia*, v. 6, n. 2, dez. Amargosa, pp. 98-121.

ANDRADE, D.F. e SORRENTINO, M. (2013). "Da gestão ambiental à educação ambiental: As dimensões subjetiva e intersubjetiva nas práticas de educação ambiental". *Pesquisa em Educação Ambiental*, v. 8, n. 1, pp. 88-98.

ARAUJO, M.I.O.; MODESTO, M.A. e SANTOS, T.F. (2016). "Caminhos e dilemas da educação ambiental no contexto escolar". *Pesquisa em Educação Ambiental*, v. 11, n. 2, pp. 129-136.

ARENDT, H. (2004). *A condição humana.* 10ª ed. Rio de Janeiro: Forense.

BALBONI, R.V. (s.d.). Agricultura biodinâmica. [Disponível na internet: http://www.antroposofy.com.br/forum/download/artigos/Agricultura%20Biodinamica.pdf, acesso em 10/9/2018.]

BARBOSA, G.L. (2008). "O ambientalismo em Nova Iguaçu: Políticas públicas e movimentos sociais". Dissertação de mestrado em Psicossociologia de Comunidades e Ecologia Social. Rio de Janeiro: Instituto de Psicologia/UFRJ.

BARCELOS, V. (2012). *Educação ambiental: Sobre princípios, metodologias e atitudes.* 4ª ed. Petrópolis: Vozes.

BARCELOS, V. e MADERS, S. (2016). *Humberto Maturana e a educação: Educar no amor e na liberdade.* Santa Maria: Caxias.

BASTOS, L.C. e BIAR, L.A. (2015). "Análise de narrativa e práticas de entendimento da vida social". *Revista Delta*, v. 31, n. especial, pp. 97-126.

BAUMAN, Z. (2001). *Modernidade líquida.* Rio de Janeiro: Jorge Zahar.

BECK, U. (2010). *Sociedade de risco: Rumo a uma outra modernidade*. São Paulo: Ed. 34.

BENITES, E. (2014). "Oguata Pyahu (uma nova caminhada) no processo de desconstrução e construção da educação escolar indígena da aldeia Te'ýikue". Dissertação de mestrado em Educação. Campo Grande: Universidade Católica Dom Bosco.

BERGAMASCHI, M.A. e MENESES, A.L.T. (2009). *Educação ameríndia: A dança e a escola guarani*. Santa Cruz do Sul: Edunisc.

BOFF, L. (1999). *Saber cuidar: Ética do humano – compaixão pela terra.* Petrópolis: Vozes.

BONDÍA, J.L. (2002). "Notas sobre a experiência e o saber de experiência". *Revista Brasileira de Educação*, n. 19, jan.-abr.

BOSI, E. (1994). *Memória e sociedade: Lembrança de velhos*. 3ª ed. São Paulo: Cia. das Letras.

BOURDIEU, P. (1989). *O poder simbólico.* Rio de Janeiro: Bertrand Brasil.

BRASIL (1988). Constituição da República Federativa do Brasil de 1988. Senado Federal, Brasília.

________ (1998). Ministério da Educação. Secretaria de Educação Fundamental. *Parâmetros curriculares nacionais: Introdução aos Parâmetros Curriculares Nacionais*, Brasília.

________ (1999). Lei n. 9.795, de 27 de abril de 1999. Dispõe sobre educação ambiental e institui a Política Nacional de Educação Ambiental e dá outras providências. Diário Oficial da União, Brasília.

________ (2013). Ministério da Educação. Secretaria de Educação Básica. Diretoria de Currículos e Educação Integral. *Diretrizes Curriculares Nacionais Gerais da Educação Básica,* Brasília.

BRÜGGER, P. (2004). *Educação ou adestramento ambiental?*. 3ª ed. Florianópolis: Argos.

CAPRA, F. (1996). *A teia da vida: Uma nova concepção científica dos sistemas vivos.* São Paulo: Cultrix.

________ (2006). *O ponto de mutação*. São Paulo: Cultrix.

CAPRA, F. e STEINDL-RAST, D. (1991). *Pertencendo ao universo: Explorações nas fronteiras da ciência e da espiritualidade*. São Paulo: Cultrix.

CARVALHO, I.C.M. (2001a). *A invenção ecológica: Narrativas e trajetórias da educação ambiental no Brasil*. Porto Alegre: Ed. Universidade/UFRGS.

________ (2001b). "Resenha: Epistemologia ambiental de Enrique Leff". *Ambiente & Sociedade*, n. 8, jan.-jun. Campinas.

________ (2004). *Educação ambiental: A formação do sujeito ecológico*. São Paulo: Cortez.

________ (2008). "A invenção do sujeito ecológico: Identidade e subjetividade na formação dos educadores ambientais". *In:* SATO, M. e CARVALHO, I. (orgs.). *Educação ambiental: Pesquisa e desafios*. Porto Alegre: Artmed.

CARVALHO, I.C.M. e MHULE, R.P. (2016). "Intenção e atenção nos processos de aprendizagem: Por uma educação ambiental 'fora da caixa'". *Ambiente & Educação*, v. 21, n. 1.

CARVALHO, J. de S. (2011). *Redes e comunidades: Ensino-aprendizagem pela internet*. São Paulo: Instituto Paulo Freire.

CASTRO, E.V. de (2015). "Prefácio: O recado da mata". *In*: KOPENAWA, D. e ALBERT, B. *A queda do céu: Palavras de um xamã yanomami*. São Paulo: Companhia das Letras.

CAVALIÉ APAC, F. (2013). ¿Qué es interculturalidad?. [Disponível na internet: https://www.servindi.org/actualidad/80784, acesso em 14/2/2018.]

COLMAN, R.S. e BRAND, A.J. (2008). "Considerações sobre território para os Kaiowá e Guarani". *Tellus*, ano 8, n. 15, jul.-dez. Campo Grande, pp. 153-174.

COSTA, C.A.S. e LOUREIRO, C.F.L. (2015). "Interculturalidade, exclusão e libertação em Paulo Freire na leitura de Enrique Dussel: Aproximações crítico-metodológicas para a pesquisa em educação ambiental". *Pesquisa em Educação Ambiental*, v. 10, n. 1, pp. 70-87.

COUSIN, C.S. (2010). "Pertencer ao navegar, agir e narrar: A formação de educadores ambientais". Tese de doutorado em Educação Ambiental. Rio Grande: Furg.

CRUZ, D.M. (2010). "A potencialidade educacional e dialógica da videoconferência na EAD". *In*: SILVA, M.; PESCE, L. e ZUIN, A. (orgs.). *Educação online: Cenário, formação e questões didático-metodológicas*. Rio de Janeiro: Wak.

DE MASI, D. (2000). *O ócio criativo*. Rio de Janeiro: Sextante.

DELIZOICOV, D. e DELIZOICOV, N.C. (2014). "Educação ambiental na escola". *In:* LOUREIRO, C.F.B. e TORRES, J.R. (orgs.). *Educação ambiental: Dialogando com Paulo Freire*. São Paulo: Cortez.

DESLANDES, S.F. (2012). "O projeto de pesquisa como exercício científico e artesanato intelectual". *In*: MINAYO, M.C.S. (org.). *Pesquisa social: Teoria, método e criatividade*. 31ª ed. Petrópolis: Vozes.

FAZENDA, I.C.A. (2001). *Dicionário em construção: Interdisciplinaridade*. São Paulo: Cortez.

FERNANDES, F.M. (2010). "Sistema Nacional de Unidades de Conservação". *In*: VÁRIOS AUTORES. *Educação ambiental: Formação de valores ético-ambientais para o exercício da cidadania no Município de Nova Iguaçu*. Núcleo Interdisciplinar de Meio Ambiente – Nima/Petrobrás/Prefeitura Municipal de Nova Iguaçu. Rio de Janeiro: PUC-Rio.

FERREIRA, H.S. (2016). "O processo de ensino aprendizagem em outras epistemologias na formação do educador ambiental". Dissertação de mestrado em Educação. Seropédica: Universidade Federal Rural do Rio de Janeiro.

FILHO, J.M. (2014). "Viver Escola Waldorf: A jardinagem como ferramenta de educação ambiental e práticas de sustentabilidade". *Revista Brasileira de Nutrição Clínica Funcional*, ano 14, n. 61. Porto Alegre.

FOSTER, J.B. (2005). *A ecologia de Marx: Materialismo e natureza*. Rio de Janeiro: Civilização Brasileira.

FREIRE, A.M. (2009). "Relembrando Paulo Freire". *Revista de Estudos Universitários*, v. 35, n. 1, jun. Sorocaba, pp. 203-225.

FREIRE, L.; FIGUEIREDO, J. e GUIMARÃES, M. (2016). "Papel dos professores/educadores ambientais e seus espaços de formação: Qual é a educação ambiental que nos emancipa?". *Pesquisa em Educação Ambiental*, v. 11, n. 2, pp. 120-128.

FREIRE, P. (1967). *Educação como prática da liberdade*. Rio de Janeiro: Paz e Terra.

________ (1987). *Pedagogia do oprimido*. 17ª ed. Rio de Janeiro: Paz e Terra.

________ (1992). *Pedagogia da esperança: Um reencontro com a pedagogia do oprimido*. Rio de Janeiro: Paz e Terra.

________ (1996). *Pedagogia da autonomia: Saberes necessários à prática educativa*. São Paulo: Paz e Terra.

________ (2000). *Pedagogia da indignação: Cartas pedagógicas e outros escritos*. São Paulo: Ed. da Unesp.

FREITAS, C.G. (2008). "Desenvolvimento local e sentimento de pertença na comunidade de Cruzeiro do Sul – Acre". Dissertação de mestrado. Campo Grande: Universidade Católica Dom Bosco.

FRIGOTTO, G. (2004). "A interdisciplinaridade como necessidade e problema nas ciências sociais". *In*: JANTACH, A.P. e BIANCHETTI, L. (orgs.). *Interdisciplinaridade: Para além da filosofia do sujeito*. Petrópolis: Vozes.

FRIGOTTO, G. e CIAVATTA, M. (orgs.) (2001). *Teoria e educação no labirinto do capital.* Petrópolis: Vozes.

FRIZZO, K.R. (2010). Diário de campo: Reflexões epistemológicas e metodológicas. *In*: SARRIERA, J.C. e SAFORCADA, E.T. (orgs.). *Introdução à psicologia comunitária: bases teóricas e metodológicas.* Porto Alegre: Sulina, pp. 169-187.

FROMM, E. (1977). *Ter ou ser?*. Rio de Janeiro: Zahar.

FUKUYAMA, F. (1992). *O fim da história.* Rio de Janeiro: Jorge Zahar.

GALLI, F. (2014). "A relação das crianças do sul do Brasil com o ambiente e seu impacto no bem-estar pessoal". Dissertação de mestrado em Psicologia. Porto Alegre: Universidade Federal do Rio Grande do Sul.

GARCÉS, M. (2017). *Nueva ilustración radical.* Barcelona: Anagrama.

GASTAL, M.L.A. e AVANZI, M.R. (2015). "Saber da experiência e narrativas autobiográficas na formação inicial de professores de biologia". *Ciência & Educação,* v. 21, n. 1, Bauru, pp. 149-158.

GOMES, R. (2012). "Análise e interpretação de dados de pesquisa qualitativa". *In*: MINAYO, M.C.S. (org.). *Pesquisa social: Teoria, método e criatividade.* 31ª ed. Petrópolis: Vozes.

GOMES, R. *et al.* (2005). "Organização, processamento, análise e interpretação de dados: O desafio da triangulação". *In*: MINAYO, M.C. S.; ASSIS, S.G. e SOUZA, E.R. (orgs.). *Avaliação por triangulação de métodos: Abordagem de programas sociais.* Rio de Janeiro: Fiocruz, pp. 185-221.

GONÇALVES, E.J. (2017). "Educação ambiental e outras epistemologias na formação do educador". Dissertação de mestrado em Educação. Seropédica: Universidade Federal Rural do Rio de Janeiro.

GONZÁLEZ, S. (2013). "Educação ambiental autopoiética com as práticas do bairro Ilha das Caieiras entre manguezais e as escolas". Tese de doutorado em Educação. Vitória: Universidade Federal do Espírito Santo.

GONZÁLEZ-GAUDIANO, E. (2019). "Cambio climático, una negación organizada". *Ecopedagógica,* v. 2, n. 3, pp. 10-14.

GRANIER, N.B. (2017). "Experiências de '*com*vivência pedagógica' a partir de outras epistemologias em processos formativos de educadores ambientais". Dissertação de mestrado em Educação. Seropédica: Universidade Federal Rural do Rio de Janeiro.

GRANIER, N.B. *et al.* (2020). "Educação ambiental na '*com*vivência pedagógica' do caminho de Santiago". *Revista Sergipana de Educação Ambiental – Revisea,* v. 9, n. 1, pp. 1-12.

GRÜN, M. (2010). *Ética e educação ambiental: A conexão necessária.* 13ª ed. Campinas: Papirus.

GUIDO, L.F.E.; LIMA, J.G.S. e CARVALHO, L.M. (2012). “Pesquisa em educação ambiental no contexto escolar: Considerações a partir do grupo de discussão de pesquisa”. *Pesquisa em Educação Ambiental*, v. 7, n. 2, pp. 105-118.

GUIMARÃES, M. (2004). *A formação de educadores ambientais*. Campinas: Papirus.

__________(2000). *Educação ambiental: No consenso um embate?*. Campinas: Papirus.

________(2005). “Intervenção educacional”. *In*: FERRARO JÚNIOR, L.A. (org.). *Encontros e caminhos: Formação de educadoras(es) ambientais e coletivos educadores*. Brasília: MMA.

________ (2006a). “Armadilha paradigmática na educação ambiental”. *In*: LOUREIRO, C.F.B.; LAYRARGUES, P.P.L. e CASTRO, R.S. de (orgs.). *Pensamento complexo, dialética e educação ambiental*. São Paulo: Cortez.

________ (2007). “Educação ambiental: Participação para além dos muros da escola”. *In*: MELLO, S.S. de e TRAJBER, R. (orgs.). *Vamos cuidar do Brasil: Conceitos e práticas em educação ambiental na escola*. Brasília: MEC.

________ (2013). *Outras epistemologias no processo formativo de educação ambiental*. CNPq (Projeto). Brasília: Edital Universal.

________ (2013a). “Rede de educadores como processo formativo instituinte de educação ambiental crítica”. *Ciências Humanas e Sociais em Revista*, v. 35, n. 2. Rio de Janeiro: Edur, pp. 179-190.

________(2013b). “Por uma educação ambiental crítica na sociedade atual”. *Revista Margens Interdisciplinar*, v. 7, n. 9, pp. 11-22.

GUIMARÃES, M. (2015). “Processos formativos do educador ambiental: A práxis de intervenção numa (com)vivência pedagógica”. *In*: CAVALCANTE, M.M.D. *et al.* (orgs.). *Didática e a prática de ensino: Diálogos sobre a escola, a formação de professores e a sociedade*. Fortaleza: EdUece. [*E-book*]

________ (2018). “Pesquisa e processos formativos de educadores ambientais na radicalidade de uma crise civilizatória”. *Revista Pesquisa em Educação Ambiental*, v. 13, n. 1, pp. 58-66.

________ (org.) (2006b). *Caminhos da educação ambiental: Da forma à ação*. Campinas: Papirus.

GUIMARÃES, M. e GRANIER, N.B. (2017). “Educação ambiental e os processos formativos em tempos de crise”. *Revista Diálogo Educacional*, v. 17, n. 55, out.-dez. Curitiba, pp. 1.574-1.597.

GUIMARÃES, M. e MEDEIROS, H.Q. de (2016). “Outras epistemologias em educação ambiental: O que aprender com os saberes tradicionais dos povos indígenas”. *Revista Eletrônica do Mestrado em Educação Ambiental*, edição especial, jul.

GUIMARÃES, M. e MEIRA, P. (2020). "Há rota de fuga para alguns, ou somos todos vulneráveis? A radicalidade da crise e a educação ambiental". *Revista Ensino, Saúde e Ambiente*. Niterói: UFF.

GUIMARÃES, M. e PINTO, V.P.S. (2017). "Alternativas para processos formativos de educação ambiental: A proposta da '(com)vivência pedagógica' diante de grandes e radicais desafios". *Revista Eletrônica do Mestrado em Educação Ambiental*, edição especial. XVI Encontro Paranaense de Educação Ambiental. Rio Grande, pp. 118-131.

GUIMARÃES, M. e PRADO, C. (2014). "Educação em direitos humanos e educação ambiental: Ética e história". *In*: SILVA, A.M.M. e TIRIBA, L. (orgs.). *Direito ao ambiente como direito à vida: Desafios para a educação em direitos humanos*. São Paulo: Cortez. (Educação em Direitos Humanos).

GUIMARÃES, M. *et al.* (2009). "Educadores ambientais nas escolas: As redes como estratégia". *Cadernos Cedes*, v. 29, n. 77. Campinas, pp. 49-62.

GUIMARÃES, R. (2001). "A ética da sustentabilidade e a formulação de políticas de desenvolvimento". *In*: VIANA, G. *et al.* (orgs.). *O desafio da sustentabilidade*. São Paulo: Fundação Perseu Abramo.

GUIMARÃES, R.P. e FONTOURA, Y.S.R. (2012). "Rio+20 ou Rio-20? Crônica de um fracasso anunciado". *Ambiente & Sociedade*, v. XV, n. 3, pp. 19-39.

GUTIÉRREZ, F. e PRADO, C. (2000). *Ecopedagogia e cidadania planetária*. São Paulo: Cortez.

HARARI, Y.N. (2017). *Sapiens: Uma breve história da humanidade*. 23ª ed. Porto Alegre: L&PM.

HARVEY, D. (2011). *O enigma do capital: E as crises do capitalismo*. São Paulo: Boitempo.

JOÃO, I. (2011). "Jakaira reko nheypyrũ marangatu mborahéi: Origem e fundamentos do canto ritual jerosy puku entre os Kaiowá de Panambi, Panambizinho e Sucuri'y, Mato Grosso do Sul". Dissertação de mestrado em História. Dourados: UFGD.

JONAS, H. (2015). *O princípio responsabilidade: Ensaio de uma ética para a civilização tecnológica*. Rio de Janeiro: Contraponto.

JOSSO, M.-C. (2007). "A transformação de si a partir da narração de histórias de vida". *Revista Educação*, ano XXX, n. 3, set.-dez. Porto Alegre, pp. 413-438.

KAPLAN, L. e LOUREIRO, C.F.B. (2011). "Análise crítica do discurso do Programa Nacional de Formação de Educadoras(es) Ambientais – Profea: Pela não desescolarização da educação ambiental". *Educação em Revista*, v. 27, n. 2. Belo Horizonte, pp. 177-196.

KAWASAKI, C.S. e CARVALHO, L.M. (2009). "Tendências da pesquisa em educação ambiental". *Educação em Revista*, v. 25, n. 3. Belo Horizonte, pp. 143-157.

LATOUR, B. (2019). *Dónde aterrizar: Cómo orientarse en política.* Madri: Taurus.

LAVAL, Ch. e DARDOT, P. (2013). *La nueva razón del mundo: Ensayo sobre la sociedad neoliberal.* Barcelona: Gedisa.

LAYRARGUES, P.P. (2006). "Muito além da natureza: Educação ambiental e reprodução social". *In*: LOUREIRO, C.F.B. *et al.* (orgs.). *Pensamento complexo, dialética e educação ambiental.* São Paulo: Cortez, pp. 72-103.

LEFF, E. (2001). *Epistemologia ambiental.* São Paulo: Cortez.

________ (2008). *Saber ambiental.* Petrópolis: Vozes.

________ (2011). "Complexidade, interdisciplinaridade e saber ambiental". *Revista Olhar de Professor*, v. 14, n. 2. Ponta Grossa, pp. 309-335.

________ (2016). *A aposta pela vida: Imaginação sociológica e imaginários sociais nos territórios ambientais do Sul.* Petrópolis: Vozes.

LEFF, E. (org.) (2003). *A complexidade ambiental.* São Paulo: Cortez/Edifurb.

LESCANO, C.P. (2016). "Tavyterã Reko Rokyta: Os pilares de educação Guarani Kaiowá nos processos próprios de ensino e aprendizagem". Dissertação de mestrado. Campo Grande: Universidade Católica Dom Bosco.

LESTINGE, S.R. (2004). "Olhares de educadores ambientais para estudos do meio e pertencimento". Tese de doutorado. Piracicaba: Escola Superior de Agricultura Luiz de Queiroz.

LÉVINAS, E. (2000). *Totalidade e infinito.* Madri: A. Machado.

________ (2005). *Entre nós: Ensaios sobre a alteridade.* 2ª ed. Petrópolis: Vozes.

LÉVY, P. (2010). *Cibercultura.* 3ª ed. São Paulo: Ed. 34.

LIMA, G.F.C. (1999). "Questão ambiental e educação: Contribuições para o debate". *Ambiente & Sociedade*, ano II, n. 5, jul.-dez. Campinas, pp. 135-153.

LIMA, G. F. C. (2011). *Educação ambiental no Brasil: Formação, identidades e desafios.* Campinas: Papiru.

LIMA, M.J.G.S. e CARVALHO, L.M. (2014). "Educação ambiental e contexto escolar: Questões para um programa de pesquisas". *Pesquisa em Educação Ambiental*, v. 9, n. 1, pp. 144-155.

LOUREIRO, C.F.B. (2004). "Educação ambiental transformadora". *In*: LAYRARGUES, P.P. (org.). *Identidades da educação ambiental brasileira.* Brasília: Ministério do Meio Ambiente.

________ (2005). "Teoria crítica". *In*: FERRARO-JÚNIOR, L.A. (org.). *Encontros e caminhos: Formação de educadores ambientais e coletivos jovens*. Brasília: Diretoria de Educação Ambiental/MMA.

________ (2006). "Crítica ao fetichismo da individualidade e aos dualismos na educação ambiental". *Educar*, n. 27, jun. Curitiba: Ed. da UFPR, pp. 37-53.

________ (2008). "Proposta pedagógica". *Salto para o futuro: Educação ambiental no Brasil*, ano XVIII, boletim 1, mar. Ministério da Educação, pp. 3-12.

________ (2009a). *Trajetória e fundamentos da educação ambiental*. São Paulo: Cortez.

________ (2009b). *Repensar a educação ambiental*. São Paulo: Cortez.

________ (2010). "Crítica ao teoricismo e ao praticismo na educação ambiental". *In*: NETO, A.C.; MACEDO FILHO, F.D. e BATISTA, M.S.S. (orgs.). *Educação ambiental: Caminhos traçados, debates políticos e práticas escolares*. Brasília: Líber Livro.

LOUREIRO, C.F.B. e VIÉGAS, A. (2013). "Princípios normativos da Educação Ambiental no Brasil: Abordando os conceitos de totalidade e de práxis". *Pesquisa em Educação Ambiental*, v. 8, n. 1, pp. 11-23.

LOUREIRO, C.F.B.; AZAZIEL, M. e FRANCA, N. (orgs.) (2005). *Educação ambiental e gestão participativa em unidades de conservação*. 2ª ed. Rio de Janeiro: Ibama.

LOVELOCK, J.E. e MARGULIS, L. (1974). "Atmospheric homeostasis by and for the biosphere: The gaia hypothesis". *Tellus*, v. 26, n. 1-2, pp. 2-10.

LÖWY, M. (2008). *Ideologias e ciência social: Elementos para uma análise marxista*. São Paulo: Cortez.

________ (2009). *As aventuras de Karl Marx contra o barão de Münchhausen: Marxismo e positivismo na sociologia do conhecimento*. 8ª ed. São Paulo: Cortez.

________ (2017). Entrevista concedida a Miguel Fuentes, 10/5/2017. [Disponível na internet: https://outraspalavras.net/pos-capitalismo/lowy-historia-razoes-e-etica-do-ecossocialismo/, acesso em 14/2/2018.]

MAESTRI, R.C. e MINDAL, C.B. (2013). "Metodologia de história de vida: A história de vida profissional de uma pessoa surda". *Anais XI Educere*. Curitiba: PUC-Paraná.

MAKNAMARA, M. (2007). "A temática ambiental na educação científica segundo as políticas curriculares oficiais brasileiras". *Linhas Críticas*, v. 13, n. 25, pp. 219-234.

MARTINS, G. (2015). "Entre múltiplos interesses e disputas sobre o rural: O bairro de Tinguá-Nova Iguaçu/RJ em foco". Dissertação de mestrado. Universidade Federal do Rio de Janeiro, Instituto de Pesquisa e Planejamento Urbano e Regional.

MARX, K. (2004). *Manuscritos econômicos-filosóficos.* São Paulo: Boitempo.

________ (2011). *O capital: Livro 1.* São Paulo: Boitempo.

MATURANA, H. (1998). *Emoções e linguagem na política e na educação.* Belo Horizonte: Ed. da UFMG.

________ (2001). *Cognição, ciência e vida cotidiana.* Belo Horizonte: Ed. da UFMG.

________ (2002). *Emoções e linguagem na educação e na política.* Belo Horizonte: Ed. da UFMG.

MATURANA, H. e DÁVILA Y, X.P. (2004). "Conferência: Ética e desenvolvimento sustentável – Caminhos para a construção de uma nova sociedade". *Psicologia & Sociedade*, v. 16, n. 3, set.-dez. Porto Alegre, pp. 102-110.

MATURANA, H. e VARELA, F. (1995). *A árvore do conhecimento.* Campinas: Psy II.

MATURANA, H. e VERDEN-ZÖLLER, G. (2004). *Amar e brincar: Fundamentos esquecidos do humano.* São Paulo: Palas Athena.

MEAD, M. (2002). "Proposta de trabalho". *In*: GUTIÉRREZ, F. e PRADO, C. *Ecopedagogia e cidadania planetária.* 3ª ed. São Paulo: Cortez/Instituto Paulo Freire. (Guia da Escola Cidadã, v. 3)

MEIRA, P.A. (org.) (2013). *La sociedad ante el cambio climático. Conocimientos, valoraciones y comportamientos en la población española.* Madri: Fundación Mapfre, 2013.

MÉSZÁROS, I. (2006). *A teoria da alienação em Marx*. Trad. Isa Tavares. São Paulo: Boitempo.

________ (2008). *A educação para além do capital.* 2ª ed. São Paulo: Boitempo.

________ (2011). *A crise estrutural do capital.* 2ª ed. rev. e ampliada. São Paulo: Boitempo.

MINAYO, M.C.S. (org.) (2012). *Pesquisa social: Teoria, método e criatividade.* 31ª ed. Petrópolis: Vozes.

MINAYO, M.C.S.; ASSIS, S.G. e SOUZA, E.R. (orgs.) (2005). *Avaliação por triangulação de métodos: Abordagem de programas sociais*. Rio de Janeiro: Fiocruz.

MORIN, E. (1997). "Complexidade e ética da solidariedade". *In*: CASTRO, G. de; CARVALHO, E. de A. e ALMEIDA, M.C. de (orgs.). *Ensaios de complexidade*. Porto Alegre: Sulina, pp. 15-24.

________ (1999). *Ciência com consciência*. 3ª ed. Rio de Janeiro: Bertrand Brasil.

________ (2000). *Os sete saberes necessários à educação do futuro*. 2ª ed. São Paulo: Cortez.

________ (2003). *A cabeça bem-feita: Repensar a reforma, reformar o pensamento*. 8ª ed. Rio de Janeiro: Bertrand Brasil.

MOSCOVICI, S. (2011). *Psicologia das minorias ativas*. Petrópolis: Vozes.

NABAES, T.O. (2015). "Leituras do ser no horizonte da racionalidade ambiental: Contribuições à educação ambiental". Tese de doutorado. Programa de Pós-graduação em Educação Ambiental. Rio Grande: Furg.

OLIVEIRA, R.C.M. (2014). "(Entre)linhas de uma pesquisa: O diário de campo como dispositivo de (in)formação na/da abordagem (auto)biográfica". *Revista Brasileira de Educação de Jovens e Adultos*, v. 2, n. 4, pp. 69-87.

PELLANDA, N.M.C. (2003). "Conversações: Modelo cibernético da constituição do conhecimento/realidade". *Educação & Sociedade*, v. 24, n. 85, pp. 1.377-1.388.

________ (2009). *Maturana & a educação*. Belo Horizonte: Autêntica. (Pensadores & Educação).

PELLANDA, N.M.C. e GUSTSACK, F. (2015). "Formação de educadores na perspectiva da complexidade: Autonarrativas e autoconstituição". *Educação e Filosofia*, v. 29, n. 57. Uberlândia, pp. 225-243.

PETRAGLIA, I. "Educação complexa para uma nova política de civilização". *Educar*, n. 32, Curitiba: Ed. da UFPR, pp. 29-41.

PIEPER, D.S. (2012). "Representações às margens do São Gonçalo: O pertencimento e sustentabilidade na perspectiva da Educação Ambiental da Ufpel – Um estudo de um processo de formação/capitação dos servidores". Dissertação de mestrado em Educação Ambiental. Rio Grande: Furg.

PINTO, V.P.S. e ZACARIAS, R. (2009). "Crise ambiental: Adaptar ou transformar? As diferentes concepções de educação ambiental diante deste dilema". *Educação em Foco*, v. 14, n. 2, Juiz de Fora: UFJF, pp. 39-54.

PUCCI, B. (2010). "Da ambivalência da educação a distância: Reflexões". *In*: SILVA, M.; PESCE, L. e ZUIN, A. (orgs.). *Educação online: Cenário, formação e questões didático-metodológicas*. Rio de Janeiro: Wak.

QUINTAS, J.S. (2000). *Pensando e praticando a educação ambiental na gestão do meio ambiente*. Brasília: Ibama.

RAMIRES, L.C. (2016). "Processo próprio de ensino-aprendizagem Kaiowá e Guarani na escola municipal indígena Ñandejara pólo da reserva indígena Te'ÿikue: Saberes Kaiowá e Guarani, territorialidade e sustentabilidade". Dissertação de mestrado. Campo Grande: Universidade Católica Dom Bosco.

RODRIGUES, A.R.S. (2014). "Educação ambiental em tempos de transição paradigmática: Entrelaçando saberes 'disciplinados'". *Ciência & Educação*, v. 20, n. 1. Bauru, pp. 195-206.

SÁ, L.M. (2005). "Pertencimento". *In*: FERRARO JÚNIOR, L.A. (org.). *Encontros e caminhos: Formação de educadoras(es) ambientais e coletivos educadores*. Brasília: MMA.

SACHS, J. *et al.* (2018). *SDG Index and Dashboards Report*. Nova York: Bertelsmann Stiftung and Sustainable Development Solutions Network (SDSN).

SANTOS, B. de S. (1994). *Pela mão de Alice: O social e o político na pós-modernidade*. Porto: Afrontamento.

________ (2000). *A crítica da razão indolente: Contra o desperdício da experiência*. São Paulo: Cortez.

________ (2002). "Para uma sociologia das ausências e uma sociologia das emergências". *Revista Crítica de Ciências Sociais*, n. 63, out. Coimbra, pp. 237-280.

________ (2007). "Para além do pensamento abissal: Das linhas globais a uma ecologia de saberes". *Revista Crítica de Ciências Sociais*, n. 78, out. Coimbra, pp. 3-46.

SANTOS, D.G.G. dos (2018). "A relação entre o sentimento de pertencimento e a educação ambiental". Dissertação de mestrado em Educação. Seropédica: Instituto de Educação/UFRRJ.

SANTOS, E. (2005). "Educação online: Cibercultura e pesquisa-formação na prática docente". Tese de doutorado em Educação. Salvador: Universidade Federal da Bahia.

________ (2010). "Educação *online* para além da EaD: Um fenômeno da cibercultura". *In*: SILVA, M.; PESCE, L. e ZUIN, A. (orgs.). *Educação online: Cenário, formação e questões didático-metodológicas*. Rio de Janeiro: Wak.

________ (2014). *Pesquisa-formação na cibercultura*. Santo Tirso: Whitebooks.

SANTOS, M. (2001). *Por uma outra globalização: Do pensamento único à consciência universal*. 5ª ed. Rio de Janeiro: Record.

SANTOS, W.L.P.; CARVALHO, L.M. e LEVINSON, R. (2014). "A dimensão política da educação ambiental em investigações de revistas brasileiras de ensino de ciências". *Revista Brasileira de Pesquisa em Educação em Ciências*, v. 14, n. 2. Belo Horizonte, pp. 199-213.

SATO, M. e SENRA, R. (2009). "Estrelas e constelações aprendizes de um grupo pesquisador". *Ambiente & Educação*, v. 14, n. 2. Rio Grande: Furg.

SAVIANI, D. (1980). *Educação: Do senso comum à consciência filosófica.* São Paulo: Cortez/Autores Associados.

SCHUMACHER, E.F. (1979). *O negócio é ser pequeno.* Rio de Janeiro: Zahar.

SERRES, M. (1991). *O contrato natural.* Rio de Janeiro: Nova Fronteira.

SILVA, M.; PESCE, L. e ZUIN, A. (orgs.) (2010). *Educação online: Cenário, formação e questões didático-metodológicas.* Rio de Janeiro: Wak.

SIQUEIRA, V. (2015). Zygmunt Bauman: A biografia de uma lenda. Portal *Colunas Tortas*. [Disponível na internet: https://colunastortas.com.br/zygmunt-bauman-uma-biografia/, acesso em 25/6/2019.]

SOUSA JUNIOR, J. de (2009). "Omnilateralidade". *Dicionário da Educação Profissional em Saúde*. Rio de Janeiro: Fundação Oswaldo Cruz/Escola Politécnica de Saúde Joaquim Venâncio.

SOUZA, E.C de (2006). "A arte de contar e trocar experiências: Reflexões teórico-metodológicas sobre história de vida em formação". *Revista Educação em Questão*, v. 25, n. 11, jan.-abr. Natal, pp. 22-39.

THOMAS, W.I. (1928). *A metodologia do estudo do comportamento.* Nova York: Alfred A. Knopf.

TIRIBA, L. e PROFICE, C. (2014). "O direito humano à interação com a natureza". *In*: SILVA, A.M.M. e TIRIBA, L. (orgs.). *Direito ao ambiente como direito à vida: Desafios para a educação em direitos humanos.* São Paulo: Cortez, pp. 47-77.

TORRES, J.R.; FERRARI, N. e MAESTRELLI, S.R.P. (2014). "Educação ambiental crítico-transformadora no contexto escolar: Teoria e prática freireana". *In:* LOUREIRO, C.F.B. e TORRES, J.R. (orgs.). *Educação ambiental: Dialogando com Paulo Freire*. São Paulo: Cortez.

TOZONI-REIS, M.F.C. (2002). "Formação dos educadores ambientais e paradigmas em transição". *Ciência & Educação,* v. 8, n. 1, pp. 83-96.

________ (2008). "A inserção da educação ambiental na escola". *Salto para o futuro: Educação ambiental no Brasil*, ano XVIII, boletim 1, mar. Ministério da Educação, pp. 46-54.

TOZONI-REIS, M.F.C. e CAMPOS, L.M.L. (2014). "Educação ambiental escolar, formação humana e formação de professores: Articulações necessárias". *Educar em Revista*, n. 3, edição especial. Curitiba: Ed. da UFPR, pp. 145-162.

TOZONI-REIS, M.F.C. *et al.* (2013). "A inserção da educação ambiental na educação básica: Que fontes de informação os professores utilizam para sua formação?". *Ciência & Educação,* v. 19, n. 2, pp. 359-377.

TREIN, E. (2008). "A perspectiva crítica e emancipatória da educação ambiental". *Salto para o futuro: Educação ambiental no Brasil*, ano XVIII, boletim 1, mar. Ministério da Educação, pp. 41-45.

TRISTÃO, M. (2005). "Tecendo os fios da educação ambiental: O subjetivo e o coletivo, o pensado e o vivido". *Educação e Pesquisa*, v. 31, n. 2, maio-ago. São Paulo, pp. 251-264.

VIÉGAS, A. e GUIMARÃES, M. (2004). "Crianças e educação ambiental na escola: Associação necessária para um mundo melhor?". *Revista Brasileira de Educação Ambiental*, n. zero. Brasília, pp. 56-62.

VIEIRA, S.R. (2012). "O sentimento de pertencimento na formação do pedagogo: O curso de Pedagogia da Furg no contexto das novas Diretrizes Curriculares". Tese de doutorado em Educação Ambiental. Rio Grande do Sul: Furg.

WALSH, C. (2009a). "Interculturalidade crítica e pedagogia decolonial: In-surgir, re-existir e re-viver". *In*: CANDAU, V. (org.). *Educação intercultural na América Latina: Entre concepções, tensões e propostas.* Rio de Janeiro: 7 Letras, pp. 12-43.

________ (2009b). *Interculturalidad, estado, sociedad: Luchas (de)coloniales de nuestra época.* Quito: Universidad Andina Simón Bolívar/Abya-Yala.

________ (2012). "Interculturalidad y (de)colonialidad: Perspectivas críticas y políticas". *Visão Global*, v. 15, n. 1-2. Joaçaba, pp. 61-74.

POSFÁCIO
COM VIVER

O mundo está feito de histórias.
São as histórias que contamos, escutamos, multiplicamos,
que permitem converter o passado em presente
e o distante em próximo, o que está longe em algo
próximo, possível e visível.
Eduardo Galeano

Começo a escrever este posfácio em um momento em que Davi Kopenawa[1] nos revela as profecias yanomami e anuncia o céu que desmorona sobre nós. O "povo da mercadoria", como nos apelidou, vê suas certezas com valor de troca serem postas a prova, desbotadas e impotentes diante de um ser invisível que fez parar o mundo: o coronavírus. Se antes invisível era apenas a discutível "mão do mercado", hoje, diante do assombro de mais de meio milhão de mortos no Brasil, da percepção da fragilidade da vida, somos obrigados a uma re-visão geral de valores; somos impelidos para uma verdadeira corrida pela sobrevivência. Nunca antes nesse período recente, pós-iluminista, foi tão importante aprender a viver e reaprender a conviver. Fomos expostos ao

1. Davi Kopenawa e Bruce Albert. *A queda do céu: Palavras de um xamã yanomami.* São Paulo: Companhia das Letras, 2010.

vírus, à percepção da iminência da morte, mas também fomos expostos à urgência de aprender e ensinar o valor do abraço, do afeto e o valor incomensurável da convivência.

É disso que se trata nesta belíssima obra, organizada em isolamento social, mas encharcada de compartilhamentos e de comunhão: a arte de significar o melhor que "o outro" tem para oferecer e partilhar, a arte de conviver e entender a convivência como um gesto, uma ação, um movimento, um processo. É perceber o ato de conviver como uma dança, em que se estabelece uma dinâmica, um convite ao passo, ao ritmo e a beleza e os mistérios dos encontros. As trilhas e as caminhadas descritas ao longo dos capítulos são essa coreografia misteriosa e encantada do encontro e do fazimento de laços, e vão nos guiando para uma roda coletiva, quase uma ciranda. Quem lê o livro vê essa coreografia e dança com ela. Vai compreendendo a dimensão profundamente formativa, pedagógica, instrutiva do afeto e da convivência, da troca, da coparticipação, da partilha, do abraço.

Trata-se então, de um livro que celebra um dos valores e dos feitos mais importantes na trajetória de nossos ancestrais, que certamente foi uma das maiores conquistas de nossos antepassados e que, como fruto dela, nos permitiu chegar até aqui e sobreviver de glaciações às guerras mundiais: o ato de conviver e de produzir convivência. E, nesse sentido, o conviver certamente foi, e ainda continua sendo, uma estratégia de sobrevivência tão importante quanto o fogo, a roda, a agricultura, o cinema e a internet. É algo para se celebrar como uma das mais importantes, necessárias e urgentes tarefas de nossas sociedades, ainda mais nestes nossos tempos em que descobrimos o isolamento social e com ele, descobrimos, muitas vezes, dolorosamente, quanto as ilhas e as bolhas a que pertencemos nos sufocam, carentes de convivência.

O isolamento social foi uma experiência das mais impactantes desse nosso árduo período pandêmico e expôs o fato de que estarmos conectados, mediados por mídias sociais, não necessariamente significa que estamos de fato conectados uns aos outros. A dialética da conectividade pode até nos garantir alguns *likes* e "seguidores" num mundo virtualhares mas, ao mesmo tempo, nunca estivemos tão solitários no mundo real. A *live* não quer dizer, necessariamente, *alive*. Descobrimos juntos, em isolamento, que o alívio, vem "aos vivos",[2] com o olho no olho, com sorrisos, com abraços.

Por isso, a tarefa em que se debruçam todos os envolvidos aqui não é nada simples: trazer lições das experiências de pesquisa e das experiências de vida e entrecruzá-las, convidá-las ao diálogo, expô-las com a coragem de quem é redator de si mesmo, de quem aceita o desafio de enfrentar as grandes empreitadas, com a coragem de quem decide enfrentar o caminho, com ânimo de criticar, pensar e fazer ciência neste tempo nosso, em que precisamos do conhecimento como a verdadeira arma contra um obscurantismo negacionista que nos aterroriza; mas, ao mesmo tempo, ser capaz de refletir para mais além, de construir argumentações sólidas que nos permitam agregar mais que desagregar, juntar mais que espalhar, colher e acolher mais que segregar. Árdua tarefa que "carece de ter coragem", como diria Guimarães Rosa. Exige-se bravura e delicadeza, indignação e esperança, lucidez e imaginação, e é isso que nutre e encharca cada página deste livro.

É essa a "co-laboração" assumida na obra que vai costurando e construindo o caminho, como *el caminante* do poeta andaluz Antonio Machado que nos disse: "*son tus huellas el camino*" por que "*el camino se hace al andar*". O percurso do livro é como a tecelagem das *arpilleras* chilenas, cheia de significados, de cores vivas e novas, tecendo ideias originais como o "ser mais ambiental" e a "convivência pedagógica", a "pertença e o reencontro com o natural" como sul que nos orienta para caminhos e trilhas que vão se apresentando na medida em que construímos a própria trilha. É justamente por esses *senderos* que se vão cruzando caminhos de Santiago, caminhos da vida, sinalizando que, onde há vida, há importância e há necessidade de uma educação ambiental sensível, atenta, que nos ensina a sabedoria de aprender a viver e a conviver, de reencontrar o natural e de perceber a sabedoria, a partir

2. Referência ao projeto Aos Vivos (https://www.youtube.com/watch?v=QT08i4ysZa4), do amigo Deivid Domênico, poeta e um dos compositores do samba paradigmático campeão do Carnaval de 2018: "História para ninar gente grande".

da escuta do silêncio à sensível voz de povos indígenas. Uma educação ambiental que nos ensina a recolher frutos dos ensinamentos de vida de um rio e a aprender da sabedoria dos Tudja Kuery, dos Xeramoi e Xejaeyi Guarani, dos xamãs dos antiplanos bolivianos e dos Hotxuá Krahô.[3]

Enquanto ainda escrevo estas linhas, a TV ligada ao fundo, no outro cômodo da casa, emite sons e vozes emaranhadas que se sobrepõem entre intrigas e palavras: "CPI", "vacina", "propina", "prevaricação", "genocida"... As palavras vão seguindo outros destinatários, atravessando o ar, desviando e cruzando um tempo em que a educação ambiental está sendo convocada, mais que nunca, à árdua tarefa de *adiar o fim do mundo*, como nos chama à batalha outro grande sábio indígena, nosso contemporâneo Aílton Krenak. Percebo que é impossível não permitir esses atravessamentos enquanto escrevo sobre um tema urgente que nos atravessa como luz, lampejo de lucidez e nos permite olhar pela janela um horizonte possível, uma alternativa. É disso que se trata esta obra tão bonita e cheia de horizontes, esperanças e possibilidades que também nos atravessam, e é por isso mesmo que ela é tão fundamental para nos ajudar na travessia de tempos difíceis.

Enquanto passamos pela tempestade, sua leitura vai penetrando em palavras e ideias que buscam junção de saberes e conhecimentos diante de um paradigma disjuntivo, que nos jogou numa visão de mundo enquadrada numa sistematização que não dá conta do que vemos na janela de fora. Enquanto escapamos de armadilhas paradigmáticas, vamos descobrindo que, na trajetória do autor, um mais um é mais que dois; somos em coletividade e o compartilhar, o dividir, se torna multiplicar; a soma do todo é mais que mera soma das partes e todos, quando somos juntos, somos um. Nos ensinamentos de vida desse pesquisador, professor com luz nos olhos e impregnado de afeto, encontramos a lucidez como bússola. Um pesquisador que faz de sua existência uma caixa de ressonância para sabedorias ancestrais, sabedorias recolhidas da

3. Respectivamente os mais velhos, os avôs e as avós, e os sábios do povo Krahô, é uma referência aos povos descritos no livro.

experiência da coletividade, da humildade, da generosidade e, sobretudo, da amorosidade que nos ensinou Paulo Freire, lição belamente aprendida por Mauro Guimarães. Junto com alunos, torna-os mais que estudantes; soma-se a eles como aprendiz e os convida a ser companheiros, amigos, caminhantes e trilheiros de uma mesma viagem ao longo da vida.

A leitura deste livro é um abraço e posso senti-lo agora mesmo, quente e acolhedor, como os vários cafés e papos que tivemos ao longo das nossas trilhas da vida – e que ainda vamos ter –, e que o autor faz questão de nos convidar a fazer junto com todos e todas que preenchem com outros abraços o caminho de respiro, de alento que é esta obra.

> Daqui destas janelas impostas pelo tempo remoto
> fictícias e quadradas janelas de distâncias postiças
> vejo olhares encharcados de sonhos e com cheiro de abraço
> ouço vozes das falas traçadas por caminhos longos, suas trilhas e cansaços
> mas cada uma destas janelas fala tanto... que, mesmo o silêncio, alcanço como pegadas
> e ainda ouço os passos de outros tantos que vieram antes e antes
> de horizontes outros, mesmo distantes, remotos
> Vejo esse tempo estrela cadente, incandescente,
> triturar o tempo em distancias híbridas,
> aqui e ali são o mesmo lugar
> E percebo o quanto já fomos sonhados
> Nós somos os lastros dessas várias histórias, muitas vezes apagadas,
> e de repente percebo que futurear o presente é perceber que "o futuro é ancestral"
> guardado tempo dentro de uma concha
> uma distância ainda não percorrida,
> somos a lembrança de alguém
> as persistências dos que se recusaram perder
> como as sementes que insistem em nascer
> Resistências e perseverantes esperanças
> agora vejo os fios que vão tecendo o mundo e sorrio
> Vejo laços que se vão se formando esse grande e único abraço, uníssono
> já não faz mais silêncio
> e nas frestas a luz do sol vai penetrando

agora tenho a certeza de que não há chance para inimigo algum
porque sou sonho feito realidade, coletivo e singularidade
Desta janela tempo vejo um espelho
E no reflexo um professor
De coração desperto
de peito aberto
Disposto a amar
É isso que faz o caminhante
olha o caminho com coragem
e pisa firme nele, porque o que importa é caminhar.

Para Mauro Guimarães
memórias das janelas de um tempo remoto

Rio de Janeiro, 10 de julho de 2021.
Prof. Dr. Celso Sánchez
GEASur – Unirio